Der Autor

Dr. Thomas Ellwein, Jahrgang 1927, ist Professor für Politikwissenschaft (Innenpolitik und Verwaltungswissenschaft) an
der Universität Konstanz. Nach dem Studium der Geschichte
und Rechtswissenschaft (Promotion 1950) war er Verlagsleiter
und Leiter der Bayerischen Landeszentrale für politische Bildung, seit 1961 Professor in Frankfurt a.M. und von 1970 bis
1976 für die Bundeswehr (Ausbildungsreform) tätig. Zahlreiche
Bücher zur Innenpolitik und zur Verwaltungsentwicklung, u.a.
›Politische Verhaltenslehre‹ (7. Aufl. 1972), ›Regieren und Verwalten‹ (1976), ›Das Regierungssystem der Bundesrepublik
Deutschland‹ (6. Aufl. 1987).

Deutsche Geschichte der neuesten Zeit
vom 19. Jahrhundert bis zur Gegenwart

Herausgegeben von Martin Broszat,
Wolfgang Benz und Hermann Graml
in Verbindung mit dem Institut für Zeitgeschichte, München

Thomas Ellwein:
Krisen und Reformen
Die Bundesrepublik seit den sechziger Jahren

Deutscher
Taschenbuch
Verlag

Originalausgabe
August 1989
© Deutscher Taschenbuch Verlag GmbH & Co. KG,
München
Umschlag: Celestino Piatti
Vorlage: Ostermarsch in Frankfurt am 15. April 1968,
Stacheldrahtverhaue vor der Frankfurter Societäts-
druckerei (Associated Press, Bilderdienst Süddeutscher Verlag)
Gesamtherstellung: C. H. Beck'sche Buchdruckerei,
Nördlingen
Printed in Germany · ISBN 3-423-04529-9

Inhalt

Das Thema

In der Mitte der sechziger Jahre kam es in der Bundesrepublik zu einer, für viele ganz unerwarteten politischen Unruhe. Die bis dahin oft gerühmte innere Stabilität des Landes schien bedroht. Die politische Auseinandersetzung wurde härter, griff weit über die Parteien hinaus und vollzog sich mehr und mehr auch auf der Straße. Was waren die Ursachen? Der Generationenwechsel in der Politik, die Verdrängung der nationalsozialistischen Vergangenheit, restaurative Tendenzen in der Politik, die allzu einseitige Orientierung am wirtschaftlichen Wohlergehen? Es gab viele Antworten auf diese Fragen. Die Politik reagierte rasch. 1963 erfolgte planmäßig die Ablösung Adenauers. Sein Nachfolger Erhard wurde 1966 gestürzt, als von ihm keine erkennbaren Impulse zur Bewältigung der ersten, eher kleinen Wirtschaftskrise ausgingen, in welche die Bundesrepublik 1966 geraten war. Die Große Koalition von CDU/CSU und SPD unter der Führung von Kurt Georg Kiesinger gab solche Impulse. Sie erweiterte das wirtschaftspolitische Instrumentarium von Bund, Ländern und Gemeinden, ergriff konjunktursteuernde Maßnahmen im Sinne Keynes, arbeitete eng mit Gewerkschaften und Arbeitnehmern zusammen und vergrößerte auch sonst das Handlungsfeld des Bundes. Zugleich kamen aus dem Auswärtigen Amt und von seinem Chef, Willy Brandt, Anregungen zur Deutschlandpolitik, die zwar nicht von der ganzen Koalition gedeckt wurden, aber doch das denkbare Handlungsfeld der Bundesrepublik neu akzentuierten.

Die Große Koalition war erfolgreich, aber nicht von Dauer. Bereits 1969 erfolgte der nächste Wechsel. Die sozialliberale Koalition unter der Führung von Willy Brandt und Walter Scheel bestimmte nun die Bonner Politik, griff viele Reformwünsche aus der unruhigen Zeit auf und leitete erfolgreich eine neue Ost- und dann auch Deutschlandpolitik ein. Sie war darin jedenfalls eine »Regierung der Reformen«, während es innenpolitisch zwar auch zu großen Veränderungen kam, aber längst nicht alle Wünsche in Erfüllung gingen. Schon 1974 wechselte Scheel ins Amt des Bundespräsidenten über, während Brandt nach einer Spionageaffäre resignierte. Sein Nachfolger wurde Helmut Schmidt, als dessen Partner in der FDP nunmehr Hans-Dietrich Genscher fungierte. Der Wechsel zu diesem Team, verbunden mit den Auswirkungen des Öl-Schocks, war mit deutlicher Ernüchterung verbunden. Die Bewältigung der Wirtschaftskrisen – erst eine Energie- und später eine monetäre Krise – trat in den Vordergrund des Regierungshandelns. Für innere Reformen blieb wenig Spielraum. Das war sachbedingt, hatte aber auch mit den institutionellen Gegebenheiten zu tun: Die CDU/CSU verfügte im Bundesrat über eine Mehrheit und damit über einen entscheidenden Anteil an der Bundespolitik; das Bundesverfassungsgericht verhinderte manche Neuerung. So kam es zu Enttäuschungen, die zum Zwiespalt zwischen Helmut Schmidt und seiner Partei, nach 1980 zur allmählichen Lösung der FDP aus der Koalition führten und Ende 1982 den Wechsel von Helmut Schmidt zu Helmut Kohl ermöglichten. Der Wechsel bedeutete keine »Wende«, wohl aber eine deutliche Veränderung, zu der zunächst auch der weltweite Wirtschaftsaufschwung beitrug.

Politisch waren die siebziger Jahre von dem Nebeneinander von Hoffnungen und Enttäuschungen gekennzeichnet. Zugleich kam es zu einer erheblichen Veränderung im Parteiensystem: Die CDU war nicht mehr Kanzlerpartei und brachte viel stärker als je zuvor ihren Parteiencharakter zum Ausdruck. Die SPD wurde umgekehrt nicht zu einer Kanzlerpartei; die Spannungen zwischen ihr und dem von ihr gestellten Kanzler brachten sie in erkennbare Schwierigkeiten. Das hat auf beiden Seiten zu einer Verselbständigung und zu einer zunehmenden Institutionalisierung der Parteien geführt. Die wachsende Staatsfinanzierung und später auch eine große Zahl von Skandalen brachten dies zum Ausdruck. Die großen Parteien gerieten in Schwierigkeiten mit ihrer Basis, die seit dem Ende der sechziger Jahre Partizipationsforderungen erhob. Die Parteien gerieten offenkundig in einige Entfernung zur Bevölkerung, obwohl sie insgesamt den Bereich der politischen Führung verläßlich bedienten, als Institutionen also funktionierten.

Gleichzeitig vollzog sich mit einem Höhepunkt in den siebziger Jahren ein fundamentaler gesellschaftlicher Wandel. Er läßt sich quantifizieren, wenn man die Verschiebungen im Gefüge der Generationen, die Vermehrung der Frauenarbeit, das inzwischen erreichte zahlenmäßige Übergewicht der Angestellten über die Arbeiter, die vielen Auswirkungen der Bildungsreform oder die große Zahl der Singles in der Gesellschaft betrachtet. Weniger quantifizierbar, aber doch eindeutig erlebbar ist der Wertewandel mit allen seinen Facetten. Der soziale Wandel insgesamt kommt nicht zu einem Abschluß; manche Tendenzen, die ihn in den letzten 20 Jahren beschleunigt haben, schwächen sich aber ab.

Die Bundesrepublik wird von außen und innen kritisch betrachtet. Die Vergangenheit kann nicht verdrängt werden, der Staat ohne Nation, das Nebeneinander von Wirtschaftsmacht und großer Verletzbarkeit in den internationalen Beziehungen, das alles fordert immer wieder Fragen heraus. Ist die Bundesrepublik stabil? In den vergangenen 20 Jahren ist diese Frage wohl eindeutig beantwortet worden. Man hat zwei große Wirtschaftskrisen überwunden, hat die durch den internationalen Terrorismus verursachte Krise überstanden, ist mit neuen Formen der Kriminalität fertig geworden, setzt sich mit Aids und anderen Herausforderungen auseinander und stellt sich nach einigem Zögern auch der Rentenproblematik und der Kostenexplosion im Gesundheitswesen. Handlungsfähigkeit läßt sich hier genauso wenig bezweifeln wie in der Regionalpolitik oder in den Anfängen einer Umweltpolitik. Dennoch gibt es auch Zeichen von Instabilität. Als solche kann man die sehr weitgehende soziale Abhängigkeit der allermeisten Bürger von den Gewährleistungen sehen, die auch ganz lebhaft empfunden wird, oder auch das große Gewicht, das die jeweilige wirtschaftliche Lage bei der Beurteilung der politischen Situation hat. Politik sieht sich damit versucht, die Wirtschaftsförderung in den Vordergrund zu stellen. Sie ist dieser Versuchung umso mehr ausgesetzt, als in den anderen Aufgabenbereichen zwar an den Staat große Forderungen gestellt werden, man den Staat oder die öffentliche Hand aber vorwiegend isoliert erlebt. Der Verpflichtung des Staates, die Umwelt zu schützen, braucht deshalb keinesfalls ein eigenes schützendes Verhalten zu entsprechen. Die wenig ausgebildeten Wechselbeziehungen zwischen der Politik und der Bevölkerung können die Stabilität des politischen Systems der Bundesrepublik gefährden. Es ist heute eher wegen seiner durchgehenden Institutionalisierung stabil als vermöge lebendiger Unterstützung. Besonders an der Entwicklung der Parteien läßt sich beides ablesen: Der Prozeß der Institutionalisierung ebenso wie die deutliche Distanz großer Bevölkerungsteile zur Politik bei gleichzeitig ständig erlebter Abhängigkeit.

I. Veränderungen

1. Frühjahr 1968: Notstandsgesetze und Studenten

Am Freitag, den 17. Mai 1968 erschien die ›Süddeutsche Zeitung‹ mit der Schlagzeile ›Der Deutsche Bundestag billigt in zweiter Lesung die Notstandsverfassung‹. Die zweite große Überschrift lautete: ›Barrikaden vor Frankfurts Universität‹. Darunter war zu lesen: »Auch am zweiten Tag der Notstandsdebatte des Bundestages ging an vielen Universitäten der Bundesrepublik der Protest der Studenten gegen die Notstandsgesetze weiter. Im Brennpunkt der Auseinandersetzungen stand erneut Frankfurt. Studenten des Sozialistischen Deutschen Studentenbundes (SDS), des Sozialdemokratischen Hochschulbundes (SHB) und des Liberalen Studentenbundes (LSD) blockierten die Eingänge der Frankfurter Universität und verhinderten damit den Vorlesungsbetrieb.« In Frankfurt diskutierte man am 16. Mai, was in Bonn geschah; in Bonn nahm man mißbilligend zur Kenntnis, was sich in Frankfurt ereignete. Rainer Barzel, Fraktionsvorsitzender der CDU/CSU-Fraktion im Bundestag meinte, das Parlament lasse sich nicht durch Druck, Drohung und Erpressung beeinflussen. Die Frankfurter Vorgänge stellten undemokratischen Terror dar. In Frankfurt hieß es dagegen, man verteidige die Freiheit. Der SDS-Sprecher Jürgen Krahl wandte sich gegen studierwillige Studenten. Sie hätten kein Recht, »ihren privaten Interessen« nachzugehen, sondern die Pflicht, aktiven Widerstand gegen eine Unterdrückung der Freiheit durch die Notstandsdiktatur zu leisten*.

---

* In den Anmerkungen im Text wird nur auf solche Veröffentlichungen verwiesen, auf die in dem Abschnitt Forschungsstand und Literatur nicht eingegangen werden kann. Daten und Fakten sind den allgemein zugänglichen Nachschlagewerken entnommen. Zunächst verweise ich auf den PLOETZ Die Bundesrepublik Deutschland. Daten, Fakten, Analysen. Hrsg. von Thomas Ellwein und Wolfgang Bruder. 2. Aufl. Freiburg 1985, sowie ab 1985 auf das seitdem regelmäßig erscheinende Jahrbuch anno 1985 ff. des Bertelsmann Lexikothek Verlages.

Die Kapitel des Teiles II lehnen sich an die chronologische Entwicklung an, stellen aber jeweils besondere Aspekte in den Vordergrund. Deshalb wird die Benutzung der beigefügten Zeittafel empfohlen. Die Dokumente sind entsprechend der Gliederung des Textes angeordnet. Auf sie wird im Text nicht gesondert hingewiesen.

An der Universität gab es ein inzwischen »normales« Bild. Mehrere tausend Studenten standen vor dem Haupteingang, harrten der Dinge und spendeten Beifall oder auch Spott, blieben aber in der Zuschauerrolle. Eine kleine Gruppe hielt die Universitätseingänge besetzt und war gewillt, sie zu verteidigen. Eine andere kleine Gruppe formierte sich ihnen gegenüber zum aktiven Einsatz, um die Eingänge freizumachen. Das führte zu Prügeleien und auch zu Verletzungen. Eine noch kleinere Gruppe hielt das Mikrofon in Händen und versuchte, mit Hilfe von Dauerreden die akustische Herrschaft zu behalten. Der hessische Kultusminister Ernst Schütte, der Rektor der Universität Walter Rüegg und ein Professor gelangten nur mit einiger Mühe in den inneren Ring und erhielten per Abstimmung die Möglichkeit, sich an die Studenten zu wenden: Jedermann sei gegen die Notstandsgesetze, aber die Formen des Protestes wurden abgelehnt. Rüegg tadelte, daß eine Minderheit mit Mitteln der Gewalt die Mehrheit derjenigen behindere, die am Mittwoch in den Räumen der Universität die Notstandsgesetze diskutieren wollte[1].

Am Nachmittag des 16. Mai 1968 gestand der Frankfurter SDS seine »Niederlage« ein, der Generalstreik an der Universität wurde für beendet erklärt. Man formierte sich nur noch für einen Marsch zum Gewerkschaftshaus und signalisierte, auf wen man letztlich seine Hoffnung setzte: Gewerkschaften und Arbeiter sollten zu einem politischen Generalstreik gegen die endgültige Verabschiedung der Notstandsgesetze gebracht werden. In den Gewerkschaften hatte diese Aufforderung früher verschiedentlich ein positives Echo gefunden. Daß die Republik in Gefahr sei, konnten Studenten, Professoren und Gewerkschaftler noch am ehesten untereinander diskutieren. Dabei sollte die Universität zu einem Aktionszentrum des Widerstandes gegen die Notstandsgesetzgebung und – so der Studentenführer Krahl – den Arbeitern gezeigt werden, wie man eine »Produktionsstätte« lahmlegen könne.

War die Republik in Gefahr? Am 17. Mai 1968 erreichten zwei Entwicklungen einen Höhepunkt, die ursprünglich miteinander wenig zu tun hatten, dann aber aufeinander zuliefen

---

[1] Vgl. dazu die im Detail und in der Tendenz sehr unterschiedliche Berichterstattung in der Frankfurter Allgemeinen Zeitung, der Frankfurter Rundschau, der zitierten SZ und der Welt jeweils vom 17. 5. 1968.

und vorübergehend gemeinsam einen großen Einfluß auf die politische Landschaft ausübten. Beide Entwicklungen sind symptomatisch für das politische Klima in der Bundesrepublik seit den späten fünfziger Jahren. Die Diskussion um die spätere Notstandsverfassung offenbarte ein gefährliches Mißtrauen zwischen Mehrheit und Opposition und zwischen politisch interessierten Intellektuellen und einem großen Teil der politischen Akteure. Die Unruhe unter den Studenten wiederum, die national wie international 1968 in vielen Demonstrationen gipfelte, offenbarte einerseits ein großes Maß an angestauter Kritik und Unzufriedenheit und andererseits einen verbreiteten Zwiespalt zwischen den Generationen, dessen Bewältigung auf Schwierigkeiten stieß, die es andernorts so nicht gab, die sich also nur aus der besonderen geschichtlichen Lage der Bundesrepublik erklären lassen.

Die Notstandsdiskussion

Die Notstandsdiskussion setzte mit dem Deutschlandvertrag von 1955 ein, demzufolge die Bundesrepublik von den ehemaligen westlichen Besatzungsmächten als souveräner Staat anerkannt wurde, in dem es aber noch alliierte Vorbehaltsrechte gab. Sie konnten nur durch eine mehr oder weniger umfassende Regelung für den Fall des inneren oder äußeren Notstandes beseitigt werden. An dieser Regelung wurde seit den fünfziger Jahren gearbeitet (Schröder-Entwurf von 1960, Höcherl-Entwurf von 1963, Vorlage des Rechtsausschusses des Deutschen Bundestages von 1965). Sie war aber von Anfang an umstritten und führte zu heftiger Polemik und zu politischen Verdächtigungen, obgleich ebenfalls von Anfang an feststand, daß zuletzt ein parteiübergreifender Kompromiß gefunden werden mußte, weil eine Änderung des Grundgesetzes erforderlich war, man also die entsprechenden parlamentarischen Hürden zu überwinden hatte. Dazu erklärten sich CDU/CSU und SPD in den Vereinbarungen über die Große Koalition bereit. Das Kabinett verabschiedete am 10. März 1967 die notwendigen Entwürfe, nach deren 1. Lesung im Bundestag im November 1967 ein öffentliches, weithin auch vom Fernsehen übertragenes Hearing stattfand, währenddessen auch prominente Gegner einer Notstandsregelung zu Wort kamen. Im Parlament wurde anschließend weiter am Kompromiß gearbeitet, auf den sich einzulassen vor allem größeren Teilen der SPD-Bundestagsfraktion – und der Partei – schwerfiel. Der Kompromiß wurde im Bundestag am 15. und 16. Mai 1968 in 2. Lesung beraten und beschlossen und am 30. Mai nach der 3. Lesung verabschiedet. Am 28. Juni 1968 trat die Notstandsverfassung in Kraft, und die Alliierten verzichteten gleichzeitig auf ihre Vorbehaltsrechte nach dem § 5 des Deutschlandvertrages.

Der vielfältige Protest gegen diese Entwicklung hatte zu zahlreichen Veranstaltungen und Veröffentlichungen geführt und ganz erhebliche Veränderungen am Notstandskonzept bewirkt, ohne jedoch im Kern erfolgreich zu sein. Den Protest formulierte man z.B. bündig während des Kongresses »Die Demokratie vor dem Notstand« am 30. Mai 1965 in der Bonner Universität. Das Kuratorium »Notstand für die Demokratie« tat sich mit einer Kundgebung auf dem Frankfurter Römerberg am 30. Oktober 1966 hervor und organisierte am 11. Mai 1968 zusammen mit der »Kampagne für Demokratie und Abrüstung« den Sternmarsch auf Bonn. An ihm nahmen zwar etwa 30 000 Menschen teil, die Teilnehmer aber waren überwiegend enttäuscht. Eine Mobilisierung der Öffentlichkeit gelang nicht, und das bis 1968 immer wieder mögliche Zusammengehen von protestierenden Studenten und Professoren mit Teilen der Gewerkschaften scheiterte gerade zu diesem Zeitpunkt. Die Gewerkschaften führten am gleichen Tag in Dortmund eine eigene Kundgebung gegen den Notstand durch, die nichts anderes als ein Nachhutgefecht war. Mit dem Notstandsprotest verband sich deshalb zunehmend Frustration – der »Frust« hielt in dieser Zeit Einzug in das politische Vokabular.

Für viele Wortführer der »unruhigen Studenten« war das eine herbe Niederlage. Mit dem Notstandsthema hatten sie sich ein breites Bündnis von Studenten und Arbeitern erhofft. Es sollte eine Öffnung dessen bewirken, was sich seit einigen Jahren an den Universitäten bewegt und dort zu Veränderungen geführt hatte. Zwischen 1965 und 1968 gelang die Öffnung immer einmal wieder: Die Auseinandersetzung über die Notstandsverfassung konnte recht unterschiedliche Oppositionsgruppen vereinigen. Aber sie eignete sich doch nicht als Plattform für gemeinsames Handeln. Deshalb blieb die Bewegung unter den Studenten und einem Teil der höheren Schüler trotz des großen Augenmerks, das sie in den Medien und der Öffentlichkeit fand, zunächst eine inneruniversitäre und innerschulische Angelegenheit. Das gilt, wenngleich es vielfältige Bezüge zwischen den Studenten- und bedingt auch den Schülerunruhen und allgemeineren gesellschaftlichen Veränderungen gab. Die Überlegungen der Studenten sind selbstverständlich auch nicht isoliert in den Universitäten entstanden. Kritik an der Restauration und Enttäuschung über die geringe Nutzung der Erneuerungschancen, die nach 1945 geboten waren, gab es auch anderswo. Die Studenten hatten Vorbilder und Vordenker, auch wenn es dann doch Studenten waren, welche die antikapitalistische Kritik in voller Schärfe formulierten, und auch wenn es später Bezüge zwischen extremen Studentengruppen und politischen Aktionsgruppen gab, die sich am Rande der Gesellschaft und der Politik bildeten und aus denen in den siebziger Jahren Extremismus und Terrorismus einen Teil ihres Nachwuchses rekrutierten.

Die Unruhe unter den Studenten und ihre Ursachen

Anzeichen für die Unruhe unter den Studenten hatte man spätestens in Zusammenhang mit der »Spiegel-Affäre« von 1962 entdecken können. Sie führte zu bis dahin weithin unbekannten Formen von Diskussionsveranstaltungen, auf denen eine unerwartete Diskussionsbereitschaft und auch Sorge um die Republik erkennbar wurden. Sie zeigte zugleich die Bonner politische Führung in deutlicher Schwäche: Ihr mußte in der Affäre die Wahrheit mühsam abgerungen werden, und Konrad Adenauer erweckte den Eindruck, daß er, ähnlich wie beim Bau der Mauer in Berlin, die Zeichen der Zeit nicht erkannte, deshalb nicht entschlossen die Führung übernahm, sondern nur schwächlich und unter Druck reagierte. Die wichtigste Reaktion auf die Affäre war der Rückzug von Franz Josef Strauß aus dem Amt des Verteidigungsministers: Mit Strauß erhielt die westdeutsche Innenpolitik eine Symbolfigur, an der sich Freund und Feind unterscheiden und an der sich vor allem die Wortführer der unruhigen Studenten reiben konnten, unterstützt von vielen Medien, denen Strauß nicht erst bei der »Spiegel-Affäre« Gelegenheit zur Kritik geboten hatte. Ziemlich genau zum Zeitpunkt der »Spiegel-Affäre« erschien Erich Kubys Streitschrift ›Im Fibag-Wahn – oder Sein Freund, der Herr Minister‹. An Strauß wie an der Rüstungs- und Beschaffungspolitik mit ihren engen Beziehungen zur einschlägigen Industrie ließ sich die Kritik am Kapitalismus besonders gut festmachen.

Im Mai 1968, im Monat der 2. und 3. Lesung der Notstandsverfassung, kam bei Rowohlt in erster bis vierter Auflage die wichtigste Kampfschrift aus der Studentenbewegung heraus:

›Rebellion der Studenten oder: Die neue Opposition‹, herausgegeben und verfaßt von Uwe Bergmann, Rudi Dutschke, Wolfgang Lefèvre und Bernd Rabehl. Sie enthält in der Hauptsache Darstellungen und Kommentare zur Entwicklung an der Freien Universität Berlin und ihrem Höhepunkt am 2. Juni 1967, an dem während einer Demonstration anläßlich des Schah-Besuches in (West-)Berlin der Student Benno Ohnesorg von einem Polizeibeamten erschossen wurde. Das Ereignis und der Tote wurden rasch zu Fanalen. In jener Schrift findet sich auch das kämpferische antikapitalistische Emanzipationsprogramm Rudi Dutschkes. Auf ihn wurde am 11. April 1968 ein Attentat ausgeübt, das nicht nur die protestierenden Studenten der agitatorischen Berichterstattung der Springer-Presse zur Last legten. Heftige Demonstrationen und gewaltsame Versuche, die Auslieferung von Springer-Zeitungen aus den Druckereien zu verhindern, waren die Folge. Die agierenden Studenten konnten mit all dem die Straße gewinnen, Politik, Polizei und Justiz beschäftigen und in der Bevölkerung ein höchst zwiespältiges Echo auslösen. Was ihnen nicht gelang, war die Einleitung der direkten Aktion »gegen die irrationale Herrschaft in Fabriken, Universitäten, Schulen« mit dem Ziel, »ein Bewußtsein darüber zu schaffen, daß diese spätkapitalistische Gesellschaft ersetzt werden muß durch eine sozialistische Gesellschaft, in der alle Produzenten, ob Arbeiter oder Studenten, an den sozialen und wirtschaftlichen Entscheidungen beteiligt werden müssen«[2].

War die Republik in Gefahr oder erregten nur die »Wiedertäufer der Wohlstandsgesellschaft«[3] unangemessen Aufsehen, erklärbar vielleicht aus dem in der Bundesrepublik herrschenden »Unbehagen«? Hans Dichgans, CDU-Bundestagsabgeordneter und Europaparlamentarier, schrieb in der Einführung zu seinem 1968 erschienenen Buch über dieses Unbehagen: »Die politische Atmosphäre der Adenauer-Zeit lebte von entschlossener Zustimmung und leidenschaftlicher Ablehnung, vom politischen Kampf mit klaren Fronten, harten Angriffen, verletzenden Formulierungen, *grandes querelles,* die Charles de

[2] Bernd Rabehl, Von der antiautoritären Bewegung zur sozialistischen Opposition, in: Uwe Bergmann (Hrsg.) u. a., Rebellion der Studenten oder: Die neue Opposition. Reinbek 1968, S. 178.
[3] Erwin K. Scheuch (Hrsg.), Die Wiedertäufer der Wohlstandsgesellschaft. Eine kritische Untersuchung der »Neuen Linken« und ihrer Dogmen. Köln 1968.

Gaulle für die Essenz der Politik hält. Die Themen Marktwirtschaft, Montanunion, Wiederbewaffnung schieden die Heerlager. Seither hat sich die Atmosphäre gewandelt, nicht erst seit der Großen Koalition. Verständnis und Interesse des Bürgers für die Streitfragen unserer Politik gehen zurück. Unbehagen breitet sich aus, bei den Regierungsparteien ebenso wie bei der Opposition. Studenten revoltieren. Die Unruhe läßt sich nicht mit der Bemerkung abtun, es handele sich nur um kleine radikale Gruppen. Studenten vom bürgerlichen Typ billigen die Demonstrationen, die außerparlamentarische Opposition reicht weit über die Universitäten hinaus. Wirtschaftsführer äußern Sympathien mit der SED. Besorgte Bürger erinnern an 1930. Wird die Demokratie ihre Aufgabe diesmal besser lösen, oder müssen wir uns auf das Ende der Demokratie vorbereiten, an nachdemokratische Strukturen denken?«[4]

1968 nahm man den Wandel wahr und bot Erklärungen an. Sie ergaben sich zum Teil aus einfachen Gegenüberstellungen. Wirtschaftlich erschienen die Deutschen vom »Wirtschaftswunder« verwöhnt. Die im internationalen Vergleich sehr kleine Rezession von 1966 wirkte da wie ein Schock, jedenfalls aber wie ein Warnzeichen, daß es wirtschaftlich nicht immer so weitergehen, man nicht ausschließlich auf Wachstum setzen könne. Außenpolitisch bröckelten die klaren Fronten des Kalten Krieges ab; die Bundesrepublik sah sich gezwungen, ihren Beitrag zu einer Politik der friedlichen Koexistenz zu leisten. Das erforderte z.B. den Verzicht auf die Hallstein-Doktrin, derzufolge keine diplomatischen Beziehungen zu einem Land bestehen durften, welches die DDR völkerrechtlich anerkannte und damit aufwertete. Die Bundesrepublik war, solange ihre Regierung an dieser Doktrin festhielt, erpreßbar. Das wußte man im In- und Ausland. Innenpolitisch hatte man 1966 den Weg in die Große Koalition eingeschlagen. Das war eine der möglichen Reaktionen der CDU und der CSU auf das Verhalten der FDP in der bürgerlichen Koalition seit 1961. Daß die FDP 1961 erfolgreich den Rücktritt Adenauers eingefordert, daß sie gegen Adenauers Willen die Kanzlerschaft Ludwig Erhards, des »Vaters des Wirtschaftswunders«, betrieben, diesen dann aber 1966 maßgeblich zum Rückzug gezwungen hatte, konnte ihr nicht vergessen werden. So bot sich die Große Koalition an, auf wel-

[4] Hans Dichgans, Das Unbehagen in der Bundesrepublik. Ist die Demokratie am Ende? Düsseldorf 1968, S. 9.

che die SPD unter Führung Herbert Wehners zielstrebig hinge-
arbeitet hatte. Diese Form der Koalition entsprach auch verbreiteten harmonisierenden Wunschvorstellungen. Sie schien
Einigkeit zu versprechen, den Willen auch, die Dinge gemeinsam in die Hand zu nehmen, die Rezession zu überwinden,
neue Formen der Konjunktursteuerung zu erproben, nebenbei
das leidige Notstandsthema vom Tisch zu bringen und nicht
zuletzt durch die Einführung des Mehrheitswahlrechtes die jeweils stärkste politische Partei – man konnte dabei nur an
CDU/CSU und SPD denken – von der FDP als unentbehrliche
Mehrheitsbeschafferin unabhängig zu machen. Die Große
Koalition entbehrte zwar einer kräftigen Opposition im Parlament und trug so zum Erstarken der Außerparlamentarischen
Opposition (APO) bei. Sie konnte aber auch die Hoffnung
wecken, daß nun einige Tabus aus der Adenauer-Zeit zu brechen waren: Daß die bisherige Politik trotz aller Bekenntnisse
Deutschland der Wiedervereinigung nicht einen Schritt näher
gebracht hatte, wurde diskutiert und mußte diskutiert werden,
um andere strategische Konzepte ins Spiel zu bringen. Daß man
mit dem Verbot der KPD von 1956 und der bloßen Verteufe-
lung aller marxistischen Theorien sich nur der Auseinandersetzung entzogen hatte und das plötzliche Aufleben marxistischer
Heilslehren in der jüngeren Generation so nicht verhindern
konnte, erlebte man seit Mitte der sechziger Jahre hautnah. Daß
der Markt nicht alles leistet und staatliche Steuerung hinzukom-
men muß, bewiesen Karl Schiller und Franz Josef Strauß als
Wirtschafts- und als Finanzminister der Großen Koalition.
Oder daß schließlich kein Land seiner Vergangenheit entfliehen
und so tun kann, als ob Greuel nicht stattgefunden hätten, wurde in den sechziger Jahren immer deutlicher – zum Teil angesichts der drängenden Fragen nachwachsender Generationen.

Auf diese Weise kamen Mitte der sechziger Jahre erst allmählich und dann plötzlich ganz neue Themen und Begriffe in die
innenpolitische Auseinandersetzung. Man sagte und schrieb
DDR statt »DDR«, Sowjetische Besatzungszone oder Ostzone.
Man diskutierte, daß inzwischen in den ehemals deutschen Gebieten Polens immer mehr Polen wohnten, die dort geboren
und deren Eltern dorthin vertrieben worden waren. Man sprach
von Hunger und von Armut in der Welt. Die Umwelt wurde,
wenn auch nur sehr zögernd, zu einem eigenen Politikfeld. Die
interessierenden Politikfelder vermehrten sich überhaupt. In
Europa zählte und verglich man die Abiturientenzahlen und in

der Bundesrepublik beschwor Georg Picht die heraufkommende »Bildungskatastrophe«. Zugleich bereitete man den Ausbau der Universitäten vor und diskutierte in breiter Öffentlichkeit die Strukturen der Hochschulen: Als Hamburger Studenten bei einer akademischen Feier den »Muff von tausend Jahren« beschworen oder bespöttelten, der unter den Talaren verborgen sei, konnten sie sich einiger Zustimmung gewiß sein. Daß die Struktur der Professorenrepublik, entstanden in einer Zeit, in welcher der Professor fast ausnahmslos auf sich gestellt und auf seinen häuslichen Schreibtisch angewiesen war, womöglich ihre Angemessenheit verloren hatte, als sich die Universität institutionell differenzierte, als Kliniken, Institute, Seminare entstanden, als die Professoren Direktoren und Chefs mehr oder weniger großer Personalkörper wurden, ließ sich nun immerhin diskutieren. Die Kulturpolitiker der Länder hatten nicht mehr nur das Geld für die sich rasch vergrößernden Universitäten und Hochschulen zu beschaffen. Sie mußten auch über deren zweckmäßige Organisation nachdenken und das Ergebnis solchen Denkens in Hochschulgesetzen niederlegen. Mit ihrem Tun konnten sie es schlechterdings niemandem recht machen. Daß sie aber überhaupt etwas taten, daß Bewegung in die Hochschullandschaft kam, bedeutete eben doch Veränderung – die revoltierenden Studenten konnten einiges davon auf ihrem Konto verbuchen.

Vielen Beobachtern der damaligen Entwicklung fiel auf, daß in jener Zeit neu und anders über die nationalsozialistische Vergangenheit Deutschlands gesprochen wurde. Der Patriarch Adenauer, der seine politische Karriere vor der Machtergreifung durchlaufen hatte und dem niemand ein Paktieren mit den Nazis vorwerfen konnte, hatte auch in dieser Hinsicht einiges zugedeckt. Anderen bot dies Deckung, so Adenauers Staatssekretär Globke im Bundeskanzleramt, der sich als Kommentator der Rassengesetze von 1935 hervorgetan hatte und später durch die merkwürdig erbärmliche Art seiner persönlichen Entschuldigung auffiel. In den sechziger Jahren wurde mehr und mehr die Großväter- durch die Vätergeneration abgelöst. Kurt Georg Kiesinger war NSDAP-Parteimitglied gewesen. Dies hielt man ihm vor. Er konnte Entlastungsbeweise vorlegen, aber er trug insgesamt wenig zur Aufklärung bei. Erst 1985 fand mit dem Bundespräsidenten von Weizsäcker ein führender Politiker der Bundesrepublik den Mut zu einer offiziellen Auseinandersetzung mit der Vergangenheit

Deutschlands. Kiesinger erwies sich im Vergleich dazu als eher schwächlich. Als ihn am 7. November 1968 am Schluß des Berliner Parteitages der CDU Beate Klarsfeld wegen seiner politischen Vergangenheit ohrfeigte, stieß das verbreitet auf hämische Schadenfreude. Wenig später mußte der Bundestagspräsident Dr. Eugen Gerstenmaier, eine wichtige Führungspersönlichkeit der CDU, von seinem Amt zurücktreten, weil man ihm, dem Widerstandskämpfer, anlastete, Entschädigungszahlungen beansprucht zu haben, über deren Berechtigung sich hatte streiten lassen, und weil man argwöhnte, Gerstenmaier habe auf das Zustandekommen von Rechtsregeln Einfluß genommen, aufgrund derer er dann seine Ansprüche erheben konnte. Unter solchen Bedingungen ließ sich trefflich moralisieren. Dazu war man gerade in der jüngeren Generation bereit. Ihr war besonders das Mitläufertum suspekt, und viele der Jungen konnten sich zornig über Personen erregen, die wie Gerstenmaier mit hohen moralischen Ansprüchen hervortraten, um dann doch in Verdacht zu geraten, nebenbei auch recht erfolgreich auf den eigenen Vorteil zu schauen. George F. Kennan unterschied in einer damals berühmten Rede über die rebellierenden Studenten zwischen denen, die voller Haß und Intoleranz bereit seien, »Gewalt zu ergreifen, um eine Veränderung herbeizuführen«, und denen voller Sanftmut und Passivität, den Friedfertigen, den Hippies und Blumenkindern. »Was einem zuallererst an der zornigen Militanz auffällt, ist der außerordentliche Grad von Gewißheit, der sie beseelt: Gewißheit der eigenen Redlichkeit, der Richtigkeit der eigenen Antworten, der Genauigkeit und Tiefe der eigenen Analyse zeitgenössischer gesellschaftlicher Probleme – die Gewißheit vor allem, daß alle Andersdenkenden schlecht sind.«[5]

1968 war das unruhigste Jahr, das die Bundesrepublik bis dahin (und bis heute) erlebt hat. Die Republik war aber nicht in Gefahr. Die politischen Institutionen arbeiteten auftragsgemäß und erfolgreich, vor allem beim Abbau der wirtschaftlichen Rezession und mit ihr verbundener Ängste. Die Parteien öffneten sich der neuen Situation. Daß in jener Zeit die NPD bei Wahlen erhebliche Erfolge hatte, erregte weltweit Aufsehen, daß kurze

[5] George F. Kennan, Rebellen ohne Programm. Demokratie und studentische Linke. Stuttgart 1968, S. 9; bei diesem Buch handelt es sich um den Abdruck einer Rede Kennans und einiger der Reaktionen, die auf die Veröffentlichung der Rede hin erfolgten. Aus den Reaktionen ergibt sich ein breites Spektrum der damaligen Diskussion in den USA.

Zeit später die CDU und die CSU einen großen Teil des rechten Spektrums integrierten, wurde weit weniger beachtet. Die SPD leistete in ihrem Umfeld ähnliches. Ein wichtiger Teil der rebellierenden Studenten wurde von ihr aufgenommen. Die Zeit dieser besonderen Art von Unruhe war also begrenzt. Immerhin: Nach dieser Zeit präsentierte sich die Bundesrepublik anders als zuvor. Neue Themen waren in Politik und Gesellschaft präsent, der Wertewandel wurde spürbarer, der politische Erfolg, wie er zur Wiederaufbauphase gehörte, war nicht mehr selbstverständlich. Auch die Demokratie änderte sich. 1969 verkündete Willy Brandt in seiner ersten Regierungserklärung, man wolle mehr Demokratie wagen. Die Veränderungen um 1968 waren zumindest auch davon bestimmt, daß in der repräsentativen Demokratie mehr Beteiligung gefordert und wahrgenommen wurde. Mit politischer Beteiligung aber verbinden sich auch Erwartungen – Politik verändert sich.

2. Herbst 1977: Terrorismus und Staat

Am 5. September 1977 wird Hanns-Martin Schleyer, Präsident der Bundesvereinigung der Deutschen Arbeitgeberverbände und zugleich Präsident des Bundesverbandes der Deutschen Industrie, in Köln auf dem Wege von seinem Büro zu seiner Wohnung nach Ermordung seiner vier Begleiter entführt. Seitdem der politische Terrorismus seinen festen Kern in der Baader-Meinhof-Gruppe gefunden hat, kommt ein solches Ereignis nicht mehr ganz überraschend: Im Juni 1974 wird der Student Ulrich Schmücker von der »Bewegung 2. Juni« wegen »Verrats« hingerichtet; im November 1974 wird nach dem Tode von Holger Meins im Gefängnis (Hungerstreik) der Berliner Kammergerichtspräsident Günther von Drenkmann ermordet; im Februar 1975 wird der Berliner CDU-Vorsitzende Peter Lorenz entführt, und den Terroristen gelingt die Freipressung von sechs Baader-Meinhof-Häftlingen; im April folgt der Anschlag auf die Botschaft der Bundesrepublik in Stockholm; im Dezember kommt es zu dem Geiseldrama während der OPEC-Konferenz in Wien und nach dem Selbstmord von Ulrike Meinhof zu mehreren Anschlägen auf deutsche Einrichtungen und zur Entführung eines französischen Verkehrsflugzeuges (Juni 1976). 1977 folgen dann rasch aufeinander die Ermordung des Generalbundesanwaltes Siegfried Buback und des Vorstandsvorsitzenden der Dresdner Bank, Jürgen Ponto. Die Entführung Schleyers stellte die nächste Herausforderung der Staatsgewalt dar, die im Kampf gegen den Terrorismus zwar immer wieder Erfolge erzielt und die ursprüngliche Baader-Meinhof-Gruppe auch zerschlagen, aber das Nachwachsen einer zweiten Terroristen-Generation nicht verhindert hatte.

Die Entführung Hanns-Martin Schleyers und die Reaktion der Politik

Die Mörder und Entführer melden sich im Fall Schleyer bald zu Wort. Nachdem unmittelbar nach der Entführung erst der Oppositionsführer und dann der Bundeskanzler eine Erklärung über das Fernsehen abgeben, warnen die Terroristen, daß Schleyer erschossen würde, wenn man auf die Fahndungsmaßnahmen nicht verzichte. Die Bundesregierung beschließt nach Beratung mit den Fraktionsvorsitzenden, dem nicht stattzugeben. Am nächsten Tag präsentieren die Entführer ihre Forderungen und ein Ultimatum: Elf inhaftierte Terroristen sollen freigelassen und mit jeweils 100 000 Mark ausgestattet gegen Schleyer ausgetauscht werden. Dem Ultimatum liegt ein Lebenszeichen des Entführten bei. In Bonn wird ein großer Krisenstab gebildet; Bundeskanzler Schmidt formuliert drei gleichrangige Ziele: Befreiung Schleyers, Ergreifung der Täter, Nichtfreilassung der Gefangenen. Zwei Tage nach der Entführung bittet Bundesjustizminister Hans-Jochen Vogel seine Kollegen in den Ländern, jeden Kontakt der inhaftierten Terroristen mit der Außenwelt zu unterbinden, weil der Verdacht besteht, daß die Entführung aus den Gefängnissen gesteuert worden ist. Das Ultimatum der Entführer läuft ab; ein zweites Ultimatum wird gestellt. Die Bundesregierung und der Deutsche Presserat bitten um zurückhaltende Berichterstattung. Am 9. September wird vorübergehend ein Genfer Rechtsanwalt als Vermittler tätig. Am 10. September wird das dritte Ultimatum bekannt, es verstreicht einen Tag später. Eine Woche nach der Entführung fordert Frau Schleyer, man solle dem Austausch zustimmen; auf einem Tonband beklagt sich Herr Schleyer über die Regierung und den Chef des Bundeskriminalamtes. Am folgenden Tag kommt es zum fünften Ultimatum und zu einem Angebot von Andreas Baader, die Bundesrepublik würde längere Zeit von terroristischen Aktionen verschont, wenn es zur Gefangenenbefreiung käme. Die Bundesregierung signalisiert immer wieder eine gewisse Verhandlungsbereitschaft; die Entführer sehen darin Verzögerungstaktik.

Die zweite Woche geht zu Ende, das sechste Ultimatum verstreicht. Auch die dritte Woche bringt keine Entscheidungen; es werden aber gesetzliche Maßnahmen gegen den Terrorismus vorbereitet, darunter das sogenannte Kontaktsperregesetz. Die Bundesregierung läßt erklären, daß die von den Häftlingen genannten Zielländer zu ihrer Aufnahme nicht bereit seien. In der vierten Woche brechen die Entführer den Kontakt mit der Regierung ab. Japanische Terroristen entführen ein japanisches Verkehrsflugzeug und verlangen die Freilassung von inhaftierten Anarchisten; die japanische Regierung zeigt sich verhandlungsbereit. Der Bundestag beschließt das Kontaktsperregesetz nach drei Lesungen im Plenum am 28. und 29. September, der Bundesrat schließt sich dem am 30. um 9 Uhr an, der Bundespräsident fertigt das Gesetz um 11 Uhr aus. In der fünften Woche nehmen die Entführer den Kontakt wieder auf und machen ein Schreiben des Entführten bekannt, in dem dieser die Handlungsunwilligkeit der Bundesregierung beklagt und auf das Verhalten der japanischen Regierung verweist.

In der sechsten Woche kommt es zur dramatischen Wende. Am 13. Oktober wird die Lufthansa-Maschine »Landshut« von palästinensischen Terroristen entführt; die Entführer verlangen die Freilassung aller inhaftierten »Kameraden« in der Bundesrepublik. Es beginnt ein diplomatischer und polizeilicher Kampf um Landeerlaubnisse. Am 14. Oktober liegt ein neues Ultimatum der Schleyer-Entführer vor. Es ist mit den »Landshut«-Entführern koordiniert und enthält die alten Forderungen, ergänzt um zwei weitere Freipressungen und um 15 Millionen Dollar, die der Sohn Schleyers übergeben soll. Dieser erklärt sich dazu bereit. Die »Landshut« fliegt mehrere Flugplätze an. Am 15. Oktober entscheiden die Kleine Lage im Kanzleramt und der Große Krisenstab, die 15 Millionen nicht bereitzustellen und die Geiseln notfalls mit Gewalt zu befreien. Sicherheitsexperten fliegen der »Landshut« nach. Um 21.30 Uhr beginnt vor dem Bundesverfassungsgericht die mündliche Verhandlung über den Antrag des Sohnes von Hanns-Martin Schleyer. Dieser will die Bundesregierung und die vier Bundesländer, in denen die Austauschterroristen im Gefängnis sitzen, durch eine Einstweilige Anordnung zum Eingehen auf die Forderungen der Entführer zwingen. Das Gericht lehnt am 16. Oktober den

Antrag ab; das Grundgesetz begründe eine »Schutzpflicht nicht nur gegenüber dem einzelnen, sondern auch gegenüber der Gesamtheit aller Bürger«. Die »Landshut« landet auf dem gesperrten Flugplatz Aden; die Entführer erschießen den Flugkapitän Schumann. Die Maschine fliegt am 17. Oktober nach Mogadischu weiter. Dort trifft Staatsminister Wischnewski mit den deutschen Sicherheitsexperten ein; der Kanzler telefoniert eine Stunde lang mit dem somalischen Staatspräsidenten; die Genehmigung zu einer deutschen Befreiungsaktion wird erteilt. Es gelingt, das Ultimatum bis in die Abendstunden hinein zu verlängern und das Einsatzkommando der Grenzschutzgruppe 9 von den Entführern unbemerkt auf dem Flugplatz zu landen. Kurz nach Mitternacht wird die Maschine gestürmt; die Geiseln und die Besatzungsmitglieder werden gerettet, drei Terroristen getötet. Die Bundesregierung wendet sich an die Schleyer-Entführer und fordert sie zur Freilassung ihrer Geisel auf. Dies alles wird am 18. Oktober morgens zugleich mit der Nachricht vom Selbstmord der Gefangenen Baader, Meinhof und Raspe im Gefängnis Stuttgart-Stammheim bekannt. Um Gerüchten vorzubeugen, wird eine internationale Untersuchung eingeleitet. Noch einmal appelliert der Bundespräsident an die Entführer. Von diesen hört man am 19. Oktober. Bei der Deutschen Presseagentur in Stuttgart geht ihre schreckenerregende Erklärung ein:

»Wir haben nach 43 Tagen Hanns-Martin Schleyers klägliche und korruptive Existenz beendet. Herr Schmidt, der in seinem Machtkalkül von Anfang an mit Schleyers Tod spekulierte, kann ihn in der Rue Charles Péguy in Mühlhausen in einem grünen Audi 100 mit Bad Homburger Kennzeichen abholen. Für unseren Schmerz und unsere Wut über die Massaker von Mogadischu und Stammheim ist sein Tod bedeutungslos. Andreas, Gudrun, Jan, Irmgard und uns überrascht die faschistische Dramaturgie der Imperialisten zur Vernichtung der Befreiungsbewegungen nicht. Wir werden Schmidt und den ihn unterstützenden Imperialisten nie das vergossene Blut vergessen. Der Kampf hat erst begonnen. Freiheit durch bewaffneten antiimperialistischen Kampf.«

Schleyers Leiche wurde am Abend des 19. am angegebenen Ort gefunden. Bundeskanzler Schmidt gab am 20. Oktober eine Regierungserklärung ab. »Wer weiß, daß er so oder so, trotz allen Bemühens, mit Versäumnis und Schuld belastet sein wird, wie immer er handelt, der wird von sich selbst nicht sagen wollen, er habe alles getan und alles sei richtig gewesen. Er wird nicht versuchen, Schuld und Versäumnis den anderen zuzuschieben; denn er weiß: Die anderen stehen vor der gleichen unausweichlichen Verstrickung. Wohl aber wird er sagen dürfen: Dieses und dieses haben wir entschieden, jenes und jenes haben wir aus diesen oder jenen Gründen unterlassen. Alles dieses haben wir zu verantworten ... Zu dieser Verantwortung stehen wir auch in Zukunft. Gott helfe uns!«

Der Terrorismus und seine Folgen

Kein Beteiligter und kein Unbeteiligter wird sich ein Urteil darüber anmaßen, ob die Entführung Schleyers zu verhindern gewesen wäre. Die ihn begleitenden Polizisten haben den Tod gefunden. Nach der Entführung gab es schwer entschuldbare Fahndungspannen. Sie belegten, daß die Bundesrepublik kein Polizeistaat ist und die Zusammenarbeit zwischen der Polizei der Länder mit den zentralen Einrichtungen des Bundes, dem Bundeskriminalamt an erster Stelle, Schwächen aufwies. Hanns-Martin Schleyer konnte jedenfalls polizeilich nicht geholfen werden. Die Polizei war aber auch nicht hilf- und erfolglos: Sie hatte die Baader-Meinhof-Gruppe zerschlagen, viele Terroristen waren oder wurden nach dem Spätherbst 1977 verhaftet. Über ihre Haftbedingungen kam es zu einer internationalen Diskussion, in der die Bundesrepublik vor allem in Frankreich gern als faschistischer und brutaler Polizeistaat hingestellt wurde. Tatsächlich blieb das Kontaktsperregesetz nicht ohne Wirkung, nachdem es vorher offenkundig relativ ungehinderte Kontakte zwischen den inhaftierten und den draußen operierenden Terroristen gegeben hatte.

Neben Polizei und Strafvollzug war auch das Bundesverfassungsgericht miteinbezogen. Der Bundestag erließ im Blitzverfahren ein neues, rechtsstaatlich zumindest problematisches Gesetz. Die Bundesregierung und die beteiligten Landesregierungen mußten oberhalb der Polizeifahndung das Heft in die Hand nehmen. Der internationale Charakter der Entführungsszene zwang dazu. Die Presse war beteiligt; sie erlegte sich selbst eine Art Nachrichtensperre auf. Daß das im Ausland nicht gelang, bedeutete gelegentlich eine große Erschwernis. Der Anflug der GSG 9 wurde beispielsweise in Israel gemeldet; die Entführer in der »Landshut« hätten das hören können. Kurz: Über mehrere Wochen standen staatliche Institutionen und Medien unter dem Druck der Entführer und unter dem Druck der naheliegenden Forderung, alles zu tun, um ein Menschenleben zu retten. Ob Öffentlichkeit und Gesellschaft diesen Druck ebenfalls verspürten, muß man dahingestellt lassen. Jener Druck hätte staatsverändernde Wirkungen auslösen können; polizeiliche Überreaktionen wären verständlich gewesen und politische Forderungen, die denkbaren Überwachungssysteme auszubauen und die Strafmöglichkeiten zu erweitern, blieben nicht aus. Die Bundesrepublik überstand all dies jedoch, der Staat blieb unverändert. In der Stunde der Not hatten sich auch die großen Parteien zusammengefunden und waren der Versuchung nicht erlegen, sich den Terrorismus wechselseitig zur Last zu legen. Früher war das immerhin geschehen und sogleich nach der Ermordung von Hanns-Martin Schleyer geschah es wieder.

Grundlegend waren die Ereignisse des Jahres 1977 für den Terrorismus selbst. Für viele waren bis dahin die Grenzen zwischen politischem Radikalismus und Extremismus und die zwischen Extremismus und Terrorismus verwischt. Nach der Ermordung des Generalbundesanwalts hatte das ein Göttinger Student unter dem Schutz der Anonymität mit seinem »Buback-Nachruf« zum Ausdruck gebracht. Er verurteile zwar Mord. Der Weg zum Sozialismus dürfe nicht mit Leichen gepflastert sein. Aber: »Ich konnte und wollte (und will) eine klammheimliche Freude nicht verhehlen. Ich habe diesen Typ oft hetzen hören, ich weiß, was er bei der Verfolgung, Kriminalisierung, Folterung von Linken für eine herausragende Rolle spielte.« Derartiges stieß nicht unbedingt und überall auf eisige Ablehnung. Aber die eiskalten Morde an Ponto, an Buback, an den Polizisten, die Schleyer begleiteten, und die erklärte Bereitschaft, fast hundert Menschen zu ermorden, die zufällig ein Flugzeug bestiegen hatten, ließen aufhorchen und erschrecken. Das Umfeld der RAF-Terroristen wurde dünner, ihre Isolation deutlicher. 1977 brachte nicht das Ende des Terrorismus – es gibt ihn bis heute –, wohl aber lösten sich alle Zusammenhänge zwischen politischer, auch radikaler politischer Auseinandersetzung und Gewaltanwendung und Terror unter dem Deckmantel politischer Ziele auf. Die Terroristen waren in ihrer inhumanen Gesinnung, in ihrer brutalen Menschenverachtung und in ihrer kriminellen Energie entlarvt. Faktisch hatte das die Auflösung in immer kleinere Gruppen zur Folge. Sie betätigten sich als Attentäter, Mörder, Bankräuber, stellten einmal die US-

Streitkräfte und ein andermal den »militärisch-zivilen Komplex« in den Mittelpunkt.

Terror kam auch von der anderen Seite des politischen Spektrums. Das Bombenattentat während des Münchner Oktoberfestes am 26. September 1980 richtete ein Blutbad an, im Sommer des gleichen Jahres folgten Sprengstoffattentate auf Ausländerheime oder im Dezember in Erlangen die Ermordung eines jüdischen Verlegers und seiner Lebensgefährtin. Terrorismus, der zumeist in ganz wirrer Weise behauptet, politische Ziele zu verfolgen, gehört also bis heute zum Leben der Bundesrepublik. Es gibt ihn auch in anderen Ländern, in der Bundesrepublik steht er aber in einer gewissen Tradition. Die Weimarer Republik ist einmal auch am politischen Extremismus von rechts und links, am Straßenkrieg in vielen Großstädten, am Altonaer Blutsonntag, am Einsatz bewaffneter Privatarmeen, der SA in erster Linie, denen die Staatsmacht wenig entgegenzusetzen hatte, gescheitert und zugrundegegangen. Kein Wunder, daß die ersten Zeichen von Gewaltanwendung in der politischen Auseinandersetzung im In- und Ausland mit besonderer Aufmerksamkeit beobachtet wurden. Kein Wunder auch, daß der brutale Terrorismus der siebziger Jahre große Befürchtungen erweckte.

Die Bundesrepublik erwies sich in ihren Institutionen als gefestigt. Parlament und Regierung reagierten besonnen, auch wenn es Streit darüber gab, welche Gesetzesänderungen erforderlich seien. Selbst die neuen Bündnisse zwischen Terroristen und Radikalen, die man im Falle des Baus von Kernkraftwerken oder der Startbahn West oder auch der atomaren Wiederaufbereitungsanlage in Wackersdorf feststellen konnte und die den Protest der friedlichen Umweltschützer oder Atomgegner umfunktionieren wollten und z.T. auch konnten, wurden »verarbeitet«, wenngleich das vielfach zu Lasten einer überforderten Polizei geschah.

Aber das Verarbeiten ist schwer. Kurz vor der Ermordung Schleyers, während man noch täglich auf neue Nachrichten wartete, legte die Bundesgeschäftsstelle der CDU eine Dokumentation vor, mit der sie beweisen wollte, daß Politiker, Schriftsteller, Journalisten und Professoren den Terrorismus mitverschuldet oder zumindest verharmlost hätten. Die Versuchung erwies sich als groß, aus einem Geschehen, das allgemeines Entsetzen auslöste, parteipolitisches Kapital zu schlagen und in sehr weitem Umgriff nach den »geistigen Wurzeln des

Terrorismus« zu fragen. Franz Josef Strauß hatte z.B. in seiner berühmten Sonthofener Konfliktrede von den »Sympathisanten der Baader-Meinhof-Verbrecher in der SPD- und FDP-Fraktion« gesprochen, während umgekehrt Herbert Wehner ihn 1975 im Bundestag »geistig einen Terroristen« nannte. Die Parteien reagierten, so darf und muß man sagen, weniger gelassen und vernünftig als die staatlichen Institutionen, als die Träger unmittelbarer politischer Verantwortung. Auch die Kirchen meldeten sich während der Entführungszeit Schleyers zu Wort, die evangelische eher selbstkritisch, die katholische eher anklagend. Beide wandten sich aber gegen die »Konflikttheorie«, welche in der politischen Pädagogik der späten sechziger und der siebziger Jahre eine große Rolle spielte. Ihrzufolge sollte »Konfliktfähigkeit« ein zentrales Lern- und Bildungsziel sein, sollte jeder Bürger seine Interessen erkennen und wissen, was er zu ihrer Durchsetzung tun müsse.

Die Bundesrepublik erwies sich als gefestigt, zeigte aber auch ihre Schwierigkeiten im Umgang mit Andersdenkenden. Die Unterscheidung zwischen demjenigen, der legal und legitim demonstriert, und demjenigen, der solche Demonstrationen zu gewaltsamen Aktionen mißbraucht, fällt schwer. Dabei darf es niemanden verwundern, wenn der Polizist im Einsatz vor Problemen steht. Anders liegt es schon bei den Wissenschaftlern, die dann auf dem linken oder rechten Auge blind sind. Die Extremismus-Studie von Elisabeth Noelle-Neumann ist dafür ein warnendes Beispiel[6].

Der Terrorismus stellt die Bundesrepublik damit vor die Frage, ob sie mit »normalen« Maßstäben zu messen (und was dann »normal«) ist oder ob der Schatten von Weimar immer mitgesehen werden muß, ob sich aus der eigenen historischen Erfahrung Notwendigkeiten ergeben, welche andere Demokratien nicht kennen. Politische Schlammschlachten sind nirgendwo zu rechtfertigen. Kann es aber sein, daß sie in der Bundesrepublik besonders bedrohlich sind, daß hier die Geschichte zu Wohlverhalten zwingt? Die Frage ist natürlich zu verneinen. Die

[6] Elisabeth Noelle-Neumann und Erp Ring, Das Extremismus-Potential unter jungen Leuten in der Bundesrepublik Deutschland 1984. Hrsg. vom Bundesminister des Innern, 2. Aufl. Bonn 1984. Kritisch dazu u.a.: Thomas Ellwein, Extremistische Einstellungspotentiale junger Menschen. Politische und pädagogische Folgerungen aus den Ergebnissen einer Meinungsforschungsstudie. In: ders., Politische Praxis. Beiträge zur Gestaltung des politischen und sozialen Wandels. Hrsg. v. Ralf Zoll. Opladen 1987, S. 94 ff.

Bundesrepublik hat häufig wüste und widerliche Polemik erlebt, ohne daß dies viel verändert hätte. Dennoch mag sein, daß es der Andersdenkende hierzulande oft schwer hat, daß bestimmte Stränge der Tradition ihn ausgrenzen und Parteien das nutzen, zumal es leichter ist, andere auszugrenzen als sich mit ihren Argumenten auseinanderzusetzen. Aber das ist letztendlich Spekulation. Sicher ist nur, daß die Studentenunruhen und der Terrorismus in diesem Lande anders gewirkt haben als in Ländern, in denen nie die eigene Tradition und erst recht nicht die eigene Existenz zum Problem geworden sind. Der Staat, der dem Terrorismus nicht unterlegen ist, wird nicht durch die Nation, nicht durch die Tradition und vielleicht noch nicht einmal durch die Gewöhnung stabilisiert. Er muß sich bewähren, beweisen, legitimieren. Dabei bedeutet die Legitimation durch Form und Verfahren viel, aber nicht alles[7].

[7] Vgl. zu diesem Abschnitt: Dokumentation der Bundesregierung zur Entführung von Hanns-Martin Schleyer. München 1977; Wolfgang Jäger, Die Innenpolitik der sozial-liberalen Koalition 1974–1982. In: Geschichte der Bundesrepublik Deutschland, Bd. V/2 (s. Forschungsstand und Literatur). Aus der zeitgenössischen Auseinandersetzung mit dem Terrorismus seien exemplarisch genannt die drei von Manfred Funke herausgegebenen Bände 122, 123 und 136 der Schriftenreihe der Bundeszentrale für politische Bildung: Extremismus im demokratischen Rechtsstaat. Bonn 1978; Terrorismus. Untersuchungen zur Strategie und Struktur revolutionärer Gewaltpolitik. Bonn 1977; Extremismus, Terrorismus, Kriminalität. Bonn 1977. Für beide Kapitel von Teil I ist von besonderem Interesse: Fritz Sack und Heinz Steinert, Protest und Reaktion. Analysen zum Terrorismus, hrsg. vom Bundesminister des Innern, Bd. 4/2. Opladen 1984. Als Versuch hat viel Beachtung gefunden Iring Fetscher, Terrorismus und Reaktion. Frankfurt 1977.

II. Die Bundesrepublik 1965–1985

1. Das Ende der Ära Adenauer

Die Bundestagswahl 1961 und die Lage der Parteien

Am 17. September 1961 fanden die Wahlen zum 4. Deutschen Bundestag statt. CDU und CSU hatten 1957 50,2 Prozent der Stimmen erhalten und mußten deshalb das Ergebnis von 1961 (45,3 Prozent) eigentlich als eine Niederlage begreifen. Die SPD hatte dagegen von 31,8 Prozent (1957) auf 36,2 Prozent zugelegt. Sie blieb dennoch weit von einer Mehrheit und der Möglichkeit einer Regierungsbeteiligung entfernt, obgleich sie nach 1957 ihren außenpolitischen Kurs verändert, im Godesberger Programm den Weg zur »Volkspartei« eingeschlagen und mit Willy Brandt einen ungleich zugkräftigeren Kanzlerkandidaten hatte als mit dem allenthalben als redlich gelobten, aber kaum als charismatisch empfundenen Erich Ollenhauer, der 1953 wie 1957 seine Pflicht getan hatte. Brandt war überdies zugutegekommen, daß er als Regierender Bürgermeister von Berlin am Tage des Baues der Berliner Mauer (13. August 1961) und in den Wochen danach große Führungsfähigkeiten zeigte, während bei Konrad Adenauer eher Führungsschwächen sichtbar wurden. Adenauer ließ sich jedenfalls durch den Mauerbau wenig in seinem ganz gegen die SPD gerichteten Wahlkampf beirren, tolerierte und nutzte die persönlichen Angriffe auf Brandt und seine Emigrationszeit und sprach vom Mauerbau als beabsichtigter »Hilfe Chruschtschows im Wahlkampf für die SPD«. Einen eindeutigen Wahlgewinn erzielte nur die FDP, die 12,8 statt 7,7 Prozent der Stimmen und 67 statt 41 Sitze im Bundestag erhielt. Damit war die Wahlstrategie dieser Partei aufgegangen, die auf strikte Distanz zur SPD, auf klares Bekenntnis zu CDU und CSU und auf eine vorsichtige Lösung von Konrad Adenauer hinauslief. Die FDP nahm die allmählich wachsende Kritik am Kanzler auf und kündigte Kurskorrekturen, nicht aber einen Kurswechsel an.

Unter den Bedingungen, die sich in den fünfziger Jahren in der Bundesrepublik herausgebildet hatten, war das Wahlergebnis in seiner Konsequenz weder überraschend noch strittig. Es kam nur eine »bürgerliche« Koalition zwischen CDU/CSU und FDP in Frage. Die Streitigkeiten zwischen den Koalitionspartnern gipfelten in der Frage nach dem Verbleib Dr. Adenauers im Amt des Bundeskanzlers. Die FDP war unter Führung von Erich Mende gegen eine erneute Kanzlerschaft Adenauers. In der CDU und der CSU konnte man das Problem nicht offen diskutieren. Immerhin gab es auch hier Kritik am Kanzler. Sie hatte sich nicht zuletzt an der Art entzündet, wie sich Adenauer 1959 für das Amt des Bundespräsidenten (Nachfolge von Theodor Heuss) interessierte, dann aber in Erkenntnis der relativen Schwäche des Amtes sich selbst desavouierte und zugleich das Präsidentenamt gefährdete, um nebenbei noch den »Vater des Wirtschaftswunders«, Ludwig Erhard, wegzuloben. Dabei war offenkundig, daß Erhard auf diese Weise als künftiger Bundeskanzler ausgeschaltet werden sollte. Als solcher war er aber in CDU und FDP unumstritten.

Vor diesem Hintergrund dauerten 1961 die Koalitionsverhandlungen in Bonn übermäßig lange. Erst Anfang November wurde eine Einigung erzielt. Adenauer blieb zwar Kanzler, sollte aber im Laufe der Legislaturperiode zurücktreten (»Kanzler auf Zeit«). Die FDP hatte ihr Ziel zu Teilen erreicht, aber fürs erste doch nachgegeben. Der Begriff »Umfallerpartei« entstand; er signalisiert eines der Traumata einer jeden FDP-Führung. Im Herbst 1961 hatte sich gleichzeitig das Parteiensystem der Bundesrepublik deutlich vereinfacht. Im Bundestag gab es nur noch die CDU, die CSU und die FDP, denen die SPD anscheinend als »geborene« Oppositionspartei gegenüberstand. Die bürgerliche Mehrheit beruhte auf nahezu 60 Prozent der Wählerstimmen, die SPD kam auch nicht annähernd an die 40 Prozent heran. Ihr Ergebnis hing zudem entscheidend von den Wählern in den Großstädten ab. Nur in Berlin, Bremen und Hamburg konnte die Partei »Regierungsfähigkeit« wirklich beweisen. In den Flächenländern waren die Chancen der Sozialdemokraten deutlich geringer; es kam nur zur Beteiligung an Koalitionsregierungen. Am 17. September 1961 wurde die SPD lediglich in Hessen mit knapp 43 Prozent der Zweitstimmen stärkste Partei. Danach besserte sich allerdings die Lage für sie. Sie konnte ihre Position in Hessen und Nordrhein-Westfalen ausbauen und dabei mehr und mehr auch auf dem Lande Fuß fassen. Später erwies sich das Wahlergebnis in Nordrhein-Westfalen als zunehmend wichtig für die Entwicklung im Bund. Das alles änderte aber noch wenig am grundsätzlichen Befund des Parteiensystems. In ihm war die CDU im Bündnis mit der CSU stärkste

Kraft, bedurfte jedoch zur Mehrheit eines Koalitionspartners. Dieser mußte davon ausgehen, daß auch CDU und CSU in Bonn so etwas wie eine Koalition bildeten, Koalitionsvereinbarungen also schwierig werden konnten.

Das Grundmuster politischer Koalitionen aber lag fest: Im Ausnahmefall war an eine Große Koalition von CDU/CSU und SPD zu denken; im Regelfall kam es auf den Entscheid der FDP an, wer regieren sollte (»Zünglein an der Waage«). Ändern ließ sich dieses Grundmuster nur – so die Dauerstrategie von Franz Josef Strauß – durch konsequenten Kampf gegen die FDP mit der Hoffnung auf die Wirkung der Fünfprozentklausel des Wahlrechts oder durch die Änderung des Wahlrechts überhaupt. Dies war einer der Gründe, der 1966 zur Bildung der Großen Koalition geführt und der für viele auch zu ihrer Rechtfertigung gedient hat. Damit sind Konstanten der westdeutschen Innenpolitik angesprochen, die jedenfalls bis zum Ende der achtziger Jahre zu berücksichtigen sind: die relative Stärke von CDU und CSU im Vergleich zur SPD, die Eigenständigkeit der CSU und die Steuerung ihrer Bonner Politik von München aus; die Position der FDP, welche wenig eigene Macht hat, aber die Macht anderer verstärken und ihren Gebrauch damit beeinflussen kann; und die Schwierigkeit der SPD, eine für sie bestehende strukturelle Hürde zu überwinden. Eindeutig Mehrheitspartei ist die SPD im Bund nie und auf der Ebene der Flächenländer nur in Ausnahmefällen geworden. Wollte sie wenigstens mitregieren, mußte sie zwischen einer kleinen oder großen Koalition wählen.

Diese Struktur des Parteiensystems ist geschichtlich bedingt, in der Bundesrepublik aber auch entscheidend auf das Wirken Adenauers zurückzuführen. Er hatte als Parteivorsitzender seine Partei zwar nur locker organisiert, aber doch die »Wählerpartei« integriert, sie von Erfolg zu Erfolg geführt, kleinere bürgerliche Parteien aufgesogen und durch Regierungsentscheidungen wie durch das Offenhalten seiner Partei Neugründungen im rechten politischen Spektrum be- und verhindert. Er hatte zudem die SPD in eine fast aussichtslose Oppositionsrolle gedrängt, die nur deshalb erträglich blieb, weil dieser Opposition wirksame Beteiligung an der politischen Gestaltung in Ländern und Gemeinden möglich war, und sie wenigstens zur Auflockerung der politischen Struktur beitragen konnte. Die »Macht« Adenauers wurde deshalb nicht durch die Opposition bedroht. Sie erschien erst geschwächt, als Wahlerfolge nicht mehr selbstverständlich waren und die großen Erfolge in der Politik der Westintegration schon als selbstverständlich galten, während positive Reaktionen auf die veränderte internationale Lage ausblieben. Daß man in der Bundesrepublik trotz unverminderter Beschwörungen und Bekenntnisse 1959 von der Wiedervereinigung weiter entfernt war als 1949, mußte sich fast jeder eingestehen. Solche Eingeständnisse verringerten die Autorität des Kanzlers innerhalb der eigenen Partei, und sie gaben dem Koalitionspartner die Chance, die innen- und außenpolitischen Grundentscheidungen der ersten Bundesregierungen zu stabilisieren, sich gleichzeitig aber auch für Neuerungen in der Politik anzubieten.

Dem »Kanzler auf Zeit« blieben noch zwei Amtsjahre, in denen er weniger Fortune hatte als früher. Erfolge gab es in der Europa-Politik und in den Beziehungen zu Frankreich. Ostpolitisch erwies sich Adenauer als unbeugsam. Der deutsche Botschafter in Moskau wurde im März 1962 in Urlaub geschickt, weil er einer Öffnung der Politik das Wort geredet hatte. Die Hallstein-Doktrin wurde unerbittlich angewandt, derzufolge die Bundesrepublik wegen ihres Alleinvertretungsanspruches keine diplomatischen Beziehungen mit solchen Ländern aufnehmen oder aufrechterhalten sollte, welche Beziehungen mit der DDR unterhielten. Die DDR wurde in jener Zeit meist noch als Sowjetische Besatzungszone und nur von Mutigen schon als »DDR« bezeichnet. Die Prinzipien der Ost- und Deutschlandpolitik, wie sie in den fünfziger Jahren formuliert worden waren, ließen sich Anfang der sechziger Jahre zwar von der Politik noch durchhalten, aber nicht mehr tabuisieren.

Die Diskussion begann: Am 15. Juli 1963 sprach Egon Bahr in Tutzing vom »Wandel durch Annäherung«. Zu diesem Zeitpunkt befand sich Adenauer aber innenpolitisch eindeutig in einer Rückzugsposition. Dazu hatte wesentlich die »Spiegel-Affäre« beigetragen, die am 26. Oktober 1962 mitten in der Kuba-Krise begann, zur Verhaftung des Herausgebers und mehrerer Redakteure des Wochenmagazins und schließlich zum Rücktritt des gesamten Bundeskabinetts führte. Die Affäre war von erregten Diskussionen begleitet, wie es sie in der Bundesrepublik bis dahin noch nicht gegeben hatte, von intensivem Nachdenken über Pressefreiheit und politisches Strafrecht und vor allem von der Auseinandersetzung mit Franz Josef Strauß. Strauß hatte zur Verhaftung des Redakteurs Conrad Ahlers in Spanien beigeholfen, darüber widersprüchliche Äußerungen gemacht und im Bundestag die Unwahrheit gesagt. Das führte zum Rücktritt der FDP-Minister, die damit die Auflösung des Kabinetts erzwangen. Das letzte Kabinett Adenauer kam dann als neue CDU/CSU-FDP-Koalitionsregierung nur zustande, als Strauß seinen Verzicht auf ein Ministeramt und Adenauer seinen Rücktritt für Herbst 1963 angekündigt hatten.

Die »Spiegel-Affäre« und Franz Josef Strauß

Der »Spiegel-Affäre« waren jahrelang Angriffe des Magazins auf Strauß und seine Amtsführung im Verteidigungsministerium vorausgegangen. Dabei wurde Strauß zum Politiker stilisiert, der unaufhaltsam auf dem Wege ins Kanzleramt sei, das er dann »ohne Krieg und ohne Umsturz schwerlich wieder verlassen« würde. Strauß konterte entsprechend, trug aber durch einige Affären dazu bei, sich den Ruf des rücksichtslosen Machtpolitikers zu erwerben. An ihm hatte wohl auch Adenauer keine sonderliche Freude mehr, nachdem Strauß 1961 zu denen gehörte, die den vorzeitigen Rückzug des Kanzlers betrieben hatten. Dieses Geschäft war noch mit der FDP eingeleitet worden. Im Sommer 1962 kam es zum Bruch zwischen Strauß und der FDP, der bis zum Tode von Strauß nachwirkte, als die FDP im Bundestag die Annahme eines Strauß entlastenden Abschlußberichtes des FIBAG-Untersuchungsausschusses verhinderte. Derart war die Koalition mit Querelen belastet, die ihren sachlichen Hintergrund in den tiefgreifenden Auffassungsunterschieden in der Außenpolitik – Adenauer rieb sich an Schröder, der den Versuch der Relativierung des deutsch-französischen Zweierbündnisses symbolisierte – und vor allem in der Militärpolitik hatten.

Es ging dabei um das NATO-Konzept, um den Einsatz von Atomwaffen und um die möglichen Folgen für Deutschland. Sie wurden in dem später die eigentliche Affäre auslösenden ›Spiegel‹-Artikel in schlimmsten Farben geschildert, wobei der Eindruck erweckt wurde, dies geschehe aufgrund amtlicher, in jedem Fall geheimer Unterlagen. Ob dem Spiegel formal geheime Papiere vorgelegen haben und ob sie unentbehrlich für die Story waren, war später umstritten. Zu Teilen handelte es sich sicher um Szenarien, die sich Kenner der Atomfrage selbst ausdenken konnten. Deshalb ist später die Rechtsfrage ganz in den Hintergrund getreten. Daß Rudolf Augstein erst nach 103 Tagen aus der Untersuchungshaft entlassen und dann gegen ihn noch nicht einmal ein Hauptverfahren eröffnet worden ist, galt den meisten Beobachtern als Armutszeugnis für Justiz und Staatsanwaltschaft, zumal die wenigen Verfahren, die tatsächlich eröffnet wurden, alle mit Freisprüchen endeten.

Die Wirkung der »Spiegel-Affäre« lag auf einer anderen Ebene. Sie löste zum einen eine ungeheure moralische Entrüstung aus. Demokratie und Rechtsstaat wurden in bisher nie gekannter Weise beim Wort genommen. Das machten zahlreiche Veranstaltungen in Universitätsstädten deutlich. Beobachter konnten den Eindruck gewinnen, es kündige sich ein Generationenwechsel an. Die Älteren hatten das Dritte Reich erlebt, fühlten sich oft doch wenigstens im Stillen auch an seinen Entartungen beteiligt, welche sie immerhin hingenommen hatten. Für sie waren der Rechtsstaat, die Verfassung, die Grundrechte erhabene Ziele; für sie war es aber auch selbstverständlicher, daß trotz des neuen Rahmens sich polizeiliche Pannen ereigneten und Unrecht geschah. Die jüngere Generation erregte sich demgegenüber über den Widerspruch zwischen feierlichen Reden und der politischen Praxis; daß sich Adenauer sogleich auf die Seite der Ankläger des ›Spiegel‹ stellte, sich mit ihnen in der Vorverurteilung übte und gar von einem »Abgrund von Landesverrat« sprach, minderte den Respekt, den er genoß. Daß er später kein ernstliches Wort des Bedauerns über eine überflüssige Affäre fand – es hatte ja kein Landesverrat stattgefunden, befanden die Gerichte –, minderte diesen Respekt weiter und warf auch Schatten auf Adenauers Politik.

Zu Beginn der sechziger Jahre war immer häufiger von »Restauration« die Rede. Hinzu kam, daß die Wiederaufrüstung der Bundesrepublik in den fünfziger Jahren nur nach langer und heftiger Diskussion beschlossen worden war. Sie litt auch darunter, daß man sich weithin des Führungspersonals aus dem Kriege bedienen mußte, sich also mit dem Problem auseinanderzusetzen hatte, wieweit die Wehrmacht im Kriege an Kriegsverbrechen beteiligt war. Da diese Diskussion wieder – wie die über die politische Vergangenheit von Bonner Spitzenbeamten – nicht mit der nötigen Offenheit geführt wurde, blieb Mißtrauen zurück.

Dieses Mißtrauen kam zu Beginn der Aktion gegen den ›Spiegel‹ eben diesem zugute. Daß dieselben Militärs, die politisch stillos kurz vorher ihrem Minister politische Loyalität zugesichert hatten, zum Schlag gegen den ›Spiegel‹ bereit seien, schien vielen einleuchtend. Als dann allmählich Einzelheiten über die

Verhaftung von Conrad Ahlers in Spanien mit Hilfe deutscher militärischer Stellen durchsickerten, sah man sich bestätigt. Wenn man dann den Artikel ›Bedingt abwehrbereit‹, der die Aktion gegen den ›Spiegel‹ ausgelöst haben soll, las, konnte man seine Vorurteile gegen eine unsinnige Militärpolitik bestätigt sehen, nicht aber Geheimnisverrat oder ähnliches entdecken, zumal die betreffende ›Spiegel‹-Nummer keinesfalls sofort beschlagnahmt wurde, also auch Sachverständige offenkundig viel Zeit brauchten, um den vermeintlichen Landesverrat zu entdecken. Deshalb mußten die Vermutungen und Verdächtigungen wuchern, man habe irgendeinen Anlaß benutzt, um ein mißliebiges Oppositionsblatt mundtot zu machen.

Die Aktion gegen den ›Spiegel‹ verlief voller Pannen und war in jeder Phase von größtem öffentlichen Interesse begleitet. Für dieses Interesse war wohl kennzeichnend, daß sehr viele den Staatsorganen sehr vieles zutrauten. Sah man die Dinge einmal so, paßte alles ins Bild: der Justizminister, den man überging, weil man ihn nicht für zuverlässig hielt; der Verteidigungsminister, der alles auf seinen Staatssekretär abschob, aber doch die Verhaftung Ahlers' höchstpersönlich betrieb; der Kanzler und der Innenminister, die ihrer Aversion gegen den ›Spiegel‹ im Bundestag freimütig Ausdruck gaben, aber niemand, der mit Amtsautorität und Nüchternheit die Dinge zurechtgerückt hätte.

Wiederaufrüstungsfragen und Pressefreiheit standen deshalb gleichzeitig zur Debatte. In der Hauptsache wird man bei der »Spiegel-Affäre« und ihren Folgen zwischen dem polizeilich-staatsanwaltschaftlichen Kern der Dinge und seiner politischen Bewältigung unterscheiden müssen[1]: Im Kern ging es um Ungeschick, Übereifer, Obrigkeitshörigkeit, Unverständnis für opponierende Intellektuelle, was alles zunächst für die Beteiligten unangenehm, in einem rechtsstaatlich einwandfreien Verfahren aber durchzustehen war. Die Reaktion der Politik war dagegen miserabel. Die Affäre wurde zur Krise, weil die politische Führung versagte. Nur die FDP wahrte ihr Gesicht. Sie erzwang durch den Rücktritt ihrer Minister den Rücktritt von Strauß und bewirkte die Neubildung eines Kabinetts Adenauer mit dessen Zusicherung, ein Jahr später zurückzutreten. Strauß

---

[1] Das zeigt die hervorragende, wenngleich immer noch viele Fragen offenlassende Dokumentation von Jürgen Seifert (Hrsg.), Die Spiegel-Affäre. Band 1: Die Staatsmacht und ihre Kontrolle. Band 2: Die Reaktion der Öffentlichkeit. Olten 1966.

hatte es inzwischen versäumt, in Bayern Ministerpräsident zu werden. Er blieb ohne Amt, aber nicht ohne Unterstützung. Am 25. November 1962 war Landtagswahl in Bayern. Entgegen dem allgemeinen Trend gewann die CSU 2 Prozent dazu. In Bayern »gingen die Uhren anders« – seit 1962 wird man auch hier von einer Sonderentwicklung sprechen müssen.

Die letzte Regierung Adenauer

Adenauer bildete nun seine letzte Regierung. Es wurde wieder eine CDU/CSU-FDP-Regierung, in der die FDP allerdings nicht als Königsmacher auftrat. Adenauer hatte das verhindert, indem er die Gespräche wieder aufnahm, die es schon 1961 gegeben hatte: zwischen Politikern der CDU und der SPD, in denen die Möglichkeit einer CDU/SPD-Koalition sondiert wurde. Wortführer waren Bundesminister Paul Lücke und Freiherr von Guttenberg auf der einen, Herbert Wehner auf der anderen Seite. Während der ›Spiegel‹-Krise wurde das wieder aktuell. Guttenberg wollte Strauß aus dem Kabinett entfernen und wohl auch Erhard als Kanzler verhindern. Die Verhandlungsführer verschafften sich Rückhalt, Parteivorstände und Fraktionen wurden informiert. Am 4. Dezember 1962 fanden unter dem Vorsitz Adenauers offizielle Koalitionsgespräche zwischen CDU/CSU und SPD statt. Sie kamen für große Teile der CDU und der SPD völlig überraschend und paßten überhaupt nicht ins jeweilige Bild vom politischen Gegner. Auch das grundlegende Motiv, das zu den Vorgesprächen geführt hatte, nämlich die Überlegung, gemeinsam ein Mehrheitswahlrecht einzuführen, war nach Lage der Dinge nur das Ziel einer kleinen Gruppe mit langfristigen strategischen Erwägungen. Sie hatten wenig zu tun mit den Interessen der gewählten Bundestagsmitglieder und ihrem Blick auf die Wiederwahl, die das bisherige Wahlsystem besser verbürgte. Immerhin ergab sich bei der Hälfte der Abgeordneten, die über die Landeslisten gewählt waren, von vornherein ein deutliches Wahlrisiko, und für die FDP hätte es das politische Ende bedeutet. In den Verhandlungen bei Adenauer blieb es beim Abtasten. Aber die FDP war in ihre Grenzen verwiesen. Adenauer hatte eine Alternative, seine Abhängigkeit minderte sich, die FDP mußte sich beugen. Das neue Kabinett kam als Übergangskabinett zustande. Das Ende einer Ära zeichnete sich noch in ihr selbst ab. Neue Themen machten Karriere, bisherige Versäumnisse wurden offen diskutiert. Die künftige Bundesrepublik würde, konnte man meinen, anders aussehen als die bisherige. Die »Spiegel-Affäre« bedeutete eine Zäsur. Man kann sie als Niederlage einer primär konservativen Staatsidee verstehen, weil es in der Affäre an glaubwürdiger Führung fehlte und der Staat zwar zu merkwürdigen Überreaktionen fähig war, aber eben keine Stärke, schon gar nicht die Stärke zeigte, welche Gelassenheit erlaubt.

Ludwig Erhard als Kanzler und die Bundestagswahl 1965

Adenauer trat am 15. Oktober 1963 zurück. Am Tag darauf wurde Ludwig Erhard zum Bundeskanzler gewählt, Erich Mende von der FDP wurde Vizekanzler. 1964 übernahm Willy Brandt nach dem Tode Ollenhauers den Vorsitz der SPD. Im März 1964 beschlossen die Ministerpräsidenten die Gründung neuer Hochschulen. Daß insgesamt mehr für die Bildung getan werden müsse, wurde immer selbstverständlicher. Auch von der Notwendigkeit der Planung war die Rede, wo bisher allein der Begriff nahezu synonym mit Kommunismus verwandt wurde. Ein anderes Thema waren die Gastarbeiter, deren Zahl vom September 1964 an die Millionen-Grenze überstieg, was zugleich signalisierte, daß der wirtschaftliche Aufschwung noch immer ungebrochen war. Die Hallstein-Doktrin wurde beibehalten. Nach einem Ulbricht-Besuch in Ägypten nahm die Bundesregierung diplomatische Beziehungen zu Israel auf und stellte die Wirtschaftshilfe für Ägypten ein. Das führte vorübergehend zum Abbruch der diplomatischen Beziehungen mit den meisten arabischen Ländern. Innenpolitisch war 1965 das Jahr mit den meisten »Wahlgeschenken«. Sie taten ihre Wirkung. Als am 19. September 1965 der fünfte Deutsche Bundestag gewählt wurde, konnte die SPD zwar wieder wie 1961 Gewinne verbuchen (plus 3,1 Prozent). Die CDU verdankte ihrer »Wahllokomotive« Erhard aber mit 38,1 Prozent der Zweitstimmen ein Rekordergebnis, das fast an das von 1957 heranreichte. Auch die CSU konnte zufrieden sein. Die bundesweite Auseinandersetzung um Strauß hatte wenigstens in Bayern keine Stimmen gekostet. Die FDP war dagegen enttäuscht. Sie hatte die »Spiegel-Affäre« in mancher Hinsicht bewältigt, erhielt aber 1965 deutlich weniger Stimmen als 1961 (9,5 statt 12,8 Prozent).

Unbestrittener Sieger war der Kanzler, der im Bundestag am

20. Oktober 1965 gewählt wurde und am 10. November in seiner Regierungserklärung mit seinem ersten »Maßhalteappell« und dem Gedanken von der »formierten Gesellschaft«, im Kern ein Angriff auf die organisierte Verbändemacht, neue Akzente setzte. Dagegen kam kein Gedanke an eine Zusammenarbeit mit der SPD auf. Die Wirtschaftspolitik, wie Erhard sie verstand, behielt den unbestrittenen Vorrang. Aber auch das Verhältnis zur eigenen Partei trübte sich etwas. Der Gedanke der »formierten Gesellschaft« wandte sich nicht nur gegen die Verbändemacht; mit ihr konnten sich auch Vorstellungen von Überparteilichkeit verbinden und an deutsche Denktraditionen anknüpfen. Das hat im dritten Regierungsjahr Erhards in der Diskussion eine erhebliche Rolle gespielt.

Das Jahr 1966 begann für Erhard triumphal. Er wurde im Februar zum Vorsitzenden der CDU gewählt. Im Sommer folgte dann eine Niederlage, als die CDU bei den Landtagswahlen in Nordrhein-Westfalen herbe Verluste erlitt. Ihnen schloß sich eine kurze Periode deutlicher Schwäche in der Bonner Koalition an. Sie gipfelte rein äußerlich im Streit über den Bundeshaushalt 1967. Zu seinem Ausgleich waren Steuererhöhungen erforderlich, gegen die sich die FDP sträubte. Erhard gelang es nicht, den Streit zu schlichten; am 27. Oktober traten die vier FDP-Minister zurück. Am 8. November wurde im Bundestag ein SPD-Antrag mit den Stimmen der FDP angenommen, der Bundeskanzler möge die Vertrauensfrage stellen; am gleichen Tag wurde in Düsseldorf Heinz Kühn (SPD) Chef einer SPD/FDP-Regierung.

In Bonn nahm die CDU das Heft wieder in die Hand. Am 10. November 1966 wählte sie ihren langjährigen außenpolitischen Sprecher Kurt Georg Kiesinger, inzwischen baden-württembergischer Ministerpräsident, zu ihrem Kanzlerkandidaten. Am 30. November trat Erhard zurück. Am 1. Dezember wählte der Bundestag mit großer Mehrheit Kiesinger; die Große Koalition war geboren. Willy Brandt wurde Außenminister und Vizekanzler. Für Strauß ergab sich die Gelegenheit zu bundespolitischer Rehabilitierung. Er wurde Bundesfinanzminister, und es fiel ihm zu, zusammen mit dem Bundeswirtschaftsminister Prof. Dr. Karl Schiller im Bereich der Wirtschaftspolitik einige Weichen zu stellen und die Veränderung politischer Strukturen herbeizuführen. In den Augen der Öffentlichkeit hatte nämlich Ludwig Erhard dadurch deutliche Schwächen gezeigt, daß es zur ersten nennenswerten wirtschaftlichen Rezession gekommen, aber dennoch eine Reform des wirtschafts- und finanzpolitischen Instrumentariums unterblieben war.

In den Würdigungen Ludwig Erhards wird zwischen seiner Zeit als Wirtschaftsminister mit ihren ordnungspolitischen Grundentscheidungen und seiner kurzen Zeit als Kanzler unterschieden, in der er nur das endgültige Ende der Ära Adenauer verwaltete. In der Kanzlerzeit Erhards brachte das Wahljahr 1965 eine schwer einzuschätzende Wende. Vorher war Erhard ein Kanzler, der wegen seiner wirtschaftspolitischen Leistungen mehr oder weniger gegen den Widerstand Adenauers ins Amt gekommen war, der dort einen neuen Regierungsstil eingeführt und in mancher Hinsicht Neuerungen verheißen hatte. Für ihn begann schon nach relativ kurzer Zeit der Wahlkampf, in dem er noch einmal alle seine Trümpfe ausspielen konnte: Eine erfolgreiche Wirtschaftspolitik, Kontinuität in der Außenpolitik mit vorsichtigem Betonen der atlantischen Seite des Bündnisses und eine sehr große persönliche Popularität ließen sich erfolgreich einsetzen. Daß er Schriftsteller, die mißliebige Ansichten äußerten, »Pinscher« nannte, rückte sein Verhältnis zur Kunst in ein schiefes Licht; schwerer schon machte er es der Öffentlichkeit mit seiner »formierten Gesellschaft«, einem Konzept, das dem strukturellen Wandel, dem Abflachen der Konjunktur und der Veränderung in den Wettbewerbsvorteilen der Bundesrepublik – man konnte immer weniger durch niedrige Löhne ausgleichen – entsprechen und Gruppeninteressen zugunsten allgemeiner Interessen neutralisieren sollte. Das Konzept kam zwar nicht an, verminderte aber auch nicht sogleich Erhards Popularität. Sie wurde dagegen durch mancherlei Wahlgeschenke – widersprüchlich, weil Erhard selbst der Gefälligkeitsdemokratie den Kampf angesagt hatte – vermehrt, auch durch wirksame neue Leistungsgesetze (312-DM-Gesetz, Honnefer Modell) oder durch die Privatisierungsaktionen des Jahres 1965 (VEBA). Das forderte allerdings viel von den Bundesfinanzen; 1965 wuchs zum erstenmal der Bundeshaushalt schneller als das Bruttosozialprodukt, und ein Jahr später mußte man ganz anders als früher über zusätzliche Finanzierungsmöglichkeiten nachdenken. Das führte dann nach der Wahl von 1965, die auch mit wirtschaftlichen Versprechungen gewonnen worden war, zu den Maßhalteappellen Erhards, welche weithin auf Kritik und Unverständnis stießen und die auch von Einzelentscheidungen (Bau des Kanzlerbungalows, US-Reise im September 1966) kräftig kontrastiert wurden.

Insgesamt kam es zu Unsicherheiten in der Haushaltspolitik, an denen schließlich die zweite Regierung Erhard scheiterte. Das Scheitern wurde von einigen Akteuren in der CDU geschickt der FDP zugeschoben, die sich ganz plötzlich im Aus befand. Natürlich hatte dazu ihre tiefe Unsicherheit beigetragen. Bedroht durch die Möglichkeit einer Großen Koalition und ein damit mögliches Mehrheitswahlrecht sowie geschwächt durch das Bündnis mit der CDU/CSU, mußte sie sich um jeden Preis profilieren. Das gelang um so weniger, je mehr sich Koalitionen auch gegen Erhard entwickelten, die es mit der beginnenden Rezession, mit den äußeren Zeichen des Strukturwandels – in Nordrhein-Westfalen hatte die Kohlekrise den Wahlsieg der SPD herbeigeführt, und die Stahlkrise deutete sich schon an – und auch mit Erhards Kritik an den Verbänden und ihrem Einfluß zu tun hatten. Rudolf Wildenmann meinte 1967, eine »große, bewußt herbeigeführte Interessenkoinzidenz von Interessengruppen der Industrie und der Gewerkschaften sowie von Gruppen der Privatbanken« habe zum Kanzlersturz geführt, »ein außerordentlich starker Verbandskollektivismus«[2].

Erhards Sturz

Erhard ist aus innenpolitischen Gründen gestürzt. Daß er außenpolitisch Schwächen zeigte, trug dazu bei – im Herbst 1966 befanden sich die deutsch-amerikanischen Beziehungen wieder einmal auf einem Tiefpunkt. Er ist auch nicht über die FDP gestürzt, wenn auch deren Unsicherheit die seine vermehrte. Er stürzte, weil seine Zeit als »Übergangskanzler« abgelaufen und er nicht in der Lage war, die neuen Themen aufzugreifen, und weil er selbst wenig Eignung besaß, den Deutschen die negativen Folgen des Wirtschaftswunders vor Augen zu halten. Er stürzte, weil man sich von ihm trennte und weil er das selbst lange Zeit nicht wirklich wahrnehmen wollte.

Die Große Koalition, hinter den Kulissen seit 1961 im Gespräch, 1962 schon fast offiziell verhandelt, setzte sich als Idee durch. Sie war nicht die Idee einer intellektuellen Minderheit, welche sie vielmehr erbittert bekämpfte. Aber sie entsprach so etwas wie einem verbreiteten Harmoniebedürfnis, und sie kam den Vorstellungen von machtbewußten Akteuren in den beiden

[2] Rudolf Wildenmann, Die große Koalition und die Rolle der FDP. Referat vor dem Vorstand der FDP im Januar 1967 (unveröffentlicht).

großen Parteien entgegen, die einige wichtige Entscheidungen – darunter die Notstandsverfassung – hinter sich bringen und die lästige Anhängselpartei FDP in die Ecke stellen oder sogar beseitigen wollten. Ab Ende September 1966 wurde in der alten Koalition gestritten, im Oktober wurden die Fäden gezogen, am 27. Oktober stellte die FDP so etwas wie ein Ultimatum, ein paar Tage noch dauerte der Abschied Erhards. Die Große Koalition war festgezurrt, einige Kanzleraspiranten, darunter wohl Gerhard Schröder und Eugen Gerstenmaier, waren neutralisiert, Kurt Georg Kiesinger stand bereit. Damit war eine Periode der Nachkriegsgeschichte zu Ende, zu der die mehr oder minder unerbittliche Konfrontation von CDU und SPD gehört hatte. Man zeigte, daß man auch anders konnte. CDU und CSU nominierten Kiesinger. »Ludwig Erhard aber amtierte von diesem Tag, dem 10. November 1966, an nur noch als ›Geister-Kanzler‹ in einer Situation, die es zuvor in der Geschichte der Bundesrepublik Deutschland noch nicht gegeben hatte. Der neue Mann der Union suchte seinen Koalitionspartner und sein Kabinett, während der alte Kanzler ein Schattendasein führte. Kaltgestellt, aber formell immer noch Regierungschef, wartete er auf seine Ablösung. Bundestagspräsident Gerstenmaier gab sie dem Parlament endlich am 1. Dezember 1966 bekannt, als die Wahl des neuen Bundeskanzlers gesichert war.«[3]

2. Wirtschaftssteuerung und Krisenmanagement

Die Geschichte der Bundesrepublik ist in besonderer Weise Wirtschaftsgeschichte. Nach 1949 gewann das »Provisorium« Bundesrepublik bald seine Identität, weil der wirtschaftliche Aufschwung alles erleichterte: Das Eingewöhnen in die neuen politischen Formen, das Finden eines neuen Selbstbewußtseins und auch das Verdrängen dessen, was geschehen war, das Erringen einer internationalen Position und damit längerfristig auch der Fähigkeit, eigenständig die Möglichkeiten der Deutschlandpolitik auszuloten. Ludwig Erhard hat mit dem Wirtschaftswunder, soweit es denn sein Werk war, Konrad Adenauer die Chance eröffnet, die Bundesrepublik in Europa und im Westen

---

[3] Klaus Hildebrand, Von Erhard zur Großen Koalition 1963–1969 (= Geschichte der Bundesrepublik Deutschland, Bd. 4). Stuttgart 1984, S. 231.

zu etablieren; er hat den Parteien die Möglichkeit verschafft, sich um neue Wege zu bemühen; die entideologisierte Volkspartei, welche durch die »skeptische Generation« entwickelt worden sein soll – ob es so weitgehend zum Ideologieverzicht gekommen ist, war bald umstritten –, war eine der Folgen. Das Wirtschaftswunder steht auch am Anfang des späteren Wertewandels, weil es mit dem wachsenden individuellen Wohlstand die Voraussetzungen dafür schuf, daß die Lebensformen sich dem Wohlstand anpassen konnten und mußten. Die verschiedenen Konsumwellen haben das demonstriert – am längsten und nachhaltigsten die Urlaubswelle: Der Urlaub zwingt zu einer individuellen Planung, die immer stärker das gesamte Leben zumindest eines großen Teiles der Bevölkerung determiniert.

Die Rezession von 1966 und die Bildung der Großen Koalition

Auch der nach allem, was Erhard für Deutschland bedeutet hatte, so nicht zu erwartende Sturz des Kanzlers Ende 1966 ist letztlich ein Stück Wirtschaftsgeschichte. Nach 1950 hatte die Konjunktur keinen stetigen und linearen Verlauf genommen; es gab aber im Prinzip immer ein Wirtschaftswachstum, das an steigenden Einkommen und am Abbau der Arbeitslosigkeit für jedermann erkennbar war. 1966 brachte demgegenüber einen kleinen Einbruch. Die Arbeitslosenquote, die 1950 etwa 11 Prozent betragen hatte und bis 1965 auf 0,7 Prozent heruntergegangen war, stieg wieder an (1967: 2,1 Prozent) und das Bruttosozialprodukt wuchs langsamer. Zugleich gab es Zeichen der Unsicherheit. Politisch wurde sofort gefragt, ob die Bundesrepublik nur eine »Schönwetterdemokratie«, ihre demokratische Ordnung also nur durch den Wirtschaftserfolg legitimiert und damit stabilisiert sei. Wirtschaftlich drängte sich vielen die Erkenntnis struktureller Veränderungen und damit die Frage danach auf, ob es immer noch zeitgemäß sei, so wie Erhard an den Prinzipien der sozialen Marktwirtschaft festzuhalten.

Vor diesem Hintergrund rechtfertigte sich für viele die Große Koalition, wie sie nun bald hieß, auch wenn gleichzeitig im Rahmen inzwischen verbreiteter Vorstellungen von Demokratie das Fehlen einer starken Opposition bedauert wurde. Die Koalition ihrerseits entsprach aber den Erwartungen. Die beiden großen Bundestagsfraktionen einigten sich überraschend schnell auf den gemeinsamen Kanzler und seine Mannschaft sowie auf das dazugehörige Programm. Es sah keine grundlegende, aber doch eine deutliche Kursänderung in der Wirtschaftssteuerung vor. Nach Keynes sollte eine Globalsteuerung der Wirtschaft versucht, dazu in neo-korporativer Form mit den Sozialpartnern zusammengearbeitet und zugleich die öffentliche Hand stärker als Einheit in die konjunkturelle Entwicklung eingebracht werden. Dazu mußten die öffentlichen Haushalte in den Dienst der gesamtwirtschaftlichen Entwicklung gestellt werden, was u. a. die Einführung einiger planender Elemente (Mittelfristige Finanzplanung) und ihre gesetzliche Absicherung notwendig machte. Diese Kurskorrektur stand im Mittelpunkt des Regierungsprogramms. Die Koalition wollte so die Wirtschaft wieder stabilisieren und daneben einige andere dringliche Aufgaben, vor allem die Änderung des Wahlrechts, erledigen, um sich dann wieder aufzulösen. Man schloß ein Bündnis auf Zeit und brachte damit zum Ausdruck, daß man den gegenwärtigen Zustand selbst als unnormal ansah.

Wirtschaftspolitisch war die Große Koalition von Anfang an höchst aktiv und sehr bald auch erfolgreich. Am 14. Februar 1967 trat zum ersten Mal unter der Leitung von Bundeswirtschaftsminister Karl Schiller die »Konzertierte Aktion«, der Form nach ein unverbindlicher Gesprächskreis von Arbeitgebern, Gewerkschaften, Wissenschaftlern und Politikern, zusammen. Am 23. Februar wurde das erste Konjunkturprogramm durch den Bundestag beschlossen, durch das u. a. die öffentliche Bautätigkeit belebt werden sollte, und schon am 10. Mai verabschiedete der Bundestag das Stabilitätsgesetz – genauer: das Gesetz zur Förderung der Stabilität und des Wachstums der Wirtschaft – und damit zugleich die Änderung von Artikel 109 des Grundgesetzes. Das Tempo, das hier vorgelegt wurde, war allerdings nur möglich, weil die entsprechenden Vorarbeiten lange zurückreichten.

An ihrem förmlichen Beginn stand ein Beschluß des Kabinetts Erhard im März 1964, Maßnahmen zur Bekämpfung der überhitzten Konjunktur einzuleiten. Nach längerer Diskussion wurde ein entsprechender Gesetzentwurf im September 1966 im Bundestag eingebracht. Inzwischen hatte sich die konjunkturelle Lage aber völlig verändert. Statt Preisstabilität drängte sich nun Wirtschaftswachstum als Ziel in den Vordergrund. Dem entsprach der Bundestag, indem er den Entwurf maßgeblich veränderte. Diese Arbeit zog sich über die Zeit der Regierungsumbildung hin und kam dann schnell zum Abschluß, was sich auch aus einem erheblichen Maß an Gemeinsamkeit erklären läßt, das schon vor den Querelen in der CDU/CSU-FDP-Koalition, die zum Sturz Erhards führten, zwischen CDU/CSU und SPD bestand. Die Gemeinsamkeit hielt bis ins Jahr 1969 an, so daß das vereinbarte Programm durchgeführt werden konnte: Am 6. September 1967 stimmte der Bundestag der Mittelfristigen Finanzplanung des Bundes für 1967 bis 1971 zu, zwei Tage später verabschiedete er das zweite Konjunkturprogramm mit einem Volumen von 5,3 Milliarden DM, am 8. November billigte das Bundeskabinett den »Leber-Plan«, der zur Verlagerung des Schwerverkehrs von der Straße auf die Schiene führen sollte und später praktisch scheiterte. Während der ganzen Zeit wurde an der Finanzreform gearbeitet, die im Mai 1969 als Grundgesetzänderung in Kraft trat. Sie führte zu einer Neuverteilung der Steuern zwischen Bund, Ländern und Gemeinden, in deren Zusammenhang auch die »Gemeinschaftsaufgaben« (Art. 91 a GG) vereinbart wurden.

Die Koalition hatte damit zweierlei erreicht. Zum einen gelang es ihr, begünstigt durch äußere Umstände, die Konjunktur wieder anzukurbeln. Vom Ergebnis her trug das Jahr 1967 noch die Spuren der Rezession. 1968 kam es wieder zu einem Wirtschaftswachstum von 7,3 Prozent, während gleichzeitig die Inflationsrate von 3,5 Prozent im Jahre 1966 auf 1,5 Prozent 1968 fiel. Anfang 1967 zählte man über 600 000 Arbeitslose, im Frühjahr 1969 waren es nur noch 243 000, denen aber über 700 000 offene Stellen gegenüberstanden. Auch haushaltspolitisch wirkte sich das aus: 1969 gab es im Bundeshaushalt trotz einer größeren Schuldentilgung einen Überschuß von etwa 1,5 Milliarden DM. Schiller und Strauß genossen hohe Popularität und waren sich auch weithin einig in einer volkswirtschaftlich orientierten Finanzpolitik. Zu Schwierigkeiten kam es zwischen ihnen allerdings, als die Konjunktur wieder belebt war und man nun zu klären hatte, ob man sie noch weiter fördern oder eher dämpfen wollte. Strauß steuerte den letzteren Kurs und hatte die CDU/CSU-Mehrheit im Kabinett hinter sich; er sträubte sich auch im letzten Koalitionsjahr gegen eine DM-Aufwertung. Damit wurden Unterschiede deutlich, änderte sich aber nichts am gemeinsamen Erfolg der Stabilitätspolitik, der sich vor allem auch sozialpolitisch nutzen ließ.

Die Große Koalition verabschiedete das Gesetz über die Lohnfortzahlung für Arbeiter im Krankheitsfall, das Berufsbildungsgesetz und das Rentenversicherungsänderungsgesetz (alle 1969), knüpfte also das »soziale Netz« enger: Die Wirtschaftspolitiker der Koalition ebneten den Sozialpolitikern die Wege. Diese konnten ihrerseits sozialstaatliche Grundentscheidungen ausbauen und verfestigen. Die Staatszuständigkeit für die Ausbildungsförderung und für die Sicherung im Falle von Arbeitslosigkeit, Krankheit und Alter wurde immer selbstverständlicher.

Die Wirtschaftspolitiker der großen Parteien haben mit all dem noch etwas Prinzipielleres erreicht. Auch unter Erhard war Wirtschaftspolitik nicht nur reine Ordnungspolitik. Eingriffe, allgemeine Fördermaßnahmen – so die Förderung des Zonengrenzgebietes – und konkrete Subventionen oder staatliche Stützung – so z.B. der Kohle – hat es schon vorher gegeben. Mit der Großen Koalition kam es aber doch zu einer recht grundlegenden Kurskorrektur. Im neuen Artikel 109 des Grundgesetzes übernahm der Staat eine Mitverantwortung für das gesamtwirtschaftliche Gleichgewicht. Im Stabilitätsgesetz wurde ein »normatives Aktionsmodell« entwickelt, wollte man die Bundesregierung »zu einem Minimum geplanter und rational erkennbarer Wirtschaftspolitik«[1] zwingen. Es heißt in diesem Gesetz immerhin, daß Bund und Länder in ihrer Wirtschafts- und Finanzpolitik die Erfordernisse des gesamtwirtschaftlichen Gleichgewichts zu beachten hätten. »Die Maßnahmen sind so zu treffen, daß sie im Rahmen der marktwirtschaftlichen Ordnung gleichzeitig zur Stabilität des Preisniveaus, zu einem hohen Beschäftigtenstand und außenwirtschaftlichem Gleichgewicht bei stetigem und angemessenem Wirtschaftswachstum beitragen« (§ 1, Satz 2).

Das »magische Viereck« fand sich so als gesetzlicher Auftrag formuliert. Die »staatliche Steuerung« der Wirtschaft wurde zum Topos und »Planung«[2], bis dahin weitgehend verfemt und mit kommunistischer oder staatssozialistischer Planwirtschaft identifiziert, fast zu einem Modebegriff. Die berühmten Wendungen von Joseph H. Kaiser geben dem Ausdruck: »Planung ist der große Zug unserer Zeit. Planung ist ein gegenwärtig ins allgemeine Bewußtsein aufsteigender Schlüsselbegriff unserer Zukunft. Systematisierung, Rationalität, Wissenschaft gelten

---

[1] Alex Möller (Hrsg.), Kommentar zum Gesetz zur Förderung der Stabilität und des Wachstums der Wirtschaft. Hannover 1968, S. 16.

[2] Joseph H. Kaiser (Hrsg.), Planung I. Recht und Politik der Planung in Wirtschaft und Gesellschaft. Baden-Baden 1966; Planung II usw. in den folgenden Jahren; dieses mehrbändige Sammelwerk wurde für die wissenschaftliche Literatur bahnbrechend.

schon seit längerem als zeittypische Postulate der modernen Welt.« Dem folgt dann der neue Planungsbegriff: »Planung ist der systematische Entwurf einer rationalen Ordnung auf der Grundlage alles verfügbaren einschlägigen Wissens.«[3] Das war »technokratisch« formuliert. Die Begleitmusik lieferten Parteien und Medien. 1965 gab Ulrich Lohmar für die SPD einen Überblicksband ›Deutschland 1975‹ heraus, in dem von der Entwicklung der Bevölkerung, des Sozialprodukts und der Technik die Rede ist, sodann aber von Ausbildung, Raumordnung, Stadtplanung, Verkehr, Gesundheit und Sorge für die Alten[4]. Kurze Zeit später erweiterte sich der Katalog, die Umwelt wurde zum beherrschenden Thema.

»Aktive Politik« und wirtschaftspolitische Kurskorrektur

Ausgehend von wirtschaftlichen Notwendigkeiten entzündete sich so das Postulat nach »aktiver Politik«[5], nach umfassender politischer Gestaltung. Das mußte und konnte nach der Kompetenzverteilung zwischen Bund und Ländern nicht alle Politikfelder in gleicher Weise umfassen. Daß man aber Bildungsplanung und Forschungspolitik betreiben, sich um eine umfassende soziale Ordnung oder um mehr Entwicklungshilfe bemühen müsse, wurde zum Ende der sechziger Jahre zunehmend selbstverständlich. Die Regierung Kiesinger richtete eine »Projektgruppe Regierungs- und Verwaltungsreform« ein, 1970 kam die »Studienkommission für die Reform des öffentlichen Dienstrechts« hinzu und wurde die »Kommission für wirtschaftlichen und sozialen Wandel« ins Leben gerufen. Auch dies war nicht grundsätzlich neu. Von der »Bildungskatastrophe« (Georg Picht) war schon früher die Rede gewesen, und Bund und Länder hatten darauf 1965 mit der Gründung des Wissenschaftsrates und des Bildungsrates reagiert. Mit der Großen Koalition bekamen solche Bestrebungen unverkennbar Auftrieb.

Zwei Tendenzen setzten sich dabei in der öffentlichen Dis-

[3] Kaiser, Planung, S. 1.
[4] Ulrich Lohmar (Hrsg.), Deutschland 1975. Analysen, Prognosen, Perspektiven. Mit einem Vorwort von Willy Brandt. München 1965.
[5] Vgl. Renate Mayntz und Fritz W. Scharpf (Hrsg.), Planungsorganisation. Die Diskussion um die Reform von Regierung und Verwaltung des Bundes. München 1973; Fritz W. Scharpf, Planung als politischer Prozeß. Aufsätze zur Theorie der planenden Demokratie. Frankfurt 1973.

kussion und auch in der Politik durch. Die eine zielte auf Analyse und Erweiterung des staatlichen Aufgabenbestandes und damit auf Reformen in allen nur denkbaren Bereichen. 1972 schrieb Hans Dieter Kloss als Herausgeber von Beiträgen, die vorher in der ›Stuttgarter Zeitung‹ erschienen waren, die Reformdiskussion hänge nicht nur mit Versäumnissen deutscher Politik zusammen, sie sei vielmehr weltweit aufgeflammt: »Was sich heute in der Bundesrepublik zeigt, sind Mängel, die fast samt und sonders durch die rasche wirtschaftliche und technische Entwicklung hervorgerufen werden und die zu beseitigen eine andere Form des politischen Handelns gefunden werden muß, als sie in der Vergangenheit üblich war. Bis in unsere Tage hinein war es möglich, in der Politik sozusagen von der Hand in den Mund zu leben. Zeigte sich irgendwo ein Mangel, dann wurde überlegt, wie er zu beseitigen sei, und anschließend fiel eine politische Entscheidung, die solange galt, bis der nächste Mangel offenkundig wurde. Heute hingegen droht die Entwicklung den Politikern davonzulaufen.«[6]

Die andere Tendenz zielte auf Veränderungen des staatlichen Instrumentariums, um den angestrebten Modernisierungsprozeß überhaupt steuern zu können. Es kam zu einer neuen Welle von Bürokratiekritik, Kritik am deutschen Berufsbeamtentum, an der starren Ministerialorganisation, an der Verzettelung im Vollzug, am Kompetenzgerangel zwischen Bund und Ländern. »Niemand wird heute behaupten, Staat und Verwaltung befänden sich in einer Form, die mit der wirtschaftlichen und gesellschaftlichen Entwicklung Schritt gehalten habe ... Bei der Verwaltung bestehen Mängel in ihrer Arbeitsweise, in ihrer regionalen Gliederung und schließlich im Arbeitsrecht.«[7]

Die Verwaltungsführung reagierte. Die Arbeit an der Vereinheitlichung des Verwaltungsverfahrens wurde beschleunigt; in den sechziger Jahren begann man in den acht Flächenländern der Bundesrepublik mit der Kreis- und Gemeindegebietsreform, deren Abschluß die größte Veränderung in der Binnengliederung Deutschlands seit Beginn des 19. Jahrhunderts mit sich brachte. Die Zahl der politischen Gemeinden in der Bundesrepublik ging von 24 282 Mitte 1968 auf 10 896 Anfang 1975 zurück und (relativ endgültig) auf 8501 im Jahre 1981, wobei

[6] Hans Dieter Kloss (Hrsg.), Damit wir morgen leben können. Innere Reformen – politische Antworten auf Mängel im Industriestaat. Stuttgart 1972, S. 10.
[7] Ebenda, S. 11.

Hessen (427 statt 2684) und Nordrhein-Westfalen (396 statt 2277) eine führende Rolle spielten. Die Gebietsreform sollte die »Verwaltungskraft« der Gemeinden stärken. Sie war wohl unerläßlich, wenn es im Sinne des Stabilitätsgesetzes zu einer die Gebietskörperschaften übergreifenden konjunkturgerechten Haushaltspolitik kommen sollte. Sie führte unbestritten auch dazu, daß die größeren Gemeinden umfassender und langfristiger investieren konnten. Das verstärkte den Einfluß der öffentlichen Hand auf die wirtschaftliche Entwicklung. Insofern lag auch dies im Zuge der Zeit. Daß mit einer solchen Reform auch überflüssige Einrichtungen verbunden waren und es in Grenzen zu einem Verlust an politischer Beteiligung auf dem Lande kam (»politische Ausdünnung«), muß allerdings angemerkt werden.

Die wirtschaftspolitische Kurskorrektur und die grundsätzliche Intensivierung der öffentlichen Aufgaben, die unter der Großen Koalition betrieben wurden, stießen auf ein zwiespältiges Echo. Daß man zur Überwindung der Rezession eine Große Koalition benötige, wurde wohl von einer deutlichen Mehrheit gebilligt. Das Modernisierungsthema fand zumindest in den Medien und in Teilen der unruhigen Jugend großen Widerhall. Freilich konnte es nun vielen nicht schnell genug gehen. Den immer ungeduldigeren und immer umfassenderen Forderungen vermochte auch die Große Koalition mit ihren Leistungen nicht zu entsprechen. Der Glaube, der Wirtschaftsverlauf sei steuerbar, Wachstum also machbar und mit Hilfe der damit verbundenen Ressourcen eine Modernisierung großen Ausmaßes auf allen möglichen Gebieten denkbar, verbreitete und verfestigte sich immer mehr. Die Frage, was Politik »kann«, wurde gegen Ende der sechziger Jahre seltener gestellt als die, was sie »soll«. Und sie sollte sehr viel. Sie sollte vielleicht um so mehr, als die Große Koalition vielen zeitgenössischen Kritikern prinzipiell suspekt war, als 1967 und 1968 eben nicht nur die neue Wirtschaftspolitik diskutiert, sondern auch die Notstandsverfassung vorbereitet und verabschiedet wurde, das Wahlrecht umstritten war, immer mehr Partizipationsforderungen angemeldet wurden und an Hochschulen und zum Teil auch Schulen keine Ruhe einkehren wollte.

Zudem ging es den Kritikern, die nicht alle »links« standen, nicht schnell genug mit einer neuen Ost- und Deutschlandpolitik. Daran änderte auch die sowjetische Niederschlagung des »Prager Frühlings« im August 1968 nur wenig. Dies alles bildete den Hintergrund dafür, daß sich neben der erfolgreichen

Wirtschaftspolitik andere Politikfelder in den Vordergrund drängen konnten, die ein Aufeinanderzugehen von SPD und FDP erleichterten, zu dem Signal der Wahl Gustav Heinemanns zum Bundespräsidenten auch durch die dabei überraschend geschlossen operierende FDP führten und nach der Wahl am 28. September 1969 die Bildung der sozialliberalen Koalition ermöglichten.

Die neue Koalition bedeutete wirtschaftspolitisch keinen Einschnitt. Die großen Entscheidungen waren unter Kiesinger getroffen worden; die wirtschaftspolitische Verpflichtung der Politik war erfolgt. Das erklärt, warum die FDP in dieser Hinsicht nach 1969 zunächst wenig Schwierigkeiten hatte. Es gab auf diesem Feld keine großen Überraschungen. Schiller blieb Wirtschaftsminister, und unmittelbar nach der Bildung der neuen Regierung wurde die DM aufgewertet – der wichtigste Streitpunkt in der Großen Koalition, der auch im Wahlkampf eine große Rolle gespielt hatte. Im übrigen bekannte sich die neue Regierung zu vielen Reformen, zur EG-Erweiterung und zu einer neuen Ostpolitik. Die Reformen schienen bezahlbar. 1970 sah man sich veranlaßt, die Konjunktur zu dämpfen. Ein »Konjunkturzuschlag« auf die Steuer sollte dazu beitragen. 1971 folgte ein konjunkturpolitisches Stabilitätsprogramm, zeigte sich aber auch schon das Dilemma des Nebeneinanders der umfassenden Reformpolitik und der wirtschaftspolitischen Verpflichtungen. Bundesfinanzminister Alex Möller trat wegen der zu hohen Anforderungen an den Bundeshaushalt im Mai 1971 zurück. Wenige Wochen später kam der erste Rahmenplan der Gemeinschaftsaufgabe »Verbesserung der regionalen Wirtschaftsstruktur« zustande, durch den 59 Prozent der Fläche der Bundesrepublik als Fördergebiet ausgewiesen wurden. Das war symptomatisch für die Ausweitung der Ansprüche und für die damit unvermeidbar verbundene Abnutzung der Instrumentarien. Die 59 Prozent signalisierten, daß sich in den Verhandlungen von Bund und Ländern das »Gießkannenprinzip« anstatt einer sinnvollen Schwerpunktbildung durchgesetzt hatte. 1971 wurde das jedoch kaum diskutiert; die Gemeinschaftsaufgabe wurde im Rahmen des Modernisierungsprozesses gesehen, zu dem auch das ebenfalls in dieser Zeit (19. Juli 1971) verabschiedete Städtebauförderungsgesetz und das Ende September 1971 verabschiedete Umweltprogramm der Bundesregierung gehörten.

Die Wirtschaftspolitik trat anschließend in den Hintergrund.

Ab 1971 wurde die Bonner Szene vornehmlich von der Ost- und Deutschlandpolitik bestimmt. Sie führte zum Übertritt von Abgeordneten aus der Koalition zur CDU/CSU und daraufhin zum parlamentarischen Patt, zum gescheiterten Mißtrauensvotum gegen Bundeskanzler Willy Brandt, zu dessen Vertrauensfrage im September und zur vorzeitigen Bundestagswahl am 19. November 1972, die zu einem triumphalen Erfolg der sozialliberalen Koalition und ihrer Ost- und Deutschlandpolitik führte.

Dahinter ließen sich die wirtschaftspolitischen Konflikte in der Koalition fast vergessen. Der Rücktritt des früher so populären Wirtschaftsministers Schiller am 7. Juli 1972 schadete jedenfalls der Regierung nicht; Schiller hatte allerdings seinen Ruf auch in der Öffentlichkeit durch den merkwürdigen Versuch gefährdet, seinen Schwager zum Präsidenten der Bundesanstalt für Bodenforschung zu machen – das Personal dieser Anstalt hatte dagegen erfolgreich protestiert. Zudem hatte sein Ruf gelitten, weil er als Doppelminister die 1969 angekündigte Steuerreform nicht vorangebracht hatte. Sie kam als reine Tarifsenkung zum 1. Januar 1975 zustande. Im übrigen beherrschten die Olympischen Spiele in München, die Verhandlungen mit den Siegermächten und der DDR und der Wahlkampf die Szene. Wirtschaftlich ging es zudem weiter aufwärts. 1973 mußten noch einmal zwei Dämpfungsprogramme nachgeschoben werden.

Die Konflikte innerhalb der Koalition hatten pragmatische wie ideologische Ursachen. Pragmatisch ging es um die Einschätzung der künftigen Entwicklung und die Belastbarkeit der öffentlichen Haushalte. SPD wie FDP waren dabei wohl überwiegend von einer gewissen Wachstumsgläubigkeit beherrscht. Die Möglichkeit größerer Rückschläge schien nicht einkalkuliert. Das begünstigte eine Diskussion, die zunächst vor allem innerhalb und in der Nähe der SPD stattfand und in der man über größere Veränderungen der Wirtschaftsstruktur stritt. Im Kern dieser Diskussion ging es um ein größeres Maß an staatlicher Wirtschaftssteuerung mittels einer »Investitionslenkung«. Diese erwies sich eher als Schlagwort und Kampfbegriff denn als theoretisches Konzept. Theoretisch setzte sie wohl das Bild einer künftigen, störungsfrei sich entwickelnden und dabei Mensch und Natur weniger belastenden Wirtschaft voraus, dem man sich dann mit Hilfe von staatlicher Förderung hier und eindeutiger Beschränkung dort allmählich annähern müsse. Die

Diskussion freilich verlief ebenso heftig wie fruchtlos, weil niemand dieses Bild zu konkretisieren vermochte. Viele Einzelwünsche deuteten auf Tendenzen, ergaben aber keine Gesamtschau, vor allem weil niemand genauer ausführen wollte, wie denn die Steuerungsinstanz aussehen sollte. Deshalb ließen sich von der Gegenseite beliebige Feindbilder aufbauen, während sich die interessierte Seite ebenso beliebig ausdifferenzieren konnte. Dabei blieb ihr und überwiegend der SPD nur gemeinsam eine gewisse Selbstverständlichkeit, mit der man die Wirtschaft dem Staat, die Ökonomie der Politik unterordnen, ökonomische Macht ebenso kontrollierbar machen wollte wie politische.

Der Ölschock und seine Folgen

Ende 1973 kam es zur wirtschaftlichen Wende[8]. Während des Jom Kippur-Krieges zwischen Israel und Ägypten/Syrien setzten zehn arabische Länder die »Erdölwaffe« ein. Die Erdölverknappung änderte die Situation in der Bundesrepublik grundlegend. Wirtschaftspolitik wurde mehr und mehr zum Krisenmanagement. Das beendete zwar die Diskussion um die Vorherrschaft von wirtschaftlicher oder politischer Macht nicht, belebte sie sogar insofern, als sich nun neue Krisenszenarien entwerfen ließen, aber das öffentliche Interesse richtete sich ganz überwiegend auf das, was die Regierung tat. Daß sich dabei Helmut Schmidt mehr und mehr in den Mittelpunkt des nationalen wie auch des internationalen Krisenmanagements rückte, trug ihm den Ruf des großen Pragmatikers und des »Machers« ein. Das signalisierte eine große Diskrepanz zwischen eben solchen Pragmatikern und den »Ideologen«, die weiter Veränderungsmöglichkeiten reflektierten, während sich die Politik ganz darauf konzentrierte, das Schlimmste zu verhüten. Am 24. November 1973 traten die ersten Verordnungen des Bundeswirtschaftsministeriums zur Energieeinsparung in Kraft; die Dis-

---

[8] Vgl. Helga Haftendorn, Sicherheit und Stabilität. Außenbeziehungen der Bundesrepublik zwischen Ölkrise und NATO-Doppelbeschluß. München 1986. Diese Arbeit bildet den Schlußband der Reihe, in der auch das vorliegende Buch erschienen ist. Im Sinne der geplanten Arbeitsteilung gehe ich anschließend auf Entwicklungen in der internationalen Wirtschafts-, Geld- und Militärpolitik nur noch am Rande ein. Auf die Zusammenfassung von Werner Abelshauser, Wirtschaftsgeschichte der Bundesrepublik Deutschland 1945–1980. Frankfurt 1983 sei ergänzend verwiesen.

kussion über die benötigte und die vorhandene Energie drängte sich in den Vordergrund. Damals sicherten sich die Kernkraftwerke in der Diskussion ihren Platz; ihre Stromlieferungen wurden immer stärker für unverzichtbar gehalten.

Die Abschwächung der Konjunktur wurde rasch mit bloßem Auge erkennbar. Noch im Dezember 1973 mußten Dämpfungsmaßnahmen aus dem Stabilitätsprogramm aufgehoben und Heizkostenzuschüsse an Einkommensschwache beschlossen werden. Aber man reagierte auch auf die inzwischen eingebürgerte Weise. Am 9. Januar 1974 beschloß die Bundesregierung das »Rahmenprogramm Energieforschung«, um Hoffnung zu signalisieren, und im Oktober kam es, nunmehr unter Bundeskanzler Schmidt, zu einem Konjunktursonderprogramm und anschließend zur Investitionszulage. Der Weg in eine im Vergleich zu den unmittelbar zurückliegenden Jahren fundamentale Wirtschaftskrise war dennoch unvermeidbar. In ihr erreichte die Internationalisierung des Problems ein bisher nicht gekanntes Ausmaß. Die Bundesrepublik war als Exportland und zunehmend vom Export abhängiges Land allerdings schon seit langem vom internationalen Konjunkturverlauf besonders betroffen. In ihrer Währungspolitik und der immer wiederkehrenden Forderung nach Aufwertung der DM kam das deutlich zum Ausdruck. Zudem wirkte die Einbindung in die Ansätze einer gemeinsamen Wirtschaftspolitik der EG auf die Bonner Wirtschaftspolitik ein. Helmut Schmidt, im Herbst 1972 kurze Zeit Nachfolger Schillers als Doppelminister für Finanzen und Wirtschaft, nach der Wahl 1972 Finanzminister, knüpfte in dieser Zeit die Fäden zu westlichen Finanzminister-Kollegen, die sich später zu den Weltwirtschaftsgipfeln weiterentwickeln ließen.

Noch zu Beginn der siebziger Jahre war die Schwäche des internationalen Währungssystems das Thema; es kam zum ungesunden Fluß internationaler Fluchtgelder in die Bundesrepublik, was hier die Inflation anheizte und auch die Konjunktur überhitzt erscheinen ließ. Nach dem Ölschock sah alles völlig anders aus. Vorübergehend dirigierten arabische Länder den Ölfluß und den Ölpreis allein. Auch wenn das langfristig nicht ganz so funktionierte, wie das radikale Politiker wollten, kam es doch wegen der Plötzlichkeit zu einer ungeheuerlichen Verteuerung des Öls und zu Schwierigkeiten auf dem Energiemarkt, was sich unmittelbar auf die energieabhängige Wirtschaft und damit auf die Wirtschaft überhaupt auswirkte. Das

Sozialprodukt sank 1974 um 1,6 Prozent; 1975 zählte man im Jahresdurchschnitt über 1 Million Arbeitslose; Anfang 1976 erreichte die Arbeitslosenquote mit 5 Prozent einen ersten Höchststand. Seit etwa 1974 stellte sich Wirtschaftspolitik also ganz überwiegend als Krisenmanagement dar, traten die jeweils bevorstehenden Entscheidungen – etwa die geld- und zinspolitischen Entscheidungen der Bundesbank – immer mehr in den Vordergrund. Bundeskanzler Helmut Schmidt und die von der FDP gestellten Wirtschaftsminister mußten sich darin bewähren – Schmidt erlangte in diesen Jahren den Ruf eines führenden Wirtschaftsexperten.

Die Wirtschaftskrise war ein weltweites Phänomen. Dabei zeigte sich bald, daß der Ölpreisschock nicht die einzige Ursache war. In den meisten Industriegesellschaften waren in den Jahren davor die öffentlichen Ausgaben und die Kosten für die soziale Umverteilung schneller gestiegen als die Einnahmen. Die Wirtschaftsbeziehungen zwischen den Industrieländern und der übrigen Welt waren unausgeglichen. Inflationäre Tendenzen wurden eher hingenommen, weil sie über Lohn- und Preissteigerungen relativ leicht verarbeitet werden konnten. Die Kosten der überall betriebenen Modernisierung waren hoch. Daneben wuchsen ebenfalls die Verteidigungs- und Rüstungskosten. Finanzpolitisch ließ sich so von einer Überforderung des Staates schlechthin sprechen. Gleichzeitig wurde die wirtschaftspolitische Steuerungsfähigkeit des Staates beeinträchtigt. Geht der Staat im Ausgabenhaushalt bis an die Grenze des Möglichen, bleibt wenig Spielraum für konjunkturfördernde Impulse. In den fortgeschrittenen Industrienationen kam als Erfahrung der siebziger Jahre noch hinzu, daß konjunkturelle Anreizprogramme vielfach zum Ausbau der öffentlichen Infrastruktur führen, was sich dann später mit wachsenden Unterhaltungskosten verbindet, so daß bei normalen Einnahmen der Investitionsspielraum automatisch kleiner wird. Aktuelle Hilfe kann so durchaus schädliche Folgen haben.

Als die Wirtschaftskrise 1974 ihren Höhepunkt erreichte, stand man weltweit vor der Frage, wie man das Zielbündel Vollbeschäftigung, Preisstabilität, Wirtschaftswachstum und außenwirtschaftliches Gleichgewicht ausgleichen, wo man Prioritäten setzen sollte. Die Antwort darauf wurde in den Auseinandersetzungen zwischen den verschiedenen Akteuren und damit abhängig von institutionellen Gegebenheiten in den einzelnen Ländern gefunden. Zu den Besonderheiten der Bundesrepublik gehörte und gehört dabei, daß es hier eine erhebliche Autonomie der Sozialpartner und eine herausgehobene Stellung der Bundesbank gibt. Die Sozialpartner versagten 1974, als es während der Krise zu Lohnsteigerungen von rund 12 Prozent kam, wobei der öffentliche Dienst trotz der gerade in dieser Situation bedenklichen Verschuldung der öffentlichen Haushalte den Vorreiter machte.

Zur Erklärung und Entschuldigung wird heute darauf verwiesen, daß die Gewerkschaften angesichts einer stabilen Exportsituation seit 1970 zielstrebig den Anteil der Lohnquote von 62 Prozent des Volkseinkommens auf 66 Prozent 1974 gesteigert und damit Ungereimtheiten der früheren Entwicklung ausgeglichen hätten. Die Folge war allerdings schon vor der Krise ein deutlicher Rückgang der Exportquote. Demgegenüber formierte sich um Kanzler Schmidt und das FDP-geführte Wirtschaftsministerium eine Gruppe von Akteuren, welche »die Ausgabenpolitik der SPD-Fraktion für ebenso gefährlich wie die inflationstreibende Umverteilungspolitik der Gewerkschaften«[9] hielt. Im Bündnis mit der Bundesbank setzte diese Gruppe auf Geldpolitik, also Ausgabenbegrenzung der öffentlichen Haushalte, Begrenzung der Geldmenge und damit auf Preisstabilität. Allenfalls sollte vorsichtig durch öffentliche Ausgaben der Nachfragerückgang aus dem Ausland ausgeglichen werden. Damit ließen sich in Grenzen Erfolge erzielen. Jedenfalls wurden die unmittelbaren Auswirkungen des Ölschocks überwunden: Die Arbeitslosigkeit stieg nicht mehr an, verharrte aber auf dem inzwischen erreichten, relativ hohen Niveau; die Inflationsrate blieb begrenzt; der Export behielt seine für das inländische Wirtschaftsgeschehen dominierende Rolle. Der Bundesrepublik sagte man nach 1976 nach, sie sei neben Japan am besten mit der Ölkrise fertig geworden. Allerdings wurde die öffentliche Verschuldung nur wenig reduziert und Fördermittel aus dem öffentlichen Haushalt wurden immer selbstverständlicher. Im März 1977 beschloß die Bundesregierung z. B. das »Programm für Zukunftsinvestitionen«, in dessen Rahmen bis 1981 16 Milliarden DM ausgegeben werden sollten.

Ende der siebziger Jahre stand die Bundesrepublik unter zunehmendem internationalen Druck, sich stärker in der Konjunkturbelebung zu engagieren. Gleichzeitig gelang aber eine

[9] Fritz W. Scharpf, Sozialdemokratische Krisenpolitik in Europa. Frankfurt 1987, S. 171.

relative Stabilisierung der Währungsrelationen. 1979 entstand das Europäische Währungssystem, innerhalb dessen sich die meisten europäischen Währungen nunmehr dem Dollar und anderen Währungen gegenüber einigermaßen koordiniert bewegen. Wegen der Schwäche des französischen Franc verstärkten sich in diesem System die Rolle der DM und die Funktion der Bundesrepublik als wirtschaftspolitischer Führungsmacht. Auf dem Bonner Weltwirtschaftsgipfel am 16. und 17. Juli 1978 gab es denn auch eine Selbstverpflichtung der Bundesrepublik, auf die eigene Konjunktur fördernd einzuwirken und damit die Weltwirtschaft zu beleben. Wirtschaftsminister war seit dem 7. Oktober 1977 Otto Graf Lambsdorff (FDP) als Nachfolger von Hans Friderichs. Als Beitrag zur Konjunkturbelebung wurde die zweite Steuersenkung (November 1978) betrachtet, die dem Staat bis 1981 Mindereinnahmen von 13 Milliarden DM bringen sollte. Das schien verkraftbar zu sein, da es konjunkturell aufwärts ging und 1978 die Arbeitslosigkeit zum ersten Male wieder unter die Grenzen von einer Million fiel. Zugleich veränderte sich die Diskussion über die Arbeitslosigkeit. Es wurde deutlich, daß sie nicht nur mit einem ungünstigen Konjunkturverlauf zu tun hat, sondern strukturell bedingt und insofern nicht mit den bisher angewandten Methoden zu beheben sei.

Die neue Krise von 1980/81, Arbeitslosigkeit und Staatsverschuldung

In dieser Situation kam es zu Beginn der achtziger Jahre zu einem neuen, weltwirtschaftlich bedingten Einbruch. Das Wachstum des Sozialproduktes verlangsamte sich zwar in der Bundesrepublik nur, die Arbeitslosenzahlen gingen aber steil in die Höhe. 1973, vor dem Ölschock, hatte man etwa 270 000 Arbeitslose registriert. Nach dem Schock war es dann schnell eine Million. 1978 und 1979 gelang der Abbau um etwa 200 000; 1980, 1981 und 1982 vermehrte sich die Arbeitslosenquote in Sprüngen auf 7,5 Prozent, um 1983 mit 2 258 000 Arbeitslosen 9,1 Prozent zu erreichen. Diese Quote konnte seither nur vorübergehend und marginal unterschritten werden. Da sich 1983 die konjunkturelle Lage wieder verbesserte, wurde das strukturelle Problem dieser Arbeitslosigkeit immer deutlicher. 1983 waren 50,8 Prozent der Arbeitslosen Arbeitsuchende ohne berufliche Qualifikation. Auch die Schwerbeschädigten und die

Arbeitssuchenden über 55 Jahre bildeten größere Gruppen. Deshalb kam es zu Ungereimtheiten auf dem Arbeitsmarkt, auf dem tendenziell zwar die Nachfrage nach Arbeit wuchs, in vielen Sparten aber das Arbeitsangebot nicht befriedigt werden konnte. Das verwies auf Mängel im Ausbildungssystem, vor allem aber auf den immer weitergehenden wirtschaftlichen Strukturwandel, der mit einer immer gewichtigeren Rolle auf dem Weltmarkt und zugleich mit wachsender Abhängigkeit von ihm gekoppelt war.

Politisch gab man sich mehr und mehr damit zufrieden, die Konjunktur einigermaßen am Laufen zu halten. Erfolge waren auch Glückssache. 1967 gab es das erwähnte Minus (0,1 Prozent), 1968 und 1969 mit einem Plus von 5,8 und 7,5 Prozent fette Jahre, danach ein gewisses Abflachen und 1974 den großen Einbruch (1974 plus 0,2 und 1975 minus 1,4 Prozent). 1976 war mit einem Zuwachs von über 5 Prozent wieder ein gutes Jahr. Danach flacht die Kurve etwas ab. 1979 kommen noch einmal vier Prozent zustande, 1980 bewegt man sich bei Null, und 1981 wie 1982 bleibt das Wachstum aus (minus 1 Prozent). Ab 1983 geht es dann wieder aufwärts, wobei die obere Grenze nunmehr bei 3 Prozent liegt, aber man auch mit 2 Prozent noch recht zufrieden sein muß. Je höher das Ausgangsniveau, desto schwerer sind Zuwächse zu erreichen. Wachstumsfaktoren sind dabei bis in die unmittelbare Gegenwart der Export, der im ersten Halbjahr 1988 einen neuen Rekordwert erreichte (etwa 270 Milliarden Mark), und die Dienstleistungen. Ihre Wertschöpfung vermehrte sich von 1970 bis 1987 um etwa 70 Prozent; sie allein tragen die in den letzten Jahren nur sehr geringfügige Zunahme von Arbeitsplätzen. Das Wachstum geht unter diesen Bedingungen mit einem relativ hohen und wirtschaftspolitisch unerwünschten Exportüberschuß einher und auch mit einer immer weiteren Neuverschuldung der öffentlichen Haushalte, es ändert wenig an der Arbeitslosigkeit, und es begrenzt zwar, verhindert aber nicht eine gewisse Inflation.

Daran hat im Prinzip der Wechsel von der sozialliberalen Koalition zur Regierung Kohl nicht viel geändert. Er brachte zunächst nur finanz- und haushaltspolitisch eine deutliche Änderung, weil es Finanzminister Stoltenberg gelang, für eine Übergangzeit die Neuverschuldung des Bundeshaushaltes deutlich zu begrenzen. Auch er konnte sich aber nicht dauerhaft gegen die mannigfachen Subventionswünsche und gegen die Forderung nach konjunkturstimulierenden Haushaltsmitteln wehren. Ab 1985 stieg der Staatsverbrauch wieder deutlich an. Als wichtigster Beitrag zur Konjunkturförderung und vor allem zur Förderung der Binnennachfrage, die während der Dollarkrise um 1986 einiges ausglich, galt von 1983 an die neuerliche Steuerreform, die wieder zu einer Tarifsenkung führte, aber auch erneut zu dem Streit, wie man die Mindereinnahmen ausgleichen könne.

In die achtziger Jahre ging die Bundesrepublik also im internationalen Vergleich mit einem hohen wirtschaftlichen Niveau, aber auch mit deutlichen Krisenerscheinungen. Ihnen gegenüber reichten längere Zeit die inzwischen eingebürgerten Vorkehrungen aus, um die größten Krisenfolgen aufzufangen. Das ungelöste Problem bildete nach wie vor die Arbeitslosigkeit. 1980 und 1981 fehlten nachhaltige Konjunkturimpulse, die geburtenstarken Jahrgänge drängten auf den Arbeitsmarkt, und es gingen immer mehr Arbeitsplätze durch die Verlagerung von Teilen der Produktion in die sogenannten Billiglohnländer verloren. Die von der Bundesbank betriebene Geldmengenbegrenzung wirkte sich nur bedingt positiv aus, zumal es vorübergehend zu überhöhten Zinsen und damit zum Rückgang von Investitionen im Bau- und Anlagegüterbereich kam. Noch einmal versuchte sich die Bundesregierung mit einem Konjunkturprogramm, dem Beschäftigungsförderungsgesetz vom Frühjahr 1982. Sie war sich darin aber schon nicht mehr einig, die Zweifel an dem um 1966 erworbenen wirtschaftspolitischen Instrumentarium wuchsen überhaupt. Am 9. September 1982 legte Graf Lambsdorff Bundeskanzler Schmidt ein Konzept zur Neuorientierung der Sozial- und Wirtschaftspolitik vor, über das es endgültig zum Streit zwischen SPD und FDP, zum Rückzug der FDP aus der Regierung und zur Wahl Helmut Kohls zum Bundeskanzler kam.

Nach der Bundestagswahl am 6. März 1983 erhofften viele eine wirtschaftspolitische »Wende«. Zu ihr kam es mit dem erwähnten Sparkurs. Unstrittig herrschte bundespolitisch nun auch ein unternehmerfreundlicheres Klima, und die internationale Konjunkturbelebung half der Bundesrepublik bis Mitte der achtziger Jahre, bis durch die Verschuldung der USA und die dadurch ausgelöste Dollarkrise neuerlich Krisensymptome sichtbar wurden. Sie bewirkten zuerst eine größere Neuverschuldung vor allem des Bundes und dann eine gewisse Unsicherheit. Diese hält an: Europa erwartet die Erweiterung des Gemeinsamen Marktes und die wirtschaftspolitischen Grundentscheidungen der USA, die unter der Präsidentschaft George Bushs von Reagans Schuldenberg herunterkommen müssen. Die Versuchung ist groß, durch Protektionismus der eigenen Wirtschaft zu helfen und die Weltwirtschaft zu beeinträchtigen. Außerdem erscheint die Verschiebung von Lasten auf die Verbündeten nahezu als Zwangsläufigkeit – Bündnis- und Wirtschaftspolitik gehen ineinander.

Die Bundesrepublik laviert sich – so darf man sagen – durch diese Unbilden hindurch; das Problem der strukturellen Arbeitslosigkeit bleibt allerdings unvermindert bestehen. Daran ändern weder Maßnahmen etwas, die den Zuzug von Gastarbeitern erschweren und ihren Wegzug erleichtern sollen, noch die Bemühungen um eine Verkürzung der Arbeitszeit. Zwar gelingt der Einstieg in die 35-Stunden-Woche. Er kann aber die Arbeitsplatzverluste durch Rationalisierungsanpassungen und durch Einsparungen nicht ausgleichen. Wirtschaftspolitisch müssen für die Bundesrepublik Ende der achtziger Jahre zwei von den vier Zielen als verfehlt gelten, die man Mitte der sechziger Jahre proklamiert hat: Es gibt keine Vollbeschäftigung, und man ist weit von einer ausgeglichenen Außenhandelsbilanz entfernt. Preisstabilität und Wirtschaftswachstum beruhen vielmehr weithin auf einem erheblichen Exportüberschuß. Den durchschnittlich nunmehr deutlich über 2 Millionen Arbeitslosen kommt das kaum zugute. Am Ende der zweiten zwanzig Jahre der Republik türmen sich ökonomisch andere Probleme auf als am Ende der ersten. Sie sind aber keinesfalls geringer. Zugleich ist heute noch viel selbstverständlicher als damals, daß der Staat diese Probleme vermindern soll, ohne daß ihm dafür andere Mittel zur Verfügung stehen, als man sie um 1966 festgelegt und erweitert – nicht erfunden – hat.

Die Wirtschaftspolitik der Bundesrepublik war von 1950 an wachstumsorientiert. Das entsprach einer Situation, in der es langfristig wachstumsfördernde Faktoren gab, allem voran die Bevölkerungsvermehrung, gefolgt von den vielen neuen Möglichkeiten, Wohlstand auch sozial breiter zu streuen. Um die Mitte der sechziger Jahre wurde mehr Aktivität des Staates gefordert und auch erbracht. Haushalts- und vor allem Investitionspolitik, Geldpolitik, Zinspolitik, Förderung des Außenhandels und Steuertarifpolitik bildeten die entscheidenden Instrumente. Sie wurden in den späten sechziger und in den siebziger Jahren entschiedener genutzt und durch Forschungsförderung sowie vereinzelte strukturpolitische Maßnahmen, auch durch neue Dauersubventionen ergänzt. In diesem Rahmen kam es dann auch zu ausgesprochenen Beschäftigungs- und Konjunkturförderungsprogrammen, deren Wirkung sich schwer einschätzen läßt, die aber sicher nicht sonderlich groß war. Zugleich nahm die Bedeutung der früheren Wachstumsfaktoren ab: Die Bevölkerung wächst nicht mehr, in vielen Konsumbereichen sind Sättigungsgrenzen erreicht. Wachstum holt sich zudem selbst ein, wo seine zerstörenden Nebenwirkungen größer sind als sein Beitrag zur Wohlstandsmehrung. Über Wachstum muß deshalb nachgedacht, eine neue wirtschaftspolitische Wende muß ins Auge gefaßt werden, selbst wenn sie nicht außenwirtschaftlich oder durch die EG-Veränderung erzwungen wird. Dieses Nachdenken geschieht unter dem Druck von Ansprüchen und Gefährdungen. Wirtschaftspolitik scheint unvermeidbar Krisenmanagement zu bleiben.

3. Öffnung und Rückzug der Politik

Als Ende 1966 die Große Koalition zustandekam und damit eine Zeit relativer Unruhe in Bonn beendet war, entsprach das sicher den Wunschvorstellungen einer klaren Mehrheit. Diese Vorstellungen mochten mit einem verbreiteten Harmoniestreben oder mit Konfliktscheu zu tun haben, sie mochten realistisch darauf hinauslaufen, daß die weithin als notwendig erkannte »Wende« in der Politik nicht von einer der großen Parteien allein herbeigeführt werden könne, oder auch damit zusammenhängen, daß man zwar inzwischen häufig der SPD mehr zutraute als früher, sie aber doch nicht allein am Ruder sehen wollte. Der Mehrheit stand eine entschiedene Minderheit gegenüber, welcher die Große Koalition an sich als unentschuldbarer demokratischer Sündenfall galt und die einige Ziele dieser Koalition – darunter die Verabschiedung der Notstandsverfassung und die Wahlrechtsreform –, nicht nur ablehnte, sondern ebenso wie die Form der Koalition als Bedrohung der Demokratie empfand. Diese Minderheit umfaßte einen großen Teil der »unruhigen« Studenten und als deren Kern den Sozialistischen Deutschen Studentenbund (SDS), der seit dem 6. November 1961 aus der SPD ausgeschlossen war (Unvereinbarkeit der Mitgliedschaft), sowie Teile einer vornehmlich von linken Intellektuellen getragenen Bewegung, die sich seit Beginn der sechziger Jahre entwickelt hatte (Ostermarschierer, Kampagne für Demokratie und Abrüstung, Notstandsgegner usw.). Die »Bewegung« ließ sich vor und nach 1966 nie auf einen Nenner bringen. Gemeinsam waren ihr aber doch die Bereitschaft, politisch Farbe zu zeigen, in neuen Formen zu demonstrieren und Demokratie radikal, d. h. prinzipiell zu verstehen.

Veränderungs- und Partizipationswünsche der Außerparlamentarischen Opposition

Von der Jugend ging der Protest gegen das Verhalten der Väter-Generation aus, die im Dritten Reich tatenlos zugesehen und nach 1945 ihre Mitschuld verdrängt hatte. Damit bekam ein mit antikapitalistischen Vorstellungen durchmischter Antifaschismus eine Chance und konnte Teile der westdeutschen Politik schon deshalb diskreditieren, weil sie von aktiven Nazis wie Staatssekretär Globke und prominenten Mitläufern wie Bundeskanzler Kiesinger mitbestimmt war. So wurden die Ereignisse nach 1933 neu diskutiert. Die Beteiligten hatten es aber offenkundig in den vergangenen Jahren verlernt, sich mit eben dieser Beteiligung und Mitwisserschaft auseinanderzusetzen. Es fehlte ihnen die Fähigkeit, das eigene Verhalten zu erklären. Das Entschuldigen überwog. Erst viel später löste Bundespräsident Richard von Weizsäcker mit seiner Rede anläßlich der 40. Wiederkehr des 8. Mai 1945 diese Sperre auf, ohne daß das die Peinlichkeit des 9. November 1988 im Deutschen Bundestag verhindern konnte, die Philipp Jenninger als Bundestagspräsident zum Rücktritt zwang.

Zugleich rächte sich 1968 die jahrelange Tabuisierung oder Verfemung des Kommunismus. Abgesehen von dem Schaden, den sie einer offenen, also diskutierenden Gesellschaft zugefügt hatte, brachen nun Neugier und auch der Wunsch nach Alternativen durch. Ganz unabhängig von der Realität der Sowjetunion erwies sich plötzlich marxistisches Gedankengut als interessant. Demokratische, antifaschistische und sozialistisch-marxistische Gedankengänge vermischten sich, ohne zu einem tragenden Konzept zu werden. Demokratisch orientiert beklagte man das »partizipatorische Defizit« (Arnhelm Neusüss); antifaschistisch versetzte man einen Teil der Väter-Generation auf die Anklagebank; sozialistisch setzte man sich mit der Eiseskälte des (kapitalistischen) Wirtschaftswunders auseinander und nahm damit einiges von dem vorweg, was für die Entwicklung in der Jugend zu Beginn der achtziger Jahre kennzeichnend war.

Partizipationswünsche wurden zuerst an den Universitäten laut[1]. Um ihre Demokratisierung wurde seit Beginn der sechziger Jahre gekämpft. Auch die Mitbestimmung im Betrieb geriet in diesen Zusammenhang. Demokratisierung wurde überhaupt zum Topos. Mit ihr sollte in Staat und Politik endlich ernst gemacht werden, sie sollte aber keinesfalls auf Staat und Politik begrenzt bleiben. Dafür bot sich das Bündnis mit den Arbeitern und ihren Gewerkschaften an, soweit diese um mehr Mitbestimmung kämpften. Zugleich schien sich der eigentliche Unterschied zwischen der SPD und den bürgerlichen Parteien hier abzuzeichnen, wenn die erstere Demokratisierung überall forderte, wo Herrschaft von Menschen über Menschen durch Beteiligung der Beherrschten begrenzt werden kann, während vor allem die CDU und die CSU nur die politische Demokratie gelten lassen wollten. Das alles deutete sich aber um das Jahr 1968 herum erst an. Die Fronten waren noch nicht klar und konnten es auch während der Großen Koalition kaum sein[2].

Angesichts der Großen Koalition entstand aus den vielen opponierenden Gruppen die Außerparlamentarische Opposition, die APO. Vor der Regierungsumbildung Ende 1966 wandten sich diese Gruppen weithin gegen den Kurs der SPD. Ihr wurde Anpassung an die internationale und die innere Politik der CDU vorgeworfen, während man die Kritik an den USA (Vietnam), an der NATO (atomare Bewaffnung), an der Vorbereitung der Notstandsgesetze, aber auch an der Verweigerung po-

[1] Zeitgenössische Dokumentationen dazu bieten: Hans-Adolf Jacobsen und Hans Dollinger (Hrsg.), Die deutschen Studenten. Der Kampf um die Hochschulreform. München 1968, mit einer Chronologie der Reformansätze seit 1945 und der Studentenunruhen; Lothar Schmidt und Dieter Thelen, Hochschulreform. Gefahr im Verzuge? Frankfurt 1969. Die grundlegende Berliner Dokumentation aus jener Zeit stammt von Ludwig von Friedeburg u. a., Freie Universität und politisches Potential der Studenten. Über die Entwicklung des Berliner Modells und den Anfang der Studentenbewegung in Deutschland. Neuwied 1968. Typischerweise gehören in diesen Zusammenhang auch spätere Klageschriften, wie etwa Ekkehard Nuissl u. a., Scheitert die Hochschulreform? Heidelberg zum Exempel. Reinbek 1973; Uwe Hoering, Zum Wandel politischer Problemlösungsstrategie. Hochschulpolitik zwischen sozial-liberaler und konservativ-autoritärer Reform. Frankfurt 1981.
[2] Vgl. dazu Peter Glotz, Der Weg der Sozialdemokratie. Der historische Auftrag des Reformismus. Wien 1975; wichtige Zeitdokumente auch in Heiner Flohr, Klaus Lompe, Lothar F. Neumann (Hrsg.), Freiheitlicher Sozialismus. Beiträge zu seinem heutigen Selbstverständnis. Bonn 1973.

litischer Diskussion und dem Wegdrücken von denkbaren Alternativen oder an der Unaufrichtigkeit in der Deutschland-Politik vermißte. Die Große Koalition war in den ersten beiden Jahren ihres Bestehens von solcher Kritik ständig begleitet. 1967 ging die APO mehr und mehr aus den Universitäten (und Zeitschriften) auf die Straße. Das eskalierte dann am 2. Juni 1967 während des Schah-Besuches in Berlin und nach der Erschießung des Studenten Benno Ohnesorg durch einen Polizisten. Die Unruhen, die bisher ihren Schwerpunkt in Berlin hatten, griffen auf die ganze Bundesrepublik über. Eine Woche nach dem Tode Ohnesorgs fand in Hannover der Widerstandskongreß statt, auf dem Jürgen Habermas formulierte: »Die Studentenproteste, das ist meine These, haben eine kompensatorische Funktion, weil die in einer Demokratie sonst eingebauten Kontrollmechanismen nicht oder nicht zureichend arbeiten.«[3] Habermas und andere bauten dabei auf Aufklärung, viele redeten aber schon der Gewalt das Wort. Daß man »Gewalt gegen Sachen« üben müsse, wurde offen gesagt. Rudi Dutschke schwärmte für die Rätedemokratie und wandte sich um ihretwillen gegen die etablierten Spielregeln der Bundesrepublik. Die Regelverletzung war die harmlosere Variante des Protestes. In der zweiten Jahreshälfte 1967 konzentrierte sich das politische Interesse der APO dann auf die Notstandsdebatte in Bonn und auf den Kampf gegen die Springer-Presse. Der Kampfruf »Enteignet Springer« fand weit über die APO hinaus ein Echo. Die nahezu uneingeschränkte Mediendiktatur Springers in Berlin konnte (und kann) kein überzeugter Demokrat, der das Nebeneinander verschiedener Meinungen im politischen Prozeß für unerläßlich hält, gutheißen und über die Manipulationsbemühungen von ›Bild‹ herrschte in gebildeten Kreisen ohnehin Einvernehmen[4]. Was sich zwischen der Springer-Presse und der APO abspielte, fand dann seinen Höhepunkt im Mordanschlag auf Rudi Dutschke, den man der Hetze der Boulevard-Medien zur Last legte und auf den hin es in den Ostertagen 1968 zu gewaltsamen Demonstrationen gegen das Haus Springer kam. Damit war wohl der eigentliche Höhepunkt der APO erreicht, auch wenn wenige Wochen später die 2. Lesung der Notstands-

[3] Jürgen Habermas, Protestbewegung und Hochschulreform. Frankfurt 1969, hier S. 137 ff. die Rede in Hannover, das Zitat S. 140. Vgl. auch Ernst Richert, Die radikale Linke. Von 1945 bis zur Gegenwart. Berlin 1969.
[4] Vgl. Hans Dieter Müller, Der Springer-Konzern. Eine kritische Studie. München 1968, mit einer ausführlichen Dokumentation über die ›Bildzeitung‹.

verfassung im Bundestag und kurze Zeit darauf deren Verabschiedung Anlässe für bundesweite Proteste und für eine große Demonstration in Bonn boten.

Während der Osterunruhen 1968 war die APO noch einmal nahezu vereint, und sie war stark. Kurze Zeit später begann sie, sich aufzulösen. Sie zerbrach hauptsächlich am Thema Gewalt, und sie erübrigte sich zu Teilen, weil die etablierten Parteien geschickter und offener reagierten, als man ihnen in der APO unterstellte. Die Große Koalition führte nicht zum großen Einvernehmen, und die Gefahr von linken und rechten Parteineugründungen hielt sich in Grenzen. Zwar erweckte die NPD, die Ende 1966 bei Landtagswahlen einige Erfolge hatte, lebhafte Phantasien im In- und Ausland. Die demokratischen Behinderungsmechanismen und die »streitbare Demokratie« des Grundgesetzes, welches das Parteienverbot zuläßt, funktionierten jedoch. Die NPD mußte viel mehr als die vom Bundesverfassungsgericht zu Beginn der fünfziger Jahre verbotene Sozialistische Reichspartei so tun, als ob sie auf dem Boden des Grundgesetzes stünde. Faschistische Infamien mußten außerhalb der Partei erprobt werden. Konsequente Nationalsozialisten konnte das nicht befriedigen. Jüngere Wähler, die aus Protest gegen die Große Koalition zur NPD stießen, wurden dort bald wieder enttäuscht. Das hatte auch mit dem personellen Angebot zu tun. So kam es zu einer Rückkehr zu den etablierten Parteien. Der größere Teil der APO hat wohl in ihnen seinen Platz gefunden. Ein kleiner Teil spaltete sich in oft sektiererische Gruppen auf oder vermischte sich mit den vielen Bürgerinitiativen, welche um diese Zeit entstanden, um Kinderläden zu gründen, die Frauenbewegung zu stärken, örtliche Mißstände zu bekämpfen oder um sich später als Gegner von Großprojekten (Atomkraftwerke, Wiederaufbereitungsanlagen, Startbahn-West, Autobahnbauten usw.) und in der Friedensbewegung zu betätigen. Auch ein Kern der Terroristen ging aus der APO hervor, betätigte sich erst im Untergrund, relativierte sein Verhältnis zur Gewalt, nahm verletzte Polizisten oder Passanten und dann auch Tote hin, um schließlich zum offenen Mord überzugehen.

Die APO hat die Parteien verändert. Ihre politisierende Wirkung belebte die innerparteiliche Diskussion, vermehrte die innerparteiliche Demokratie und beschleunigte den Wechsel des Führungspersonals. Die Parteien wirkten in dieser Zeit beweglicher. Zwar setzte sich die neue Deutschlandpolitik nur zögernd durch. Im Bereich der inneren Reformen tat sich die Große Koalition aber hervor, unterstützt von der geschilderten Wirtschaftspolitik, die bald Früchte trug. Im Juni 1967 kam das lange umstrittene Parteiengesetz zustande. Es wurde zwar vielen Wünschen nicht gerecht, regelte aber doch die Parteienfinanzierung aus der Staatskasse einigermaßen transparent. Ein Jahr später gelang die Reform des politischen Strafrechts. Auch sie blieb nicht ohne Kritik, bedeutete aber einen Fortschritt. Eindeutiger geriet die eigentliche Strafrechtsreform (Mai 1969) mit ihrem Versuch, auch auf den Strafvollzug im Sinne einer Liberalisierung einzuwirken. Daß 1969 endlich die rechtliche Gleichstellung des unehelichen Kindes mit dem ehelich geborenen durchgesetzt wurde, sei wenigstens erwähnt. Die größte Leistung der Großen Koalition war schließlich die Finanzreform, die am 12. Mai 1969 verabschiedet wurde. Sie führte zu einer Neuverteilung des Steueraufkommens zwischen Bund, Ländern und Gemeinden und befreite dabei die Gemeinden von der überwiegenden Abhängigkeit von einer einzigen Steuerart, der Gewerbesteuer. Zugleich wurden die »Gemeinschaftsaufgaben« in das Grundgesetz eingefügt (Artikel 91a: Hochschulbau, Verbesserung der regionalen Wirtschaftsstruktur, Verbesserung der Agrarstruktur und des Küstenschutzes), was einerseits Züge des immer mehr sich ausbildenden kooperativen Föderalismus trug[5], andererseits Ausdruck aktiver Politik und größerer Bereitschaft zu politischer Planung war. Ein nicht unwichtiges Planungsinstrument ergab sich auch mit dem ersten ›Weißbuch‹ des Verteidigungsministeriums (Februar 1969). Damit wurde politisch etwas geleistet und offenkundig auch eine

---

[5] Vgl. Renate Kunze, Kooperativer Föderalismus in der Bundesrepublik. Zur Staatspraxis der Koordinierung von Bund und Ländern. Stuttgart 1968. Wenig später ist diese Zusammenarbeit kritisch unter dem Begriff »Politikverflechtung« verhandelt worden. Vgl. Fritz W. Scharpf u. a., Politikverflechtung. Theorie und Empirie des kooperativen Föderalismus in der Bundesrepublik. Kronberg/Ts. 1976; eine Zusammenfassung der Diskussion bei Joachim Jens Hesse (Hrsg.), Politikverflechtung im föderativen Staat. Studien zum Planungs- und Finanzierungsverbund zwischen Bund, Ländern und Gemeinden. Baden-Baden 1978.

Mehrheit zufriedengestellt. Insgesamt aber blieb die Lage zwiespältig: Einer besonders leistungsfähigen Regierungsmehrheit, die erfolgreich eine technokratische Wende einleitete und die erkennbar eine große Mehrheit hinter sich hatte, stand ein unruhiges Protestpotential gegenüber, wie man es bis dahin kaum gekannt hatte. Es erzwang die Dauerdiskussion über Demokratisierung und konzentrierte sich gleichzeitig mehr und mehr auf wenige Ziele der Koalition. Neben der Notstandsverfassung, die sich nicht verhindern ließ, stand dabei die Wahlrechtsreform im Vordergrund.

Das Wahlrecht

CDU/CSU und SPD hatten 1966 mehr oder weniger verbindlich vereinbart, das Wahlrecht zu ändern, ein mehrheitsbildendes Wahlrecht einzuführen und damit den bisher bestehenden Zwang zur Koalitionsbildung aufzuheben oder doch wenigstens abzumildern[6]. Die Regierungserklärung vom 13. Dezember 1966 distanzierte sich von der Gefahr einer Regierung ohne Opposition und befürwortete klare Mehrheiten: »Die stärkste Absicherung gegen einen möglichen Mißbrauch der Macht ist der feste Wille der Großen Koalition, diese nur auf Zeit, also bis zum Ende der Legislaturperiode fortzuführen. Während dieser Zusammenarbeit soll nach Auffassung der Bundesregierung ein neues Wahlrecht grundgesetzlich verankert werden, das für künftige Wahlen zum Deutschen Bundestag nach 1969 klare Mehrheiten ermöglicht. Dadurch wird ein institutioneller Zwang zur Beendigung der Großen Koalition und eine institutionelle Abwehr der Notwendigkeit zur Bildung von Koalitionen überhaupt geschaffen.«

In der politischen Praxis bedeutete das eine Drohung in zwei Richtungen. In erster Linie war die FDP bedroht. Ihre Chancen, Kandidaten im Wahlkreis mit relativer Mehrheit durchzu-

---

[6] Aus der zeitgenössischen Literatur zu diesem Thema erwähne ich nur die Streitschrift von Wilhelm Hennis, Große Koalition ohne Ende? Die Zukunft des parlamentarischen Regierungssystems und die Hinauszögerung der Wahlrechtsreform. München 1968. Hennis war für die SPD Mitglied der damaligen Wahlrechtskommission und Anhänger des Mehrheitswahlrechts. Als solcher gibt er in der Schrift seiner Empörung über das Verhalten der SPD-Führung Ausdruck, die sich im Frühjahr 1968 vom Mehrheitswahlrecht wieder abwandte. Eine umfassende Darstellung dazu bietet Eckhard Jesse, Wahlrecht zwischen Kontinuität und Reform. Eine Analyse der Wahlrechtsdiskussion und der Wahlrechtsänderungen in der Bundesrepublik Deutschland 1949–1983. Düsseldorf 1985.

bringen, waren unter allen denkbaren Bedingungen so gering, daß die Einführung des Mehrheitswahlrechtes wohl das Ende dieser Partei bedeutet hätte. Bedroht waren aber auch neue politische Strömungen, die nach dem geltenden Wahlrecht schon die schwierige Hürde der Fünfprozentklausel zu überwinden hatten, bei einem Mehrheitswahlrecht aber wie die FDP praktisch chancenlos bleiben mußten. Zu diesen neuen Gruppierungen zählte seit 1966 auch die NPD; mancher Wahlrechtsaktivist wollte ihr durch die Einführung des Mehrheitswahlrechts den Einzug in den Bundestag verbauen. Später hat das der Wähler von sich aus getan, während er noch später wiederum den Grünen zum Einzug ins Bonner Parlament verhalf. Gegner der Wahlrechtsreform war weithin auch die APO, in der die Neigung bestand, schon die Fünfprozentklausel als undemokratisch zu verurteilen. Im übrigen ergab sich ein buntes Bild von taktischen und strategischen Überlegungen: In der CDU und der CSU war die Bereitschaft zur Übernahme des Mehrheitswahlrechtes größer als in der SPD, weil man sich gute Chancen ausrechnete – die CSU in Bayern allemal. In der SPD war die Unsicherheit größer, zumal als später Wahlforscher wie Klaus Liepelt vom Meinungsforschungsinstitut Infas ihr jede Chance absprachen – dabei hätte die Partei 1972 bei Mehrheitswahl haushoch gewonnen. Prinzipieller war die Überlegung, daß in Landstrichen mit klarer Mehrheit einer Partei die Existenz der anderen gefährdet war – in Bayern gilt das inzwischen auch unter den Bedingungen des Verhältniswahlrechtes. Auch herrschte Besorgnis, die Wahlkreiseinteilung könne von der jeweiligen Mehrheit manipuliert werden, während man umgekehrt so ungerechte, weil höchst ungleich große Wahlkreise wie in den USA nicht zulassen wollte.

Während derart Wahltechnisches verhandelt wurde, mußte man gleichzeitig koalitionstaktische Überlegungen anstellen. Es gab die FDP ja noch, und sie konnte vorderhand noch immer entweder der CDU oder – und dies war eine neue Überlegung – der SPD zur Mehrheit verhelfen. Solche Möglichkeiten lösten Auseinandersetzungen vor allem in der SPD und in der FDP aus. In der SPD war der Architekt der Großen Koalition, Herbert Wehner, eher für das Mehrheitswahlrecht, wenn dies für ein mittelfristiges Bündnis mit der CDU notwendig sein sollte, während Willy Brandt eher zur FDP tendierte. Tatsächlich starb das Thema in der SPD schon im Frühjahr 1968. Der eigentliche Promotor eines neuen Wahlrechts, Innenminister

Paul Lücke, trat daraufhin zurück. Seither spukt das Mehrheitswahlrecht in der deutschen Politik nur noch als Drohgebärde
herum. Es ist wohl auch deutlich geworden, daß zu einem funktionierenden Mehrheitswahlrecht, das also nicht nur mehrheits-
bildend, sondern auch befriedend wirkt, idealtypisch andere
Parteien gehören als diejenigen, die sich in der Bundesrepublik
etabliert haben. Zur idealtypischen Mehrheitsfähigkeit gehören
Offenheit der Parteien wie der Wähler. Eine solche Offenheit
deutet sich bei der Wählerschaft in mancher Hinsicht an: der
Typus des Wechselwählers spielte jedenfalls in den siebziger
Jahren eine immer größere, die Parteien verunsichernde Rolle.
Von einer Öffnung der Parteien wird man dagegen allenfalls im
Programmatischen sprechen können, nicht im Blick auf Organisation und Struktur. Im Gegenteil, die Parteien haben sich
nach 1969 noch deutlicher institutionalisiert, führen also ein
Eigenleben in relativer Unabhängigkeit von den Mitgliedern. Es
hat aber mit dem Wahlrecht insofern zu tun, als das Verhältnis-
wahlrecht größere institutionelle Sicherheit gewährt. Deshalb
kommt eine Änderung faktisch nicht mehr in Frage.

Dafür zeigte sich 1968 und 1969 bald, daß eine Koalition
zwischen SPD und FDP, für viele gänzlich unerwartet, doch
möglich war[7]. Seit Ende 1966 wurde sie in Nordrhein-Westfalen praktiziert, wo auch ein gewichtiger Teil der verjüngten
FDP-Führungsmannschaft beheimatet war. In Bonn ergaben
sich praktisch viele inhaltliche Berührungspunkte, die hinter
verschlossenen Türen diskutiert wurden. Die Probe aufs Exempel machte man bei der Wahl des dritten Bundespräsidenten –
nach Theodor Heuss und Heinrich Lübke – am 5. März 1969.
Die CDU präsentierte der in Berlin tagenden Bundesversammlung Gerhard Schröder, die SPD Gustav Heinemann. Der
Wahlausgang war knapp, Heinemann gewann im dritten Wahl-
gang mit 512 zu 506 Stimmen. Dazu trugen neben den Stimmen
der SPD hauptsächlich solche der FDP bei, um die Walter
Scheel wochenlang gerungen hatte. Die Wahl Heinemanns erreichte deshalb Signalwirkung. Es war nun der gesamten FDP
deutlich, daß man mit der SPD koalieren könne, und kurze Zeit
später wurde auch erklärt, daß man es tun wolle. Die FDP-
Wähler standen deshalb vor einer klaren Wahl. Viele von ihnen
wechselten am Tage der Bundestagswahl zur CDU über.

[7] Dazu und für das Folgende grundlegend: Arnulf Baring, Machtwechsel. Die
Ära Brandt-Scheel. Stuttgart 1. bis 3. Aufl. 1982.

Zur sozialliberalen Koalition kam es nach einem wenig dramatischen Wahlkampf und einem Wahlergebnis, das niemand befriedigen konnte. CDU/CSU verloren im Vergleich zu 1965 etwa 1 Prozent, das weithin auf das Konto der Splitterparteien ging, vor allem der NPD, welche die 5 Prozent nicht überschritt, aber der CDU und der CSU Stimmen wegnahm. Die SPD gewann über 3 Prozent; ihr hatte die Zugehörigkeit zur Großen Koalition also nicht geschadet. Wahlverlierer war die FDP, die von 9,5 auf 5,8 Prozent der Stimmen zurückfiel. Sie hatte also ihre Oppositionsrolle nicht nutzen können; man mußte auch vermuten, daß ihr das Paktieren mit der SPD geschadet hatte. Die FDP war vom Wahlergebnis enttäuscht, und Gegner des Scheel-Kurses konnten Oberhand gewinnen. Ihnen wiederum ließ sich später entgegenhalten, daß die FDP zwar 1969 einen großen Teil ihrer Wähler ausgetauscht und dabei viele verloren hatte, daß die verbliebenen oder neuen Wähler aber den Kurswechsel wollten und sich eine, wenn auch kleine, rechnerische Mehrheit für die Reformpolitik ergeben hatte, von der 1968 und 1969 so viel die Rede war und welche die eher technokratische Orientierung der Regierung Kiesinger ablösen sollte.

Die sozialliberale Koalition

Die Entscheidung fiel in der wohl dramatischsten Wahlnacht der Bundesrepublik, was technisch damit zusammenhing, daß 1969 die Hochrechnungen später kamen und unzuverlässiger waren als später. Sie deuteten zunächst auf einen klaren Vorsprung von CDU und CSU, was Rainer Barzel dazu veranlaßte, als Fraktionsvorsitzender für diese Parteien den Führungsanspruch anzumelden. Später – nach 20 Uhr – sah es dann vor allem für die SPD günstiger aus, und es zeichnete sich auch die rechnerische Möglichkeit der sozialliberalen Koalition ab. Die politische Möglichkeit erschien nicht sehr groß. Walter Scheel mußte mit einer Wahlniederlage fertigwerden, die er auch auf sein persönliches Konto zu buchen hatte, und er mußte im Zweifel mit dem erbitterten Widerstand prominenter Rechtsliberaler rechnen, die ihm seine persönliche Festlegung auf die neue Koalition kurz vor der Wahl verübelten. Aber auch Willy Brandt hatte seine Partei nicht geschlossen hinter sich. Vor allem Herbert Wehner und Helmut Schmidt waren prinzipiell gegen das Bündnis mit der FDP. Schmidt war persönlich außerdem darüber verärgert, daß in einem solchen Falle die FDP das Außenministerium erhalten und er mit dem Verteidigungsministerium abgespeist werden würde. Dies alles wurde am späteren Wahlabend in den Führungsgremien der SPD und der FDP erörtert. In der SPD nahm zu dieser Stunde, für viele ganz unerwartet, Brandt das Heft in die Hand. Er errechnete, daß die Koalition möglich sei, telefonierte mit Scheel, der ihm zögernd freie Hand ließ, und trat dann als einer der beiden Kanzlerkandidaten dieses Wahlkampfes vor die Kamera, um seinen Führungsanspruch anzumelden. Dies geschah von der »Baracke«, dem SPD-Hauptquartier in Bonn, aus und unter dem jubelnden Zuruf seiner dort anwesenden Genossen. Wenig später trafen sich bei Alex Möller führende Vertreter von SPD und FDP, welche die neue Koalition wollten und die dazu erforderlichen Schritte berieten. Bundeskanzler Kiesinger geriet völlig ins Hintertreffen. Am Wahlabend erklärte er nur, über die Regierungsbildung brauche man noch nicht zu sprechen, und später hatte er wohl Mühe zu sehen, was um ihn herum vor sich ging. Er klammerte sich offenkundig an die Hoffnung, daß die Rechtsliberalen nicht endgültig auf die Seite Scheels zu bringen seien. Das traf später auch ein, kam aber Kiesinger nicht mehr zugute. Am Montag nach der Wahl war die Öffentlichkeit eher unsicher. Brandt meldete sich aber schon kurz nach 9 Uhr beim Bundespräsidenten, anschließend gab es verschiedene Gesprächsrunden und die ersten konkreten Vereinbarungen. Unter ihnen war die wichtigste, daß die FDP anders als früher drei wichtige Ministerien (Außen, Innen, Landwirtschaft) erhalten und Josef Ertl, ein führender Rechtsliberaler und damals auch Gegner Brandts, Landwirtschaftsminister werden sollte. Dies spaltete die Gegner Scheels und neutralisierte den linken Reformflügel der FDP, in dem Hildegard Hamm-Brücher und Ralf Dahrendorf auf die Übernahme eines der Ministerien drängten, das für die erhoffte Reformpolitik symbolträchtig sein konnte, das Bildungs- oder das Raumordnungsministerium als Beispiel. Die Vorentscheidung war damit rasch gefallen. Das äußerst großzügige Koalitionsangebot Kiesingers kam zu spät; Kiesinger hatte zudem bei der FDP wegen wütender Angriffe und wegen seiner Spaltungsdrohungen verspielt.

Am 21. Oktober 1969 wurde Willy Brandt zum Bundeskanzler gewählt. Daß dies ein Seiltanz war, zeigte das Wahlergebnis. Alle wahlberechtigten Abgeordneten waren anwesend; alle 495 stimmten ab. Für Brandt stimmten 251, gegen ihn 235, ungültig

waren 4 Stimmen, auf Enthaltungen entfielen 5. Zu den ungülti-
gen Stimmkarten gehörten die, auf denen man lesen konnte
»Armes Deutschland« oder »Frahm nein« – eine widerliche
Anspielung auf die uneheliche Geburt des Kanzlers und auf
seinen Namenswechsel während der Emigration. Am 22. Oktober stellte Brandt sein Kabinett vor, sechs Tage später folgte die
Regierungserklärung. Der »Machtwechsel« war perfekt und
ging so reibungslos vor sich, wie das kaum jemand vermutet
hatte.

Ende Oktober 1969 beherrschte Willy Brandt das Feld der
politischen Sprache. Es sollte eine »Regierung der inneren Reformen« werden, man wollte »mehr Demokratie wagen«, und
wenig später setzte sich die »Lebensqualität« als Schlüsselbegriff durch. Demgegenüber nahm sich die Regierungserklärung
inhaltlich eher bescheiden aus, wurde Kontinuität betont und
wirtschafts- und sozialpolitisch eine bremsende Rolle der FDP
sichtbar. Arnulf Baring, der die beste Schilderung jener Zeit
vorgelegt hat, meint: »Ihrem wirtschafts- und sozialpolitischem
Reformpotential nach war die Große Koalition deutlich linker
als die ihr folgende sozialliberale ... Grundlage und Haupt-
zweck des sozialliberalen Bündnisses von 1969 war nicht, obwohl man überall das Gegenteil hören kann, eine Politik der
inneren Reformen. Gewiß, man sprach damals viel von solchen
Reformen, faßte unter diesem modischen, pompös verhei-
ßungsvollen Begriff alles Mögliche und Unmögliche, auch viele
Routine-Abänderungen zusammen. Natürlich war die verbreitete Euphorie nicht ohne alle Anhaltspunkte. Das Lebensgefühl
der Menschen wandelte sich: Wir erlebten eine Bewußtseinsre-
volution. Auch auf vielen Gebieten staatlicher Tätigkeit spielten
sich neue Entwicklungen ab.«[8]

In der Tat hatte die technokratische Wende um 1966 einen
Reformschub in Bund und Ländern ausgelöst, der vielfach erst
jetzt allgemein bewußt, allgemein diskutiert, als Modernisie-
rungs- und Veränderungsversuch begriffen wurde: Schulre-
form und Hochschulreform, Gemeindegebietsreform und Fi-
nanzverfassungsreform, Regierungs- und Verwaltungsreform,
die Reform des Mitbestimmungsrechtes, die Reform des öffentlichen Dienstrechtes, die Aktivierung der Raumordnungspolitik, die Neuformulierung der Umweltpolitik, die Familien-
rechts- oder die Psychiatriereform – dies alles und vieles ande-

[8] Ebenda, S. 200 und 197.

re mehr stand plötzlich auf dem Programm, sollte zur Erneuerung einer vielfach als verkrustet empfundenen Gesellschaft führen. Zwar hatte man von der neuen Gesellschaft noch kein Bild; ihr postindustrieller Charakter war noch unausgeprägt, so wie die Zeichen des erwartbaren Wertewandels noch undeutlich waren. Nicht einmal auf die zu verwendenden Begriffe konnte man sich einigen. Immerhin glaubte man an die Möglichkeit einer politischen Steuerung des gesellschaftlichen Wandels und erhob die Bundesregierung zur zentralen Steuerungsinstanz.

Vorrang der Deutschlandpolitik

Die Enttäuschung blieb später nicht aus, was jedoch für längere Zeit verdrängt wurde. Die sozialliberale Koalition ist auch und gerade in ihrer Anfangsphase als der Promotor einer neuen Außenpolitik, welche eine aktive Ost- und Deutschlandpolitik einschloß, in die Geschichte eingegangen. Hier zeigte man Handlungskompetenz und -bereitschaft. Am 28. November 1969 wurde der Atomsperrvertrag unterzeichnet; wenige Tage später konnte die EG-Erweiterung eingeleitet werden, und man verzichtete auf den Sportboykott der DDR. Gleichzeitig begannen die Verhandlungen mit der UdSSR, die schon am 12. August 1970 zum Moskauer Vertrag führten, dem am 7. Dezember der Warschauer Vertrag folgte, beide Voraussetzungen für die Verhandlungen über die Beziehungen zur DDR und für die Verhandlungen mit dieser selbst. Diese hatte Brandt mit seinem ersten Bericht zur Lage der Nation und mit seinem Besuch in Erfurt am 19. März 1970 eingeleitet, der hüben und drüben die Gemüter heftig bewegte und mit dem Brandt letztendlich in eine auf viele charismatisch wirkende Rolle fand. Das Viermächte-Abkommen über Berlin war dann der entscheidende erste Schritt in der innerdeutschen Politik; die Transitabkommen vom Dezember 1971 mit der DDR zeigten, wohin die »Politik der kleinen Schritte« führen konnte. Sie wurde mit dem Grundlagenvertrag zu einem ersten Abschluß gebracht, den man, terminlich gut plaziert, kurz vor der Bundestagswahl 1972 paraphierte und nach der Wahl und nach Einschaltung des Bundesverfassungsgerichtes verabschiedete. Erfurt, Moskau, Warschau und Berlin waren Stationen einer aktiven, in der Öffentlichkeit breit unterstützten, vom Ausland weithin begrüßten und durch die Verleihung des Friedensnobelpreises 1972 an

Willy Brandt auch gewürdigten Politik[9]. Sie zogen so viele Emotionen auf sich, daß das durch sie verursachte Abbröckeln der sozialliberalen Koalition im Bundestag zwar eine Rolle spielte, der CDU/CSU aber allenfalls nominell Zuwachs verschaffte. Vertriebenenpolitiker, die Rechtsansprüche nicht aufgeben wollten, und »Rechte«, welche die Ostpolitik von Willy Brandt und Walter Scheel für gefährlich hielten, konnten durch Parteiaustritt vorübergehend Aufmerksamkeit gewinnen und schließlich ein Patt im Bundestag bewirken. Sie konnten aber nichts an der Attraktivität der Ost- und Deutschlandpolitik ändern, welche der zahlenmäßig immer schwächer werdenden Koalition zugute kam und von ihren innenpolitischen Schwierigkeiten ablenkte.

Diese Schwierigkeiten aber gab es. Gewiß konnte auch die erste Regierung Brandt eine gute Bilanz vorweisen – ähnlich der der Großen Koalition. 1970 wird das Vermögensbildungsgesetz verbessert, wird die Bund-Länder-Kommission für Bildungsplanung vereinbart, kommt es zur Erweiterung der Krankenversicherung. 1971 folgen der »Erste Rahmenplan der Gemeinschaftsaufgabe Verbesserung der regionalen Wirtschaftsförderung«, das Städtebauförderungsgesetz, das Bundesausbildungsförderungsgesetz, das Umweltprogramm der Bundesregierung und die Veränderung des Betriebsverfassungsgesetzes. Zugleich wurde die Forschungspolitik aktiviert. Zu all dem reichte die immer knappere Mehrheit der Koalition, wenn nicht sogar CDU und CSU zustimmten. Das taten sie trotz sich ständig verhärtender Auseinandersetzung zwischen Mehrheit und Minderheit, bis die erstere keine mehr war. 1972 versuchte Rainer Barzel am 27. April das konstruktive Mißtrauensvotum gegen Willy Brandt. Barzel verfügte über die numerische, nicht aber über die Abstimmungsmehrheit, was später zu aufgeregten Enthüllungen und Verdächtigungen führte. Sie zeigten, daß alle Parteien immer wieder einmal auch einen eher zwielichtigen Abgeordneten aufstellen, Geld in der Politik eine große Rolle spielt und mancher Politiker dieser Versuchung nicht widerstehen kann. 1972 soll Geld gegeben und genommen worden sein; Genaues weiß man nicht. Der Hauptakteur auf seiten der SPD, Karl Wienand, stolperte später aus anderem Anlaß und wurde

[9] Vgl. dazu Peter Bender, Neue Ostpolitik. Vom Mauerbau bis zum Moskauer Vertrag. München 1986. Auch dies ist ein Band der Reihe, zu der die vorliegende Darstellung gehört. Aus Gründen der Arbeitsteilung gehe ich deshalb auf die Ost- und Deutschlandpolitik nicht weiter ein.

aus der Partei ausgeschlossen. 1972 blieb jedenfalls Brandt im Amt. Im Bundestag hielten sich aber Koalition und Opposition die Waage; es kam kein Bundeshaushalt mehr zustande. Gesetze konnten nur noch verabschiedet werden, wenn ihnen allgemein zugestimmt wurde, was bei der Verkürzung des Grundwehrdienstes sowie bei der Verabschiedung der Rentenreform im September 1972 der Fall war, welche die flexible Altersgrenze brachte und die Rentenversicherung auch den Selbständigen öffnete. Innenpolitisch zeigte sich eine große Schwäche der Regierung, die außen- und deutschlandpolitisch ganz unbeirrt ihren Kurs steuerte. Der Rücktritt des Finanzministers Möller und des Wirtschaftsministers Schiller vermehrten diese Schwäche und stärkten die Opposition; daß auch einige Staatssekretäre das Feld räumten, machte kein gutes Bild, fiel aber kaum mehr ins Gewicht.

In der Patt-Situation zeigte sich die besondere Fähigkeit von Willy Brandt, dann Führungskraft zu beweisen, wenn er mit dem Rücken an der Wand kämpfen mußte. Als immer mehr Mitstreiter das sinkende Schiff der Regierung verlassen hatten, zeigte sich diese zunehmend gelassen und konzentrierte sich auf das, was man ohne Parlament tun konnte. Dazu gehörte nicht unbedingt die Vereidigung eines neuen Ministers; Helmut Schmidt wurde deshalb Doppelminister für Finanzen und Wirtschaft, und Georg Leber wechselte ins Verteidigungsressort. Dort zog man 1972 unter anderem die zweite Phase der Ausbildungsreform in der Bundeswehr durch. In ihr war zu klären, wo das in der ersten Phase beschlossene Studium der längerdienenden Offiziere stattfinden solle. Die Entscheidung fiel zugunsten eigener Hochschulen der Bundeswehr, die in München und Hamburg unter Mitwirkung einer CSU- und einer SPD-Regierung errichtet werden sollten, um politische Erpressung von der einen oder anderen Seite zu vermeiden. Die Hochschulen beruhen auf einem einfachen Beschluß der Bundesregierung, nachdem die Opposition das gesamte Konzept 1971 und 1972 eindeutig ablehnte. Aufgrund des Beschlusses wurden Abmachungen mit Bayern und Hamburg getroffen, die entsprechenden Mittel bereitgestellt, Gründungsausschüsse berufen und Vorbereitungsstäbe eingerichtet, Grundstücks- und Bauentscheidungen getroffen und vieles andere mehr – ein Beispiel für viele andere, die zeigen, was die Exekutive für längere Zeit auch ganz allein vermag.

Nach der Sommerpause 1972 und den Olympischen Spielen

in München, die in besonders gelungener Weise begannen, dann aber mit den ermordeten israelischen Sportlern zum Opfer des internationalen Terrorismus wurden, kehrte man in Bonn zur Normalität zurück. Willy Brandt wandte das Verfahren nach Artikel 68 des Grundgesetzes an, erbat, erhielt aber nicht das Vertrauen der Mehrheit ausgesprochen, woraufhin man den Bundestag auflösen und Neuwahlen anberaumen konnte. Sie fanden nach einem emotionalisierten, überwiegend von der Deutschlandpolitik beherrschten Wahlkampf am 19. November statt und brachten der SPD und der FDP große Gewinne. Die SPD gewann im Vergleich zu 1969 3,1 Prozent der Stimmen und sechs Mandate. Mit 230 Abgeordneten war sie damit zum ersten Male stärkste Fraktion im Bundestag, während CDU und CSU mehrere Mandate verloren und nur noch auf 225 Abgeordnete kamen. Die FDP gewann ebenfalls fast 3 Prozent und zog nun mit 41 statt 30 Abgeordneten in den Bundestag ein. Mit Annemarie Renger wurde erstmals ein Mitglied der SPD und eine Frau Bundestagspräsidentin.

Die neuen Mehrheitsverhältnisse zwangen zunächst die CDU und die CSU dazu, sich nicht mehr als Regierungspartei im Wartestand zu verstehen, sondern sich auf die Oppositionsrolle einzurichten. Das bewirkte mittelfristig, daß die CDU ihren Charakter als Partei veränderte, sich ähnlich institutionell etablierte, wie das die SPD schon seit langem und im Rahmen einer entsprechenden Tradition, und wie es die CSU innerhalb Bayerns im Wissen um die Notwendigkeit einer flächendeckenden Organisation und Präsenz ebenfalls schon seit einiger Zeit getan hatte. Parteiführung und Parteizentrale der CDU erhielten damit gegenüber der Fraktion ein eigenes Gewicht; die Organisation wurde ausgebaut, die Mitgliederwerbung verstärkt. Zugleich besann man sich auf die starke Stellung in den Ländern. Am 2. Februar 1973 forderte die Mehrheit des Bundesrates die Ablehnung des Grundlagenvertrages mit der DDR. Das signalisierte die zukünftige Gewichtsverteilung: Die Mehrheit der sozialliberalen Koalition im Bundestag war zwar sicher, die im Bundesrat war es aber nicht. Der Bundesrat wurde in dieser Zeit aufgewertet und wuchs in eine politische Rolle hinein, die das Grundgesetz ermöglicht, die man aber wohl 1948 und 1949 so nicht vorgesehen und jedenfalls nicht erwartet hatte[10].

---

[10] Über die sich verändernde Rolle des Bundesrates und über die Position des Bundesverfassungsgerichtes vgl. Thomas Ellwein und Joachim Jens Hesse, Das

Auch das Bundesverfassungsgericht kam stärker ins Spiel als bisher. Es hatte zwar allen Bundeskanzlern und Regierungen schmerzhafte Prozeßniederlagen bereitet, die dann immer auch als politische Niederlagen verstanden worden sind – man denke nur an Adenauers Versuch, neben dem ersten ein zweites Fernsehen als eine Art regierungsabhängiger Privatanstalt zu etablieren. In den siebziger Jahren änderte sich aber die Stoßrichtung; das Bundesverfassungsgericht wurde häufiger von der Opposition in Anspruch genommen, und es ließ sich auch in Anspruch nehmen. 1978 schrieb Hans Schueler in der ›Zeit‹, das Gericht sei an dem Verdacht nicht unschuldig, in der Zeit der sozialliberalen Koalition oppositionsfreundlicher zu sein als vorher. »Zwar rechtfertigt sich der Verdacht nicht allein aus der vergleichsweise großen Zahl der gegen die sozialliberalen Regierungen ergangenen Entscheidungen; auch lassen sich diese Entscheidungen nicht alle für falsch oder doch schlecht begründet erklären. Sie sind jedoch insgesamt durch eine eifernde, bisweilen gegenüber dem Unterlegenen beinahe feindselig wirkende Argumentation gekennzeichnet.«[11]

Die zweite Regierung Brandt und die drei Regierungen Schmidt amtierten damit unter Handlungsbedingungen, von denen die meisten inzwischen angesprochen worden sind: Sie mußten zunächst den Koalitionsfrieden wahren und dennoch Anforderungen entsprechen, die sich bald als unerfüllbar erwiesen. Sie mußten sich mit einer Opposition arrangieren, an der wegen ihrer Stellung im Bundesrat nur selten vorbeiregiert werden konnte, und sich im wirtschaftspolitischen Krisenmanagement bewähren. Unter diesen Bedingungen konnte eine Politik der inneren Reformen nur eingeschränkt gelingen. Es stellte sich aber auch die Frage, ob sie überhaupt möglich war. Während der Zeit dieser Regierungen wurde nicht nur die Demokratisierung diskutiert und zum Topos, an dem sich die Geister schieden; man fragte zunehmend auch nach der Regierbarkeit und brachte damit Skepsis gegenüber den Möglichkeiten politischer Führung in demokratisch verfaßten modernen Industriegesellschaften zum Ausdruck.

Regierungssystem der Bundesrepublik Deutschland. Opladen, 6. Aufl. 1987, und die dort angesprochene Literatur.
[11] Die Zeit vom 27. 2. 1978, S. 8.

Auch nach 1972 war die innere Leistungsbilanz nicht klein und galt die äußere weltweit als groß. 1973 wurde der Bildungsgesamtplan verabschiedet. Im November gelang die Umstellung von der eher konjunkturdämpfenden Politik auf die Maßnahmen zur Bekämpfung des Ölschocks. Im Januar 1974 folgte das »Rahmenprogramm Energieforschung«, und die Regierung löste mit dem Bundesimmissionsschutzgesetz einen wichtigen Teil des Koalitionsprogrammes ein. Im März wurde die Volljährigkeit von 21 auf 18 Jahre herabgesetzt und damit u. a. auf das Alter, in dem die Wehrpflicht beginnt. Im April kam es zur Reform des Paragraphen 218, die später am Bundesverfassungsgericht scheiterte. Im gleichen Monat wurde ein enger Mitarbeiter des Kanzlers unter der Beschuldigung verhaftet, Spionage für die DDR zu treiben. Willy Brandt, der ohnehin etwas amtsmüde wirkte, erklärte daraufhin am 6. Mai seinen Rücktritt. Die Koalition blieb aber intakt. Am 15. Mai wurde Walter Scheel zum Bundespräsidenten und einen Tag später Helmut Schmidt zum Bundeskanzler gewählt. Die Terroristenbekämpfung und die Konjunkturpolitik traten in den Vordergrund. Zu letzterer gehörten die zum Jahresende beschlossene Investitionszulage und die am 1. Januar 1975 in Kraft tretende Steuersenkung. Am 23. April wurde das Bundesraumordnungsprogramm verabschiedet und damit eine Grundlage für strukturpolitisches Handeln geschaffen. In Bonn beschäftigte man sich mit der beruflichen Bildung, in Mannheim beschloß der Parteitag der SPD den »Orientierungsrahmen 85« als Langzeitprogramm, und im Dezember wurde endlich das Hochschulrahmengesetz verabschiedet. Es stand einmal im Zentrum der politischen Überlegungen, stellte allerdings zum Schluß einen Kompromiß dar, mit dem niemand recht zufrieden sein konnte, gegen den jedenfalls sehr viele Studenten protestierten.

Anfang 1976 erreichte die Bundesrepublik einen neuen Höchststand der Arbeitslosigkeit. In Niedersachsen kam es zu einem Regierungswechsel unter etwas mysteriösen Umständen. Mit Ernst Albrecht als Ministerpräsidenten festigte die CDU jedoch ihre Vorherrschaft in den Flächenländern, von denen jetzt nur noch Nordrhein-Westfalen und Hessen durch die SPD regiert wurden. Mehrheit und Minderheit verständigten sich aber zu eben dieser Zeit auf das neue Mitbestimmungsgesetz. Danach dominierte der Wahlkampf, beherrscht von der Kampfparole der CDU/CSU »Freiheit oder Sozialismus«[12], später vom Rententhema. Am 3. Oktober wurde gewählt: Die SPD verlor 16 Sitze, die FDP zwei; die CDU und die CSU waren zusammen wieder die stärkste Fraktion (243 Sitze). Die Koalitionsmehrheit war aber immer noch ausreichend. Ein Warnsignal für sie bedeuteten die Kommunalwahlen in Hessen, in denen die CDU im März 1977 die absolute Mehrheit erzielte. Die Bundesregierung beschloß ein »Programm für Zukunftsinvestitionen« und erweiterte den Umgriff aktiver Forschungspolitik. Die Arbeitgeberverbände klagten vor dem Bundesverfassungsgericht gegen das Mitbestimmungsgesetz, woraufhin die Gewerkschaften die »Konzertierte Aktion« verließen. Das innenpolitische Klima verschärfte sich. Zugleich erreichte der Terrorismus seinen Höhepunkt. So blieb wenig Handlungsspielraum.

Das Jahr 1978 begann mit dem Datenschutzgesetz, dem Rücktritt von Bundesminister Georg Leber wegen einer Spionageaffäre in seinem Ministerium und Streiks in bisher nicht gekanntem Ausmaß. Das Bundesverfassungsgericht erklärte die Abschaffung der Gewissensprüfung von Kriegsdienstverweigerern für verfassungswidrig. Zum Jahresende wurde ein Steueränderungsgesetz beschlossen, das erhebliche Erleichterungen brachte und im Dienst der auch vom Ausland geforderten Konjunkturbelebung stand. Die Reformpolitik blieb auf der Strecke, allenfalls die familienpolitischen Gesetze des Jahres 1979 ließen sich hier anführen. Dennoch konnte die Koalition 1980 in der Bundestagswahl ihre Mehrheit etwas erweitern (FDP plus 14 und SPD plus 4 Sitze), was vor allem der FDP zugute kam und ihre Position stärkte. Da die Politik der Koalition außerhalb des wirtschaftlichen Bereichs nicht sonderlich erfolgreich war, muß man diesen Wahlsieg auf das Minuskonto des Kanzlerkandidaten der CDU und CSU buchen. Franz Josef

[12] Vgl. Hans Kremendahl, Die Freiheit-Sozialismus-Diskussion im Bundestagswahlkampf 1976 und das Verhältnis von Konsens und Konflikt im Parteiensystem der Bundesrepublik Deutschland. In: Gerhard Göhler (Hrsg.), Politische Theorie. Begründungszusammenhänge in der Politikwissenschaft. Stuttgart 1978, hier S. 109 ff. Daß der Slogan für die CDU/CSU auch kontraproduktiv gewirkt habe, meint Werner Kaltefleiter, Vorspiel zum Wechsel. Eine Analyse der Bundestagswahl 1976. Berlin 1977. Zum Thema und zugleich als Beispiel für die kräftig blühende Wahlforschung: Max Kaase (Hrsg.), Wahlsoziologie heute. Analysen aus Anlaß der Bundestagswahl 1976. In: Politische Vierteljahresschrift (1977), H. 2/3.

Strauß verfügte offenkundig über viele entschiedene Anhänger, stieß aber außerhalb Bayerns auch auf große Vorbehalte.

Die beiden kommenden Jahre standen im Zeichen des Dauerstreites zwischen den Koalitionspartnern und den mühsamen Versuchen, mit dem neuen wirtschaftlichen Einbruch fertig zu werden. Ein Beschäftigungsprogramm sollte helfen; Haushaltseinsparungen wurden vorgenommen, ohne daß dies an der Verschuldung Entscheidendes änderte. Das gab der Opposition ein starkes Thema und beunruhigte die FDP. Der Eindruck verschärfte sich, daß in Bonn nur mit Mühe seitens der Regierung das Notwendige getan wurde, bis dann die FDP-Minister am 17. September 1982 das Kabinett verließen und am 1. Oktober Helmut Kohl durch ein konstruktives Mißtrauensvotum zum Kanzler gewählt wurde. Er stellte Ende des Jahres verabredungsgemäß die Vertrauensfrage, unterlag damit und konnte den Bundestag auflösen und Neuwahlen anberaumen. Sie fanden am 6. März 1983 statt, brachten erstmals die Grünen ins Bundesparlament und im übrigen einen klaren Sieg der CDU und der CSU, während die FDP große Verluste hinnehmen mußte (34 statt 53 Sitze). Die SPD sackte von 42,9 Prozent der Stimmen im Jahr 1980 auf 38,2 Prozent ab.

Demokratisierung

Eine Reformpolitik, die sich in richtungweisenden Entscheidungen und Gesetzen niederschlägt, war nach 1973 immer weniger erkennbar. Die Erklärung dafür fand sich im inneren Zustand der Koalition. In ihr mußte die FDP mit erheblichen Schwankungen bei den Wahlergebnissen rechnen und den Auszug aus einigen Landtagen erleben. Das verunsicherte die Parteiführung und legte es nahe, dem wirtschaftsliberalen Flügel immer wieder so entgegenzukommen, daß es Kontroversen mit der SPD auslösen mußte. Augenfälliger waren die inneren Schwierigkeiten der SPD, weil sich in ihr ein großer Teil der innenpolitischen Diskussion vollzog, die zum Ende der sechziger Jahre vorbereitet wurde und dann in die Auseinandersetzung um die Demokratisierung einmündete, die vielfach eine prinzipielle Auseinandersetzung um Staat und Politik überhaupt war. Diese Diskussion wurde in Gang gebracht von einem allgemeinen Unbehagen am restaurativen Gang der Entwicklung, an den Verkrustungen in der Gesellschaft, an der Verdrängung der nationalsozialistischen Epoche, an dem Verzicht auf ernsthafte Auseinandersetzung mit sozialistischen Doktrinen auf der einen Seite und einer gewissen Aufbruchstimmung auf der anderen, in der Demokratie »beim Wort genommen«, der Auftrag der Politik grundlegend erweitert, Zukunft auch und gerade politisch gestaltet, dabei zugleich Partizipation und Selbstbestimmung des Menschen erweitert und Gesellschaft verändert werden sollte. In einer humaneren Gesellschaft erhoffte man sich mehr Lebensqualität.

Stimmungen und Bewegungen dieser Art lassen sich in der Geschichte nie eindeutig auf bestimmte Ursachen zurückführen. Natürlich waren in den sechziger Jahren auch Theoretiker am Werk. Wolfgang Abendroth und Theodor W. Adorno, um nur zwei zu nennen, hatten ihre Schüler und Anhänger. Im Spektrum linker Theorien kam es zu höchst differenzierten Verästelungen, wurde mit großer Leidenschaft das Wesen des Staates im kapitalistischen System erörtert und dabei dieser Staat z. B. als Agent des Kapitals diagnostiziert oder sein Instrumentarium ebenso wie gesellschaftliche Zwänge als repressiv »entlarvt«. Die eigentlich theoretische Diskussion, so interessant sie war und so sehr sie dazu führte, der »Kritischen Theorie« einen gewichtigen Platz im wissenschaftstheoretischen Spektrum zu verschaffen, blieb allerdings doch auf kleine Zirkel beschränkt. Aus ihr wurden Kampfbegriffe übernommen – gegen die STAMOKAP(Staatsmonopolkapitalismus)-Theorie war schließlich fast jeder, ohne daß die allermeisten zu sagen gewußt hätten, was man darunter eigentlich verstehen soll –, aber auch Feindbilder und Themenschwerpunkte. Die Diskussion kreiste um Allgemeineres, um eine Demokratisierung, unter der man sich recht Verschiedenes vorstellen konnte, auf die aber mit großer Energie vor allem die sogenannte SPD-Linke hinarbeitete. Das Ziel bestand darin, den konstitutiven Unterschied zwischen Staat und Gesellschaft, wie er der deutschen Tradition seit dem 19. Jahrhundert zugrundelag, bedingt aufzuheben und den Staat mit seinen Mitteln in den Dienst eines demokratischen Umbaues der Gesellschaft zu nehmen. Demokratie wurde dabei teils als Synonym verstanden für praktizierte und funktionierende Mitbestimmung, teils aber auch für Mehrheitsherrschaft, wo immer sie vorstellbar war. Was man erstrebte, blieb meist so offen, daß sich diejenigen, die »nur« die Demokratie beim Wort nehmen und z. B. aus Artikel 3 des Grundgesetzes wirkliche Folgerungen ziehen wollten, darin ebenso finden konnten wie diejenigen, welche die Gesellschaft verändern und staatliche Institutionen wie etwa Schule oder Hochschule dazu benutzen wollten.

Die Bewegung zielte auf die SPD und in den ersten Jahren der sozialliberalen Koalition auch auf die FDP, die durch Walter Scheel repräsentiert wurde. Ihr neues Programm hatte Karl Hermann Flach entworfen, und Ralf Dahrendorf führte bemerkenswerte Diskussionen mit der »unruhigen Jugend«, aber auch mit Wortführern einer revolutionären Veränderung. Von der SPD erwartete man, daß sie einen eher ordnungspolitischen Trend, den viele seit dem Godesberger Programm von 1959 verspürten, aufgeben und zu einer Politik zurückkehren würde, die an Zielen orientiert ist, in der Gegenwart die Zukunft sichtbar werden läßt und mit ihr das, worauf man hoffen kann. Die SPD mußte solcher Erwartung entsprechen; die Partei arbeitete noch am »Orientierungsrahmen«, als Helmut Schmidt längst einer pragmatischen Politik zum Einzug in die Regierungszentrale verholfen hatte, die mehr auf die Bewältigung konkreter, oft durch Krisen herausgeforderter Aufgaben zielte als auf eine »andere Zukunft«. Schmidt entsprach damit offenkundig den Vorstellungen einer schweigenden Mehrheit, die den Status quo schätzen gelernt hatte und Einbußen fürchtete. Schmidt konnte sich im Einklang mit verbreiteten Sicherheitsvorstellungen fühlen. Aber ihm stand eine lautstarke unruhige Minderheit gegenüber, die vor allem in der eigenen Partei zu Wort kam und dort immer wieder mehrheitsfähig war.

Die SPD bildete in den siebziger Jahren nie eine Einheit. Es gab in ihr auch nie so fest etablierte Flügel, wie man sie ihr gern nachsagte, auch wenn es selbstverständlich Rechte und Linke gab, die sich meist deutlich voneinander abzusetzen wußten. Das Charakteristikum der Partei war ihre oft unberechenbare Beweglichkeit. Das machte sie offen für Zeitströmungen und befähigte sie dazu, manches aufzuarbeiten, was sich sonst außerhalb des herkömmlichen Parteienspektrums etabliert hätte. Es nahm ihr aber auch teilweise die Fähigkeit, Gewißheit und Geborgenheit zu vermitteln: Zu den Erscheinungen der siebziger Jahre gehörten die heftigen Auseinandersetzungen auf örtlichen und regionalen Parteiversammlungen, gehörten etwa die Streitigkeiten in der Münchner SPD. Das waren um 1972 nicht nur Differenzen zwischen Hans Jochen Vogel, dem damaligen Oberbürgermeister, und der Parteilinken, die später die SPD in München um die Mehrheit brachten, sondern auch Signale, die die SPD weit ins Land hinaus erschütterten. Der Positionsver-

lust der SPD im bayerischen Oberland datiert aus jener Zeit; die
»Münchner Verhältnisse« schreckten auch die eigenen Mitglieder, schwächten die Partei in der Konkurrenz mit der aus dem
Milieu stammenden, es aber auch bestimmenden CSU. Dabei
haben die neuen Umgangsformen in der SPD zumindest ebenso
eine abwerbende Rolle gespielt wie der ideologische Streit.

Die Minderheit wollte »Systemveränderung«. Die SPD wolle,
so schrieb Peter von Oertzen, einer der Wortführer der Parteilinken, 1974 »eine ›reformistische‹ Partei sein. Das heißt, sie
erstrebt das Ziel des demokratischen Sozialismus auf dem Wege
schrittweiser, gesetzlicher und friedlicher Veränderungen . . .
Sie verzichtet daher auf die totale Konfrontation mit dem bestehenden System und auf jede – auch nur verbale – Spielerei mit
der ›Idee der Revolution‹. Sozialdemokratische Politik ist infol-
gedessen notwendigerweise stets sowohl ›systemstabilisierend‹
als auch ›systemverändernd‹.«[13] Das zog Grenzen, wenn auch
keine eindeutigen. Die Systemgegner, welcher Couleur immer,
sollten in der SPD keine Wirkungsmöglichkeit finden. Die Systemveränderer sollten sich auf die Chancen dieser Partei ge-
wiesen sehen und dort durch die Systemkritiker unterstützt
finden, deren Kritik zuletzt nicht fundamental war, also auf
Evolution des Systems zielte, nicht auf Revolution. Man änderte so seitens der SPD nichts daran, daß der Gegner alle sozialistischen Systemveränderer in einen großen Topf warf und vor
dem revolutionären Potential warnte, das sich in diesem finde.
Die SPD wurde aber in großen Teilen das Forum, in dem die
prinzipielle Auseinandersetzung mit Staat, Demokratie und
(Reichweite der) Politik stattfand. Daneben verblaßten die Auseinandersetzungen in der FDP, die es zudem schon in der zweiten Hälfte der siebziger Jahre mit Existenzkrisen zu tun hatte.
Das bedeutete aber auch, daß sich das kritische Potential aus der
SPD und ihrem Umfeld auf die von einem SPD-Kanzler ge-
führte Bundesregierung richtete. Diese aber hatte nur wenig
Chancen, den damit verknüpften Anforderungen und Erwartungen zu entsprechen.

Anforderungen und Erwartungen zielten zunächst auf umfassende Meinungs- und Diskussionsfreiheit und paarten sich mit
großem Mißtrauen gegenüber dem Establishment, seinem

[13] Peter von Oertzen, Thesen zur Strategie und Taktik des Demokratischen
Sozialismus in der Bundesrepublik Deutschland. In: Beiträge zur Theoriediskus-
sion, 2. Bonn 1974, S. 13 ff., hier S. 37.

Bündnis mit der Macht und der Versuchung, die diese Macht ausübte. Der Argwohn richtete sich gegen die Polizei, die in Fahndung und Einsatz mit den Terroristen und später zunehmend auch mit den militanten Demonstranten beschäftigt war. Der Argwohn mußte sich wohl auch gegen einen Staat richten, in dem 1972 so etwas wie der Radikalenerlaß möglich war, den Bundeskanzler Brandt mit den Länderregierungen vereinbart hatte, um Reste des demokratischen Konsens zu wahren. Der Erlaß und die Überprüfungsmaßnahmen, die dann in einigen Fällen auch zur Ablehnung von Bewerbern für den öffentlichen Dienst führten, erregten nicht nur große Teile der akademischen Jugend. Sie fanden auch breites Interesse im Ausland, in dem man vielfach das Vorurteil vom illiberalen Polizeistaat in Deutschland bestätigt sah, ohne zugleich einige deutsche Besonderheiten zu begreifen[14]. Zu ihnen gehört das Verhältnis der Akademiker zum Staat ebenso wie der große Umfang des Staatsdienstes oder die Besonderheit des Berufsbeamtentums, welches den Lokomotivführer mit dem Richter auf eine Stufe stellt – jedenfalls was das Verhältnis zum Staat anbelangt[15]. Die Überprüfung wurde als Schnüffelei empfunden. Daß im Zweifel so etwas wie ein Bekenntnis zur freiheitlichen und demokratischen Grundordnung (FDGO) abverlangt war, degradierte diese für viele, und Verfassungstreue wurde zu einem Mittel der Ausgrenzung. Ausgegrenzt wurden tatsächlich die »Verfassungsfeinde«, ein Begriff, der wie wenige andere auf nationale Unsicherheiten verweist, um derentwillen die Verfassungsform eine Ersatzfunktion erhielt.

Wer argwöhnisch ist, wird auch sensibel. Sensibilität vereinigt sich leicht mit Moralismus. Politische Mandatsträger wurden erhöhten Anforderungen ausgesetzt. In den siebziger Jahren wurden die Abgeordneten-Diäten zu einem Dauerthema. Gleichzeitig damit geriet die Rolle des Abgeordneten in die Diskussion. Vom imperativen Mandat war viel die Rede, vom Rückholrecht der Basis und anderem mehr, was sich alles nicht praktizieren ließ, aber später den Grünen den Einzug in die

[14] Vgl. Hagen Weiler, Verfassungstreue im öffentlichen Dienst. Dokumentation und Kritik politischer Justiz und Rechtslehre zur politischen Meinungsfreiheit des Beamten. Königstein/Ts. 1979, der ausführlich das Zustandekommen des Beschlusses von 1972 und seine unmittelbaren Konsequenzen schildert.
[15] Vgl. Thomas Ellwein und Ralf Zoll, Berufsbeamtentum. Anspruch und Wirklichkeit. Opladen 1973; Thomas Ellwein, Gewerkschaften und öffentlicher Dienst. Zur Entwicklung der Beamtenpolitik des DGB. Opladen 1980.

Parlamente ermöglichte, als sie zunächst glaubhaft versicherten, sie wollten die soziale und politische Abkoppelung der Mandatsträger von der beauftragenden Parteibasis (nicht Partei!) verhindern. Später verquickte sich das Diäten-Thema mit dem Thema Parteienfinanzierung, sickerte etwas über die Geldwaschanlagen durch, mit denen die Spendenregelungen des Parteiengesetzes umgangen worden waren, und merkwürdige »Beraterverträge« wurden ruchbar. In Zusammenhang mit der Flick-Affäre mußte der Bundestagspräsident Rainer Barzel wegen mißdeutbarer Finanzbeziehungen zurücktreten – so wie Eugen Gerstenmaier, einer seiner Vorgänger, mit dem Vorwurf, in eigennütziger Absicht auf die Gesetzgebung Einfluß genommen zu haben, aus dem Amt scheiden mußte und dann schnell in Vergessenheit geriet. Später saßen neben Firmenchefs zwei ehemalige Bundesminister auf der Anklagebank. Das alles war begleitet von heftiger moralischer Entrüstung. Sie richtete sich auch gegen die Gewerkschaften, als deren Wohnungsbaugesellschaft Neue Heimat wegen Mißwirtschaft in die Schußlinie geriet und die Verquickung von gewerkschaftlichen Funktionen mit wirtschaftlichen Positionen bekannt wurde, was dann von 1982 an seitens der CDU gern als Äquivalent zum Flickskandal benutzt wurde, an dem die SPD nicht beteiligt war.

Noch heftigere Entrüstung lösten Maßnahmen aus, die gegen die Meinungsfreiheit gerichtet waren. Im Februar 1977 kam es zur Abhöraffäre Traube, zum »Lauschangriff« auf einen verdächtigten, später aber rehabilitierten Atomwissenschaftler, durch den Verfassungsschutz, was der liberale Innenminister Werner Maihofer gewußt und gedeckt hatte. Maihofer wurde daraufhin rasch zu einer negativen Symbolfigur, trat aber im Juni 1978 nicht deswegen zurück, sondern wegen einer schweren Fahndungspanne, die während der Entführung Schleyers geschehen und die durch einen Untersuchungsausschuß aufgedeckt worden war. In der Auseinandersetzung mit der kritischen Bewegung gefährdete sich das Establishment auch immer wieder selbst. Das zeigte sich im Falle des Ministerpräsidenten von Baden-Württemberg, Hans Filbinger (CDU), besonders deutlich. Er hatte als Marinerichter zum Kriegsende noch an einem sachlich und moralisch ungerechtfertigten Todesurteil mitgewirkt und war in den siebziger Jahren nicht imstande, sich zum einen korrekt zu erinnern und zum anderen seine Situation verständlich zu machen. So wurde er zum Opfer seiner Uneinsichtigkeit und Selbstgerechtigkeit und mußte im August 1978 zurücktreten – einer in der langen Reihe führender Politiker, die ihr Amt verloren, nicht weil sie politische Verantwortung übernehmen und zurücktreten mußten, sondern weil sie ihre eigene Biographie oder das Bekanntwerden von Fehlverhalten ereilte. Dabei funktionierte die Zusammenarbeit zwischen einer freien Presse und dem in der Gesellschaft vorhandenen kritischen Potential immer besser. Es wurde auch in den siebziger Jahren immer spürbarer, daß dies vor allem den öffentlich-rechtlichen Fernseh- und Rundfunkanstalten von den Parteien verübelt wurde; manche Privatisierungspläne haben hier ebenso ihre oder doch eine Ursache, ebenso wie die verschiedenen Maßnahmen zur Stärkung des jeweiligen Einflusses auf die Landesrundfunkanstalt. Die Kündigung des Staatsvertrages über den NDR durch die Landesregierung von Schleswig-Holstein am 9. Juni 1978 gehört in diesen Zusammenhang.

Die Systemveränderer im weitesten Sinne wollten Reform und mit ihr Ausdehnung von Partizipation und Mitbestimmung auf alle in Frage kommenden Lebensbereiche. Wilhelm Hennis wandte sich vehement gegen ein solches Denken und eine über den Staat hinausgehende Demokratisierung und stellte in seinem berühmt gewordenen Aufsatz von 1970 beunruhigt fest: »Der Generaltenor aller Ansprüche der Zeit auf Veränderung der uns umgebenden gesellschaftlichen Welt findet seine knappste Formel in dem einen Wort ›Demokratisierung‹. Man wird wohl sagen dürfen, daß in diesem Wort die universalste gesellschaftspolitische Forderung unserer Zeit auf den Begriff gebracht wird.«[16] Fritz Vilmar zitierte das 1973 einleitend und setzte seine Version dagegen: »Die Revolution hat schon begonnen. Orthodoxe Linke halten immer noch Ausschau nach Opas Revolution als einer, die hereinbrechen soll wie ein grandioses Gewitter – und jeder größere Streik wird ihnen zum revolutionären Wetterleuchten, frustrierend, weil kein Gewitter folgt. Die Konservativen, viel bessere Seismographen, haben längst registriert, daß die Revolution bereits begonnen hat. Als ihr Wolf im Schafspelz: Die Demokratisierung. Denn Demokratisierung: Herstellung von Gleichheit und Freiheit in allen gesellschaftlichen Lebensbereichen, und Sozialismus sind ein und dasselbe. Demokratisierung ist die Verwirklichung demokratischer Grundsätze in allen Bereichen der Gesellschaft – De-

---

[16] Wilhelm Hennis, Demokratisierung – Zur Problematik eines Begriffs, u.a. In: ders., Die mißverstandene Demokratie. Freiburg 1973, S. 26ff.

mokratie als gesamtgesellschaftlicher Prozeß. Demokratisierung ist also der Inbegriff aller Aktivitäten, deren Ziel es ist, autoritäre Herrschaftsstrukturen zu ersetzen durch Formen der Herrschaftskontrolle von ›unten‹, der gesellschaftlichen Mitbestimmung, Kooperation und – wo immer möglich – durch freie Selbstbestimmung.«[17] Anschließend ist von den Bereichen die Rede, in denen Demokratisierung vordringlich und zum Teil auch schon verwirklicht sei: Schule und Hochschule, Familie, Massenmedien, Theater, Krankenhäuser, Strafvollzug, Wirtschaft und Betriebe, Gewerkschaften, Parteien, Kirchen und – nicht zuletzt – die kommunale Verwaltung, wobei entweder Mitbestimmung oder freie Entfaltung im Vordergrund stünden, zumindest aber Repressionen aller Art abzubauen seien.

Ein besonders wichtiges Dokument jener Zeit stellt ein von Martin Greiffenhagen ebenfalls 1973 herausgegebener Reader dar, der versucht, die Diskussion übersichtlich zu machen[18]. Am Anfang steht ein Beitrag von Willy Brandt zum 1. Mai 1969, der von der Alternative spricht, »die so viele übersehen haben: Für die CDU/CSU bedeutet Demokratie eine Organisationsform des Staates. Für die SPD bedeutet Demokratie ein Prinzip, das alles gesellschaftliche Sein des Menschen beeinflussen und durchdringen muß.« Brandt setzte – heute darf man sagen: sehr deutsch – dabei voraus, das Grundgesetz auf seiner Seite zu haben. Es will »nicht nur die staatliche Ordnung beschreiben; es will auch sagen, daß es den demokratischen und sozialen Rechtsstaat zu verwirklichen gilt«. Zu den schon erwähnten Demokratisierungsbereichen kamen noch einige hinzu: Greiffenhagen baut z. B. die Demokratisierung der Streitkräfte in das Gesamtkonzept ein und berücksichtigt die Rätediskussion als eine wichtige Variante des Themas. An diesem schieden sich die Geister, kam es zur politischen Polarisierung. Die Bundesrepublik zerfiel in zwei Lager: Hier die konservativ-liberale CDU/CSU und dort die SPD, die Demokratisierung

[17] Fritz Vilmar, Strategien der Demokratisierung. Band 1: Theorie der Praxis; Band 2: Modell und Kämpfe der Praxis. Neuwied 1973.
[18] Martin Greiffenhagen (Hrsg.), Demokratisierung in Staat und Gesellschaft. München 1973. Greiffenhagen stellt einleitend die Ausführungen von Willy Brandt und den Aufsatz von Hennis gegenüber, letzteren als den »wichtigsten und substantiellsten Aufsatz gegen gesellschaftliche Demokratisierungstendenzen«; vgl. auch Wolfgang Schulenberg (Hrsg.), Reform in der Demokratie. Theoretische Ansätze, konkrete Erfahrungen, politische Konsequenzen. Hamburg 1976.

will und darin in gewissem Umfange von der FDP unterstützt wird.

Vieles davon war Hoffnung. Die linken Kritiker der SPD sahen das bald. 1976 schrieb Wolf-Dieter Narr: »Die Übernahme der Regierung und eine entsprechende Politik sollten nach sozialdemokratischer Auffassung ermöglichen, auf gesetzlich-parlamentarischem Weg die Giftzähne des Kapitalismus so zu ziehen, seine Ungerechtigkeiten so zu balancieren, daß man das Gebiß, die Struktur kapitalistischer Wirtschaft, nicht selbst beseitigen mußte (die traditionelle Hoffnung auf die Staatsrolle in der SPD: von Lassalle über Schumacher bis Schmidt).«[19] Später fand man z.B. bei Jutta Ditfurth, dem fundamentalistischen Flügel der Grünen angehörend, das Postulat nach einer »radikal-ökologischen« Reformpolitik, die »an die Wurzeln der Gesellschaft« gehen und die »Profitlogik des kapitalistischen Wirtschaftssystems in Frage stellen« solle, was man strikt von einem »Reformismus« unterscheiden müsse, der den Systemveränderungsanspruch preisgebe[20].

Jene Bewegung zielte zu Beginn der siebziger Jahre auf antiautoritäre Erziehung, herrschaftsfreie Räume, Abbau von Repressionen, Selbstverwirklichung und vieles andere mehr, gleichzeitig aber auch auf Ausweitung der Staatstätigkeit, erweiterte Umverteilung, Ausbau des Sozialstaates, vermehrte Mitbestimmung auch mittels staatlicher Gesetze. Sie besaß also eine stark antikapitalistische Prägung, um im übrigen in seltsamer Weise Mißtrauen gegenüber dem Staat und Hoffnung auf ihn zu verbinden. Die Hoffnung aber mußte enttäuscht werden. Der Handlungsspielraum der Bundestagsmehrheit und der Bundesregierung war begrenzt. CDU und CSU haben in den siebziger Jahren immer mitregiert. Der von ihnen dominierte Bundesrat ließ sich meist nicht umgehen. Die Mehrheit mußte sich arrangieren. Am Mitbestimmungsgesetz, das tatsächlich zustandekam, hatte die Opposition ebenso mitgewirkt wie am Hochschulrahmengesetz. Die SPD mußte zurückstecken. Der Verzicht auf die Gewissensprüfung bei Kriegsdienstverweigerern scheiterte ebenso am Bundesverfassungsgericht wie die ursprüngliche Reform des Paragraphen 218. Auch in der Bundesrepublik gab es, so zeigte sich in den siebziger Jahren, ein ausge-

---

[19] Wolf-Dieter Narr, Hermann Scheer, Dieter Spöri, SPD – Staatspartei oder Reformpartei? München 1976, hier S. 98.
[20] Jutta Ditfurth, Träumen, Kämpfen, Verwirklichen. Politische Texte bis 1987. Köln 1988.

klügeltes System der »checks and balances«. Es wurde und wird durch die Stabilität des Verbändewesens noch verstärkt. Reformen ließen sich nur gegen großen Widerstand durchsetzen, und die Energie dazu erlahmte, wenn es gleichzeitig Krisen zu bewältigen galt. So versandete der »Aufbruch« der Jahre 1969 bis 1971 relativ bald. Die Reformstimmung wich der pragmatischen Wende, und schon in der zweiten Hälfte der siebziger Jahre wurde fast mitleidig von der »Reformeuphorie« der ersten Hälfte dieses Jahrzehnts gesprochen.

Staatsüberforderung

Ein solcher Rückschlag, wie er sich auch aus der nach 1973 deutlich geringeren Leistungsbilanz der Regierungen Schmidt ablesen läßt, konnte allerdings nicht nur durch den Widerstand der »Mitregierer« in den Landeshauptstädten und in Karlsruhe und auch nicht nur durch die Anforderungen erklärt werden, die sich aus dem wirtschaftlich bedingten Krisenmanagement ergaben. Anderes kam hinzu. Die »Bewegung« überforderte wohl Staat und Parteien in einem ganz praktischen Verständnis.

Die Große Koalition und die sozialliberale Koalition traten mit dem Anspruch an, wirtschaftlichen Schwankungen mit einem erweiterten staatlichen Instrumentarium zu begegnen und in größerem Maße als bisher planend und gestaltend auf die Zukunft Einfluß zu nehmen. Solche Zielvorstellungen wurden in der Verfassung und in Gesetzen verankert. Es sei noch einmal an das Stabilitätsgesetz von 1967 und an das Bundesraumordnungsgesetz von 1965 und in seinem Gefolge das Raumordnungsprogramm erinnert. Durch Raumordnung sollten gleichwertige Lebensverhältnisse und eine menschenwürdige Umwelt geschaffen werden. Das knüpfte an Artikel 72 des Grundgesetzes an, in dem von der Wahrung der Rechts- oder Wirtschaftseinheit, insbesondere aber von der »Wahrung der Einheitlichkeit der Lebensverhältnisse über das Gebiet eines Landes hinaus« die Rede ist. Aktive Politik in diesem Bereich war damit schon seit Gründung der Bundesrepublik gefordert. Nach 1966 nahm man das energischer als bisher auf. 1968 wurde der erste Raumordnungsbericht der Bundesregierung vorgelegt. Er thematisierte die Binnenwanderungen (u. a. von Nord nach Süd), lag bei der Prognose der Bevölkerungsentwicklung falsch und unterschätzte insgesamt eher die Belastungen der Natur, sprach sie aber bereits an. In der Konsequenz ergaben sich allein daraus erhebliche Aufgaben des Staates. Sie machten Planungen erforderlich. Gebietsentwicklungspläne und Landesentwicklungsprogramme wurden erarbeitet, sektorale Planungen vorgelegt, mit räumlichen Planungen koordiniert und zunehmend auch mit der Mittelfristigen Finanzplanung abgestimmt. Mit all dem entstand ein großer Informationsbedarf, zunehmend mußten Ressortüberlegungen mit Überlegungen der Gesamtregierung abgestimmt werden. Bund und Länder mußten kooperieren, ihre Planungsinstrumente und ihre Planungen einander angleichen. Man mußte sich auf Annahmen über zukünftige Entwicklungen verständigen, aber auch gemeinsame Korrekturmöglichkeiten vorsehen. Dies alles brach über Regierungen und Verwaltungen in Bund, Ländern und nicht zuletzt in den Gemeinden seit 1966 ziemlich plötzlich herein. Langfristiges Denken war nun gefragt, und administrative Gewohnheiten sollten verändert werden. Die Neuerer waren ungeduldig.

Wenige Jahre später war bereits abschätzig von »Planungseuphorie« die Rede, und man konnte den Eindruck haben, die Politik sei mit der politischen Planung gescheitert. Das trifft so generell sicherlich nicht zu. 1988 gibt es mehr relativ gut funktionierende räumliche Planungen als je zuvor, und viele Fachplanungen sind zur puren Selbstverständlichkeit geworden. Allerdings hat man inzwischen die Ansprüche vermindert. Von 1970 an erlebte man dagegen erst einmal das Scheitern im Kleinen und Banalen. Die frühen Bemühungen um politische Planung fanden in ausgesonderten Projektgruppen und Stäben statt. Die Abwehrmöglichkeiten der »Linie« gegen solche ausgegliederten Einheiten aber waren groß und sind es bis heute. Planer mußten bald um ihrer Karriere willen sehen, rechtzeitig in die Linie zurückzukommen. Auch der Informationsaustausch stieß auf Schwierigkeiten. Die Forderung des Bundeskanzleramtes, von den Ressorts so früh wie möglich über Gesetzes- und andere Vorhaben informiert zu werden, stieß eindeutig auf Widerstand. Zwischen Bund und Ländern türmten sich Informationsbarrieren auf, die nicht nur mit der unterschiedlichen Couleur der Regierungen zu tun hatten. Je mehr es aber derartige Reibungen gab, desto isolierter entstanden die verschiedenen Planungen und desto mehr gerieten sie in Gefahr, das zu verhindern, was sie bewirken sollten, nämlich eine vernünftige Frühkoordination. Aber es waren nicht nur technische Probleme zu bewältigen. Den Planern stellte sich auch die Frage nach der Voraussehbarkeit menschlicher Bedürfnisse, nach der Berechenbarkeit von Veränderungen, nach den Grenzen von Planung also oder nach dem, was Planungen aussparen müssen.

Schon nach relativ kurzer Zeit plante man nicht mehr so frohgemut wie früher. Man glaubte nicht mehr, daß es möglich sei und genüge, das Instrumentarium von Regierung und Verwaltung den neuen Erfordernissen anzupassen. Es kehrte auch Unsicherheit hinsichtlich dieser Erfordernisse und ihrer Unüberschaubarkeit ein. Als der Hamburger Bürgermeister Klose das Wort von der »Unregierbarkeit unserer Städte« in Umlauf brachte, kam darin auch ganz einfach Resignation zum Ausdruck: Eine riesige, in ihrer Organisation seit Beginn des 20. Jahrhunderts mehr oder weniger festgefügte, seither also nur erweiterte Stadtverwaltung, geübt darin, parzellierte Probleme mit Hilfe einer parzellierten Verwaltung abzuarbeiten, stand zunehmend unter Problembelastung und Erwartungsdruck. Sie sollte Natur und Umwelt schützen, Standards dafür setzen, was der Umwelt noch zumutbar sei. Daraus ging später die Umweltverträglichkeitsprüfung hervor. Flächennutzungs- und Bebauungspläne mußten erarbeitet und mit Landschafts- und Grünflächenplanungen abgestimmt werden. Stadtsanierung und später Wohnumfeldverbesserung wurden betrieben, das urbane Angebot war zu erweitern, die Lebensqualität zu vermehren, gleichzeitig aber auch die Wirtschaft zu fördern, die Entstehung von Arbeitsplätzen mußte forciert werden, der Umgang zwischen Verwaltung und Betrieben sollte entbürokratisiert und mehr Bürgernähe gezeigt werden.

Die Unregierbarkeitsdiskussion

Die Diskussion über die Unregierbarkeit, die ebenfalls in den siebziger Jahren begann[21], hat demnach mehrere Ursachen, auf die es auch mehrere und unterschiedliche Reaktionen gab. Sie war im praktischen Sinne fruchtlos, weil weiterregiert und weiterverwaltet werden mußte, aber sie war doch sehr zeittypisch. Enttäuschung darüber, daß das modernisierte Instrumentarium

---

[21] Vgl. Wilhelm Hennis, Peter Graf Kielmannsegg, Ulrich Matz (Hrsg.), Regierbarkeit. Studien zu ihrer Problematisierung. 2 Bände, Stuttgart 1977 und 1979; Franz Lehner, Grenzen des Regierens. Eine Studie zur Regierungsproblematik hochindustrialisierter Demokratien. Königstein/Ts. 1979; Paul Noack, Ist die Demokratie noch regierbar? München 1980.

nicht sogleich griff und es große Widerstände schon in der Ministerialbürokratie zu überwinden galt[22], Verärgerung über die nur schwer zu lenkende föderalistische Komponente, Mißmut über die zähe Eigenständigkeit der Gemeinden, die sich nur ungern in großräumige Planungskonzepte schickten, spielten dabei ebenso eine Rolle wie die zunehmende Erkenntnis einer gewissen Zielunklarheit. So kam vielfach nur heraus, daß man sich wieder auf die ursprünglichen Funktionen des Staates (Frieden und Recht usw.) besann, vor der Überforderung des Staates und damit der Politik warnte und so in anderer Weise an die Maßhalteappelle Ludwig Erhards anknüpfte. Die Warnungen verhallten aber im Parteienwettbewerb. Ihn kennzeichnete nach 1972, nachdem also die CDU und die CSU in Bonn ihre Oppositionsrolle annnehmen mußten, eine in mancher Hinsicht grundlegende Polarisierung zwischen CDU/CSU und SPD, die durch die verfassungsmäßig unerläßliche Zusammenarbeit immer wieder abgemildert, prinzipiell aber aufrechterhalten wurde.

Das kam nicht unerwartet. Zwischen Adenauer und Schumacher hatte es unversöhnliche Gegensätze gegeben, und nach Schumachers Tod hatte Adenauers Art, die Opposition einerseits höchst geringschätzig zu behandeln, sie gleichzeitig aber doch auch als das Symbol alles dessen zu benutzen, was zum Untergang führen würde, wenig zu einem gedeihlichen Klima zwischen Mehrheit und Minderheit beigetragen. Die Große Koalition offenbarte dann zwar, daß man in weiten Strecken übereinstimmen, jedenfalls sich arrangieren konnte. Gleichzeitig riß aber die Ostpolitik Willy Brandts einen tiefen Graben auf, über den man erst nach einigen Jahren vorsichtig Brücken bauen und den man erst nach vielen Jahren zuschütten konnte. In der ersten Hälfte der siebziger Jahre wurde dieser Graben vertieft. Gleichzeitig begann der Kampf um das »System«, wobei die SPD in eine Rechtfertigungssituation geriet. Daß die Systemveränderer in ihr einen Platz gefunden hatten, warf ihr die CDU/CSU nicht nur immer wieder vor. Sie schürte auch Angst vor Veränderungen mit ungewissem Ausgang und hatte damit wahltaktisch Erfolge. Ohne daß in Bonn viel geschah,

---

[22] Aus der umfangreichen Literatur z.B. Peter Grottian, Strukturprobleme staatlicher Planung. Eine empirische Studie zum Planungsbewußtsein der Bonner Ministerialbürokratie. Hamburg 1974; ders. und Axel Murswieck (Hrsg.), Handlungsspielräume der Staatsadministration. Beiträge zur politologisch-soziologischen Verwaltungsforschung. Hamburg 1974.

was über eine gewisse Intensivierung der in der Großen Koalition gefundenen Ansätze hinausging, ließ sich doch behaupten, aus der liberalen solle eine sozialistische Republik werden. Daraus ergab sich ein Rollenmuster, welches das klassische Muster des parlamentarischen Systems fast umdrehte: Die Mehrheit mußte von Reform und Veränderung reden, war darauf durch ihren inneren Befund eingeschworen, die Minderheit profilierte sich als Verteidiger des Erreichten. Das Erreichte freilich galt als Erfolg früherer Politik. Zur Überschätzung dessen, was Politik kann, trugen so beide Seiten bei. Der Beitrag zur Diskussion, der auf Begrenzung der Staatstätigkeit hinauslief, kam zu kurz. Es ist der FDP nie gelungen, ihn wirksam zu übernehmen; erst mit Martin Bangemann gab es einen Wirtschaftsminister, der relativ erfolgreich Wirtschaftspolitik betrieb, indem er wenig oder nichts tat, keine Programme auflegte, bei Einbrüchen Gelassenheit zeigte, allerdings auch neuerliche Subventionen nicht verhinderte, und lediglich auf steuerpolitische Impulse setzte. Seine Vorgänger Friderichs und Graf Lambsdorff handelten anders. Des letzteren Kritik an der Wirtschaftspolitik der sozialliberalen Koalition richtete sich auch gegen ihn selbst.

Wahlen und Wahlergebnisse

Was so die politische Grundsatzdiskussion kennzeichnete, war auch kennzeichnend für die Wahlkämpfe und die Wahlergebnisse. Wie schon vorher standen die Landtagswahlen während der siebziger Jahre immer im Schatten der Bundespolitik (siehe Tabelle S. 241). Es zählte, wie sich das Verhältnis zwischen CDU oder CSU und SPD jeweils veränderte und was neu war – später also in der Hauptsache der Einzug der Grünen in die Landtage. Die FDP spielte meist eine Rolle am Rande, bis sie in den achtziger Jahren angesichts von Schwächen der CDU in Niedersachsen und Rheinland-Pfalz wieder als Mehrheitsbeschafferin fungieren konnte, ein Versuch, der in Schleswig-Holstein nach dem Sturz Uwe Barschels völlig scheiterte und zum Auszug aus dem Kieler Landtag führte. Ein- oder Auszug der FDP stellen meist die grundlegende Frage für die Landesverbände dieser Partei dar und werden jeweils als Votum für oder gegen die Bundespolitik der FDP gewertet. 1978 etwa schied die FDP aus den Parlamenten in Hamburg und Niedersachsen aus, 1980 scheiterte sie in Nordrhein-Westfalen: alles Warnzeichen für die Bonner Fraktion und Störfaktoren in der Koalition von SPD und FDP. Die SPD verlor 1981 aufsehenerregend ihre Berliner Bastion, wobei sich die dort mit ihr koalierende FDP halten und eine neue Koalition mit der CDU eingehen konnte. Auf Berlin folgte Hamburg, wo die CDU 1982 zum ersten Male stärkste Partei wurde. Sie rechnete damit auch in Hessen, wo die Wahl aber kurz nach dem Rücktritt der FDP-Minister in Bonn erfolgte, was die FDP aus dem Landtag in Wiesbaden vertrieb und der SPD-Regierung geschäftsführend das Weiterregieren erlaubte. Zur Mehrheit brauchte sie dann aber die Grünen. Diese Koalition hatte großen Neuigkeitswert, kam erst nach langen und zähen Verhandlungen zustande und erübrigte sich nach der nächsten Wahl durch den Sieg der CDU. Dafür erlangte noch 1982 die SPD nach dem Wechsel in Bonn in Hamburg wieder die absolute Mehrheit. Die Bundestagswahl 1983 endete dagegen für sie mit einer klaren Niederlage. Aus diesem Tief kam die Partei durch Erfolge in einigen Ländern allmählich wieder heraus, ohne daraus für die Bundestagswahl 1987 große Startvorteile ziehen zu können. In ihr erwiesen sich sowohl CDU/CSU als auch die SPD als angeschlagen: Die CDU/CSU hatte ihr schlechtestes Ergebnis seit 1949, die SPD fiel fast auf den Stand von 1961. Beides klingt jedoch dramatischer, als es in Wahrheit ist, da die Union insgesamt erstaunlich stabil um die 45 Prozent der Zweitstimmen erhielt, während bei der SPD die Schwankungen größer sind und sie nur einmal an diese 45 Prozent herankam (1972). Die CDU und die CSU stehen dabei längerfristig im Stimmenaustausch mit der FDP und mit gegebenenfalls auftauchenden rechten Gruppierungen. Die SPD hatte ihre wenig erbaulichen Ergebnisse im Bund seit Beginn der achtziger Jahre vor allem den Grünen zu verdanken und erzielte große Landeserfolge vor allem dort, wo es ihr gelang, die Grünen auszuschalten (Nordrhein-Westfalen und Saarland 1985, Schleswig-Holstein 1988).

Seit 1970 bekunden Landtagswahlergebnisse stets auch Unmut gegenüber der Bonner Politik. Deren Träger erscheinen potentiell als stärker gefährdet, die Opposition erscheint als leicht begünstigt. Dieses einfache Bild trügt jedoch. Abgesehen von einer größer werdenden Beweglichkeit der Wähler, die sich seit den späten sechziger Jahren feststellen läßt und die zu den in Wahlnächten viel beschworenen Wählerwanderungen führte, hat es in den siebziger Jahren eine grundlegende Veränderung der Parteien gegeben, die sich auf die Politik auswirkt. Vor dieser Zeit operierte man bildhaft mit dem Gegenüber von

CDU als offener Wählerpartei und SPD als geschlossener Mitgliederpartei, die erstere von der Regierung oder auch den Regierungen (in den Ländern) geführt, die letztere stärker von ihrem Innenleben, ihrer Mitgliedschaft, ihren Funktionären, ihren Parteitagen und ihrem Vorstand bestimmt. Wie alle idealtypischen Vereinfachungen traf auch diese nie ganz zu und wurde vor allem der CSU mit ihrem planmäßigen Aufbau einer festgefügten Parteiorganisation nicht gerecht. Immerhin verdeutlichte diese Vereinfachung strukturelle Probleme. Sie führten in den siebziger Jahren zu deutlichen Veränderungen.

Auf der einen Seite wurde die CDU in der Opposition erst richtig »Partei«, institutionalisierte und organisierte sich, wertete die Parteizentrale auf, gab dem Generalsekretär eine herausgehobene Stellung, warb zugleich Mitglieder und verfestigte damit auch die örtliche Organisation. Die SPD dagegen verlor einen Teil ihrer Geschlossenheit. Diese ging immer auch auf einen starken sozialen Zusammenhalt zurück. Der wiederum setzte ein Innenleben voraus, das Gemeinsamkeiten betonte und Unterschiede verwischte. Mit der Unruhe in der Partei und mit dem Generationen- und Mitgliederwechsel löste sich vieles davon auf. Mitgliederversammlungen und Parteitage wurden immer häufiger zu Kampfarenen; die Unbeteiligten und die Uninteressierten zogen sich zurück. Der Partei ging ein Teil ihres sozialen Rückhaltes verloren, auf den sie sich früher nach Niederlagen zurückziehen konnte.

Institutionalisierung der Parteien, Parteienfinanzierung,
Parteienverdrossenheit

Wie immer das Parteitheorie und -soziologie würdigen: Nach 1970 wurden sich CDU und SPD darin immer ähnlicher, daß sie als Parteien einen Ausgleich zwischen ihrem inneren Gefüge und den äußeren Anforderungen herbeiführen müssen. Nach innen wollen die Mitglieder beteiligt sein. Die Mitgliedermobilisierung kann wahlentscheidend sein. Wer mehr Anhänger auf die Beine bringt, die ihre Anhängerschaft zeigen und bekunden, ist im Vorteil. Mitglieder wollen also geführt, aber auch umworben und beteiligt sein. Die Parteien sind aber nur selten so dem jeweiligen Milieu verbunden, daß es ihnen zur Werbung dient, die direkte Beteiligung unter Umständen ersetzt und sie in ihm leben. So etwas gelingt allenfalls der CSU in Teilen Bayerns und der SPD in einigen Regionen des Industriegebietes, und es gelingt immer weniger[23]. Zwischen politischer Betätigung und gesellschaftlicher Einbindung verläuft eine immer deutlichere Grenze. Die Partei muß deshalb nach innen ganz als Partei funktionieren, also entweder stolz auf Erfolge verweisen oder Politik lebendig diskutieren, um nach außen mit ihrem gefestigten Innenleben wirken zu können. Voraussetzungen dafür sind verläßliches Personal, Geschäftsstellen, Schrifttum und die stete Bereitschaft, präsent zu sein. Das aber ist teuer, und so wurde eine der wichtigsten Voraussetzungen für einen funktionierenden Parteiapparat das Geld.

Die Parteien sind in den siebziger Jahren immer geldbedürftiger und zugleich immer unfähiger geworden, das Geld von ihren Mitgliedern zu erhalten. Damit sind sie auch anfälliger geworden. Der Griff in die Staatskasse erfolgte immer ungenierter, die Diäten wurden auch deshalb erhöht, weil man dann die Parteiabgaben der Mandatsträger erhöhen konnte. Spenden wurden unentbehrlich. Das Parteiengesetz steht ihnen im Wege, indem es eine Veröffentlichungspflicht vorsieht. Seine Bestimmungen werden umgangen, man gründet Inkassovereine, nimmt Umwege über ausländische Konten vor. Der Empfänger, die Partei also, läßt es dann an Genauigkeit vermissen. Die Parteientwicklung seit Beginn der siebziger Jahre ist entscheidend durch das Problem der Parteifinanzierung bestimmt. ›Macht macht erfinderisch‹ überschreibt Hans Herbert von Arnim sein neuestes Buch[24], »Macht macht sinnlich«, sagte man früher. Ein Hauch von Korruption schwebt seit einigen Jahren über den Parteien. Dabei gibt es Unterschiede, auf die gerne hingewiesen wird. Das zugrundeliegende Phänomen aber ist ubiquitär, ihm können sich auch die Grünen nicht ganz entziehen: Die Parteien sind teuer. Sie sind es, weil ihre Apparate aufwendig sind, weil sie kostspielige Wahlkämpfe führen und weil sie ihre Mitglieder bei der Stange halten müssen. Die »Flick-Affäre«[25] sagt viel über Denkweisen in den Vorstandsetagen der Industrie aus. Sie sagt aber noch mehr über den

[23] Vgl. Alf Mintzel, Die CSU. Anatomie einer konservativen Partei. Opladen 1975, und ders., Geschichte der CSU. Ein Überblick. Opladen 1977.
[24] Hans Herbert von Arnim, Macht macht erfinderisch. Der Diätenfall. Ein politisches Lehrstück. Zürich 1988; v. Arnim stellt hier den hessischen Diätenskandal im größeren Zusammenhang dar.
[25] Zur Affäre und zum Rücktritt Rainer Barzels als Bundestagspräsident vgl. Emil Hübner und Horst-Hennek Rohlfs (Hrsg.), Jahrbuch der Bundesrepublik Deutschland 1985/86. München 1985.

Zustand der Parteien aus, über die weitgehende Identifizierung mit dem Staat, um derentwegen nicht einmal Unrechtsbewußtsein aufkommt, wenn man den Staat betrügt und andere dazu ermuntert, ebenfalls zu betrügen.

Gut organisierte Parteien, deren Spitzen das Geld »besorgen« und insoweit auch unabhängig von den Mitgliedern sind, müssen mehr und mehr zu Institutionen werden. Es muß in ihnen geregelt zugehen, man muß die Geschäftsordnung kennen, kann nur diskutieren, was auf der Tagesordnung steht, es sei denn man gehört zu einem engeren Kreis, der mächtig genug ist, sich den Regeln zu entziehen. Die in den siebziger Jahren erfolgte Öffnung der Parteien ist insoweit ambivalent. Die Zeit der Unruhe brachte auch die Forderung nach innerparteilicher Demokratie. Daraufhin wurde manches versucht, in der rheinland-pfälzischen CDU etwa eine Art Vorwahlsystem bei der Kandidatenaufstellung. Die eingespielten Vorrechte der Vorstände verminderten sich. Landesparteitage entzogen sich dem Vorstandsvotum bei der Aufstellung der Landesliste. Damit wirkte man viel lebendiger als in den fünfziger und in den frühen sechziger Jahren, in denen die Bundesvorstände in großer Ruhe die Landeslisten konstruieren konnten, um sich eine Wunschfraktion zusammenzustellen. In den siebziger Jahren gab es dagegen manche Überraschungen, mußten sich Fraktionen nach der Wahl unter Umständen erst mühsam zusammenfinden[26].

Das alles kann man zwar als Öffnung ansehen. Geht sie jedoch mit Institutionalisierung einher, erhalten formale Ordnungen immer größeres Gewicht, bilden sich damit unvermeidbar Vorrechte von Insidern aus und verselbständigt sich die Institution Partei gegen ihre eigene Basis. Die Institution, weithin getragen von Berufspolitikern und hauptamtlichen Parteimitarbeitern, betreibt den Machterhalt immer auch zur Sicherung der eigenen organisatorischen und individuellen Existenz. Das kann dann Maßstäbe verrücken.

Als im Herbst 1987 die deutsche Öffentlichkeit einigermaßen fassungslos das Drama mit und um den schleswig-holsteinischen Ministerpräsidenten Uwe Barschel miterlebte und erfuhr, was alles möglich war, um politische Gegner unmittelbar oder durch Diffamierung zu schwächen, war eines eindeutig: Die

---

[26] Einzelheiten und Literatur dazu in den Auflagen 1963, 1973, 1977 und 1983 von Ellwein/Hesse, Regierungssystem.

Ebene, auf der hier gehandelt und gefehlt worden war, hatte mit der Ebene, auf der Mitglieder der Partei an der Politik mitwirken können, schlechterdings nichts mehr zu tun.

Parteien bilden keine Einheit. Das manipulative Bemühen in dem Sinne, daß man sich selbst ins rechte Licht rückt und Erfolg verheißt, beginnt in den eigenen Reihen. Bleibt der Erfolg dann allzu deutlich aus, reagieren die anderen im Zweifel rücksichtslos, weil soziale und personale Bindungen nur in Grenzen bestehen, jedenfalls nur selten Politiker auch im Falle des Mißerfolgs tragen. Die Vorgänge in Kiel im Herbst 1987 waren ein Lehrstück, dem in kurzer Folge weitere Akte in Hannover, Bremen und Mainz folgten. In Hannover ging es um Geld und Falschaussagen, vor allem aber um höchst zweifelhafte Einsätze von Staatsorganen, in Bremen um mangelnde Aufsicht, was auf Verfilzung hindeutete und einen Landesvorsitzenden zum ärgerlichen Rückzug zwang, in Mainz um eine Art Aufstand der Basis, der sich gegen das Parteiestablishment richtete, ohne daß man Klarheit über die angestrebten Ziele bekam. Das Opfer war der langjährige Ministerpräsident Bernhard Vogel, der offensichtlich Entwicklungen in seiner eigenen Partei nicht oder nicht zureichend wahrgenommen hatte. Und immer wieder vernahm die Öffentlichkeit, daß größere Beträge in bar oder als Scheck den Besitzer wechselten und was sich die Geldgeber davon versprochen hatten.

In der Bundesrepublik ist viel von Parteienverdrossenheit die Rede. Richtig ist, daß die großen Parteien sich mit der Mitgliederwerbung schwer tun und der Anteil der aktiven Mitglieder klein ist. Richtig ist auch, daß viele seit Jahren ein gewisses Mißtrauen gegen die Parteien und ihre Funktionäre entwickeln, das ständig neue Nahrung erhält. Die Stärkung der Parteien durch den immer weiteren Umgriff des Parteieneinflusses ist zugleich mit einer Schwächung verbunden. Die Öffnung nach 1970 hat nicht gebracht, was man sich von ihr versprach. Parteien leben nicht zureichend von ihren Mitgliedern, um sich nicht in einer Weise an die Staatsmacht klammern zu müssen, die ihre Selbständigkeit und auch ihre Fähigkeit, sensibel auf Veränderungen zu reagieren und über mögliche Veränderungen in der Zukunft nachzudenken, beeinträchtigt. Die Parteien sollten in den siebziger Jahren den Staat für Beteiligung öffnen. Sie haben das nicht erreicht. Sie haben Hoffnungen geweckt und dann enttäuscht. Es bleibt aber offen, ob das vermeidbar war, oder ob es in einer immer mehr von Experten bestimmten Politik und

Verwaltung nicht zu einem Anpassungsprozeß auch der Parteien kommen mußte. Was Michael Th. Greven allgemein formuliert, gilt jedenfalls auch für die Parteien: »Heute endet das Leben gleich am ehernen Tor der Institutionen, ehe es richtig begonnen hat; jedenfalls scheint es den meisten so, als wäre ihr Wünschen und Träumen deren ›ehernen Gehäusen‹ entgegengestellt und könnte sich in ihnen und durch sie nicht authentisch behaupten. Daran ist soviel richtig: Alles soziale oder politische Leben wird dem Individuum in der heutigen Welt institutionell vorgeprägt, das heißt genormt und durch Vorschrift geregelt. Noch der Protest, der sich gegen den als verfestigt wahrgenommenen Zustand richtet, verläuft schnell in den Bahnen des konventionellen Rituals einer Gegenöffentlichkeit, die dem, der dort mitmachen will, Anpassungsleistung abverlangt oder ihm als Zwang entgegentritt.«[27]

4. Gesellschaftlicher Wandel und Einfluß der Unpolitischen

Während des Höhepunktes der Studentenunruhen im Jahre 1968 fragte man die Wortführer der rebellierenden Studenten besonders gern, für wen sie denn eigentlich sprächen. Die Frage lag nahe. Jeder Beobachter konnte sehen, daß die große Mehrheit der Studenten an der Rebellion unbeteiligt war, sie jedenfalls nicht aktiv unterstützte. Natürlich ließen sich jene Wortführer nicht beirren. Ein Bedürfnis nach Legitimation durch Wahlen oder auch nur durch eindeutige Zustimmung der Mehrheit hatten sie nicht. Sie beriefen sich auf direkt-demokratische Prinzipien und legten sie so aus, daß sie »Wortführer« waren, solange ihnen das nicht ausdrücklich verwehrt wurde. Das aber tat die schweigende Mehrheit auch nicht. Sie wartete in der Regel ab, verharrte in Zuschauermentalität.

---

[27] Michael Th. Greven, Über Institutionalisierung, verbleibende Kontingenz und mögliche Freiheit. In: Gerhard Göhler (Hrsg.), Grundfragen der Theorie politischer Institutionen. Forschungsstand. Probleme. Perspektiven. Opladen 1987, S. 98.

Wer die in der Mitte der sechziger Jahre beginnende »Zeit der Unruhe« betrachtet, muß in der Bundesrepublik wie in allen vergleichbaren Ländern auch auf die Frage eingehen, wer denn eigentlich die Unruhe getragen hat. Im ersten Anlauf findet sich darauf auch leicht eine Antwort. Es war immer nur eine Minderheit, die zunächst auf die Straße gegangen ist und dort rebellisches Verhalten an den Tag legte, was in Paris zu Straßenschlachten und in einigen Universitätsstädten der Bundesrepublik zu heftigen Zusammenstößen zwischen Demonstranten und Polizei führte, Zusammenstöße, die sich freilich nicht mit dem vergleichen lassen, was sich später auf dem Bauplatz des Kernkraftwerkes Brokdorf oder um die Startbahn-West am Frankfurter Flughafen abspielte. Jene Minderheit konzentrierte sich später politisch auf die SPD und die FDP, veränderte in der SPD die Diskussionsstrukturen und erweiterte das Spektrum der Forderungen und Erwartungen, was unvermeidlich zu Konflikten mit der SPD-dominierten Bundesregierung und – abgeschwächt – auch zu Konflikten mit den von der SPD gestellten Landesregierungen führen mußte. In der SPD erreichte das mit dem Streit um den NATO-Doppelbeschluß wohl eine Art Höhepunkt; zumindest konnte niemand den tiefen Zwiespalt zwischen dem im Ausland viel eindeutiger als im Land selbst anerkannten Bundeskanzler Helmut Schmidt und Teilen seiner Partei übersehen. Ob es ein Konflikt zwischen Pragmatikern und (linken) Ideologen oder auch Phantasten war, sei dahingestellt. Es hat jedenfalls dazu geführt, daß die sozialliberale Koalition sich auflöste und die Partei die Regierung übernahm, die 1982 gefestigter erschien und einheitlicher auftrat. Das erweckte den Eindruck, als ob die CDU und die CSU eine »Wende« allein deshalb herbeiführen könnten, weil sie auf die vordringlichen Fragen eindeutige Antworten zu geben wüßten.

Die Träger der Unruhe haben viel bewirkt. Sie haben die Kritik an bestimmten Entwicklungen in der Bundesrepublik auf den Punkt und dafür manche eingängige Formulierungen in Umlauf gebracht; sie haben zu zahlreichen Reformbemühungen den Anstoß gegeben, und sie haben noch der Enttäuschung Ausdruck verliehen, die dem Scheitern oder der Begrenzung mancher Reformen unvermeidlich folgen mußte. Sie haben den Reformjahren ihre Prägung gegeben, sie haben die Regierenden gedrängt und der schweigenden Mehrheit zumindest die Themen aufgezwungen. Niemand wollte Anfang der siebziger Jahre gegen die Bildungsreform sein; jedermann sah ein, daß es so etwas wie eine »Bildungskatastrophe« gebe. Zum Sputnik-Schock kam es nicht nur in den USA; die Klage über die betrübliche Leistungsbilanz der deutschen Forschung, die man an ausbleibenden Nobel-Preisen oder auch an der geringen Zahl internationaler Patente festmachen konnte, blieb fast immer unwidersprochen. Die Meinungsführerschaft einer Minderheit läßt sich also nicht bestreiten. Daß es sich um eine Minderheit handelte, ist aber genauso unbestreitbar.

In den siebziger Jahren wurde man sich dieser merkwürdigen Situation mehr und mehr bewußt. In einer Zeit großer politischer Unruhe und Veränderung mußte auffallen, daß sich zwar der Formenkreis politischer Betätigung erweiterte, die Parteien größeren Zulauf fanden, zugleich außerhalb der Parteien mehr diskutiert, in manchem Kirchenkreis neue Diskussionsforen geschaffen, oft das Vereinsleben politisiert oder die Straße miteinbezogen wurde. Aber die Gruppen, die sich dabei hervortaten, erweiterten sich nicht erkennbar. Studenten und höhere Schüler, seltener schon Lehrlinge, die Jungen jedenfalls, gaben den Ton an, jüngere Intellektuelle traten an ihre Seite, darunter vor allem Pfarrer, Lehrer und ganz vereinzelt auch schon einmal Richter, und auch die Gewerkschaften öffneten sich dem »kritischen Dialog«. Tatsächlich vermehrte sich aber in dieser Zeit die Zahl derer, die sich politisch beteiligten, gar nicht oder jedenfalls nicht nennenswert. Sozialwissenschaftler wandten sich dem Thema zu. Es war methodisch fruchtbar, im Ergebnis erstaunlich, und es verwies zugleich in ganz anderer Weise auf Grundfragen der Demokratie als es die Diskussion über die Demokratisierung tat: Wer nämlich fragte, wie groß die politische Beteiligung sei, mußte auch eine Vorstellung darüber haben, wie hoch sie sein müsse, wieviele aktive Demokraten also die Demokratie brauche. Immerhin gab es hinsichtlich der Weimarer Republik das Schlagwort, sie sei eine Demokratie ohne Demokraten gewesen, was so viel heißt, daß sich gegen die militanten Feinde der Demokratie zu wenige entschieden zur Wehr gesetzt hatten.

Wie stark muß die politische Partizipation sein? Die Frage erlaubt viele Auskünfte, aber keine übereinstimmende Antwort. Eher schon kann man sich wissenschaftlich darüber verständigen, was politische Beteiligung kennzeichnet, so daß diese sich in Grenzen auch messen läßt. Das Ergebnis solcher Versuche fiel methodisch bedingt zwar unterschiedlich aus, war aber dennoch eindeutig: Politische Beteiligung, die über ein gewisses Normalverhalten, zu dem einigermaßen regelmäßige Information oder das Wählen gehören, hinausgeht und die ein Engagement erkennen läßt, ist keinesfalls die Regel, sondern immer die Ausnahme. Eine Minderheit von allenfalls 15 Prozent der über Sechzehnjährigen läßt politisches und soziales Engagement im Rahmen dieser Definition erkennen[1]. Aus dieser Minderheit rekrutieren sich die aktiven Kerne aller Parteien ebenso wie die aktiven Natur- und Umweltschützer oder die engagierten Gewerkschafter, die sozial Tätigen, die Funktionäre in den Sportvereinen usw. Eine relativ kleine Gruppe von Engagierten auf der einen Seite, eine große Gruppe von politisch Apathischen, die wohl etwa die Hälfte der Erwachsenen umfaßt, auf der anderen, und dazwischen die Gruppe der interessierten Beobachter, die auch zur Wahl gehen, sich gelegentlich beteiligen, deren Engagement jedoch stets begrenzt bleibt, weil Berufliches oder Privates eindeutig dominieren: So ungefähr stellt sich das Bild dar, an dem sich nicht zuletzt die Strategie der Parteien orientieren muß. Gute Ergebnisse wird nur erzielen, wer mit Engagierten operiert, Zugang zu den Interessierten findet und die Apathischen gewinnt. Dabei muß er voraussetzen, daß in den Gruppen unterschiedliche Themen Vorrang haben, und er kann nach den Erfahrungen seit 1950 vermuten, daß für die große Mehrheit die jeweilige wirtschaftliche Lage und die wirtschaftspolitische Kompetenz meist im Vordergrund stehen.

Um 1968 ereignete sich in der Bundesrepublik auch ganz unabhängig von der Politik ein grundlegender gesellschaftlicher Wandel. Ein solcher Wandel kündigt sich nicht in spektakulären Ereignissen an und findet auch nicht so statt, daß man einzelne Stationen beschreiben kann. Immerhin wurden in den siebziger Jahren mehr und mehr der demographische Wandel mit seinen mannigfachen Folgen, der Wandel in der sozialen Schichtung und seine Ursachen im Wirtschaftsgefüge und – dies zumindest andeutungsweise – der Wertewandel erkennbar. Er-

[1] Vgl. Max Kaase, Partizipatorische Revolution. In: Joachim Raschke, Bürger und Parteien. Ansichten und Analysen einer schwierigen Beziehung. Opladen 1982; Heinz U. Kohr u. a., Soziales und politisches Engagement in der Bevölkerung. In: Politische Vierteljahresschrift (1981), S. 210; Thomas Ellwein und Joachim Jens Hesse, Das Regierungssystem der Bundesrepublik Deutschland. 6. Aufl. Opladen 1987, S. 130 ff.

kennbar wurde auch, wenngleich es dabei deutlich Verzögerungen gab und wohl geben mußte, welche Folgerungen sich daraus für die Politik ergaben. Die drei Tendenzen des sozialen Wandels setzten sich etwas von dem vereinfachten Schema der Nachkriegsgesellschaft ab, das bevorzugt das Bevölkerungswachstum, den Wiederaufbau, die Bedürfniserweiterung und in Ansätzen die gesellschaftliche Entwicklung zur Arbeitnehmergesellschaft hin in den Mittelpunkt rückte.

Demographischer Wandel, Gleichberechtigung, Rentenproblem

Der demographische Wandel ergibt sich, abgesehen von Elementen in der Bevölkerungsentwicklung, die mit dem Auffüllen der kriegsbedingten Lücken und Ungleichmäßigkeiten in der Geburtenhäufigkeit zu tun haben, vorwiegend aus dem Nebeneinander von zwei ganz verschiedenen Entwicklungen. Die eine führt zu einem relativen Rückgang der Geburtenhäufigkeit. Die andere ergibt sich aus der verlängerten Lebenserwartung. Die eine wird zu einer Bevölkerungsverminderung führen, was viele Menschen und auch viele Politiker sehr beunruhigt. Die andere bewirkt, daß die Generation der Erwerbstätigen zwar auf der Kinderseite etwas entlastet ist, dafür aber für eine immer größer werdende Gruppe von älteren Menschen sorgen muß, die ganz überwiegend auf die gesellschaftlich gewährleistete Alterssicherung angewiesen ist und innerhalb derer die Teilgruppe der bedingt oder unbedingt Pflegebedürftigen ständig größer wird.

Der Rückgang der Geburtenhäufigkeit zeichnet sich seit Mitte der sechziger Jahre ab, wurde zunächst als »Pillenknick« auf neue Formen der Verhütung zurückgeführt, dann eher in Zusammenhang mit den Veränderungen in der Frauenrolle diskutiert und schließlich zunehmend dem Wertewandel zugerechnet. Das statistische Bild ist eindeutig. Von 1970 bis 1984 ging die Geburtenquote (Lebendgeborene je 1000 Einwohner) in der Bundesrepublik von 13,4 auf 9,5 zurück. Dieser Entwicklungstatbestand ist mit anderen eng verknüpft: Die wachsende Zahl der Ehescheidungen ist dafür ebenso verantwortlich wie die größere Bereitschaft (als früher), dauerhafte Partnerschaften einzugehen, ohne zu heiraten. Diese Bereitschaft korrespondiert wiederum damit, daß die Gesellschaft ein solches Verhalten früher geächtet hat, während sie es heute weitgehend toleriert. Der Rückgang der Geburtenhäufigkeit hängt aber natürlich auch mit der Zunahme qualifizierter Frauenarbeit zusammen, auf die die Frauen nicht verzichten wollen, die sich aber in Zusammenhang mit der Geburt und der Zeit der Früherziehung nur schwer unterbrechen läßt oder in die der Einstieg erst nach längerer, also Lebenszeit verbrauchender Vorbereitung möglich wird. Die Gesellschaft der siebziger Jahre hat diese Entwicklungen hingenommen, ohne sich entsprechend grundlegend zu verändern. Nur im öffentlichen Dienst findet sich eine zureichende Absicherung für Frauen, die ihrem Beruf nachgehen und zugleich Kinder bekommen und aufziehen wollen, obwohl es auch hier noch viele Schwierigkeiten gibt und interessante Lernprozesse durchlaufen werden mußten. Immerhin kam es noch in den siebziger Jahren zu erbitterten Diskussionen über die Teilzeitarbeit im öffentlichen Dienst, weil sie den Grundsätzen des Berufsbeamtentums und der Vorstellung von einer völligen Hingabe an den Beruf zu widersprechen schien. Das aber waren bereits Nachhutgefechte.

Um 1968 war die Gleichberechtigung der Frau noch kein hervorstechendes Thema. Das Problem wurde aber gesehen, in allgemein emanzipatorische Zusammenhänge gestellt, dem Gesetzgeber als Unterlassung angekreidet und nicht zuletzt in der Wirtschaft verortet. In ihr konnte man und kann man unschwer nachweisen, daß Frauenarbeit geringer entlohnt wird als Männerarbeit und Frauenkarrieren seltener sind als die von Männern. Die Gesellschaft verändert sich aber dennoch unmerklich. Wer Frauen benachteiligt, hat zumindest ein schlechtes Gewissen, und er handelt zunehmend auch töricht. Wie immer man über die Bildungsreform der sechziger und siebziger Jahre denkt: Sie hat bewirkt, daß die Chancen der Mädchen vergrößert worden sind, daß es mehr Frauen mit Mittlerer Reife, Abitur und Hochschulabschlüssen gibt, daß immer mehr Frauen in Auswahlsituationen mit Männern erfolgreich konkurrieren und sich gelegentlich schon strukturelle Veränderungen ahnen lassen. Sie sind im Blick auf die Justiz schon diskutiert und werden zumindest hinter der vorgehaltenen Hand z.B. in der Finanzverwaltung offen erörtert, aus deren Fachhochschulen immer häufiger mehr qualifizierte weibliche Absolventen in den Finanzdienst eintreten und dort ihren Anteil an Führungsaufgaben beanspruchen.

Niemand wird einen einfachen Kausalzusammenhang zwischen der Bildungsreform, die die Chancen der Mädchen vergrößerte, oder dem gesellschaftlichen Wandel, zu dem ganz selbstverständlich gehört, daß immer mehr Frauen eigenständig arbeiten wollen, und dem Rückgang der Geburtenquote herstellen. Aber genauso wird niemand solche Zusammenhänge leugnen wollen. Sieht man in jenem Rückgang eine Gefährdung – eine Gesellschaft also, die sich nicht mehr selbst reproduziert –, wird man deshalb von einem gewissen Versagen der Gesellschaft und der Politik sprechen, denen es nicht gelungen ist, die Berufs- und die Mutterrolle der Frau stärker miteinander zu versöhnen. Bevölkerungspolitisch war die DDR hier erfolgreicher. Ihre Geburtenquote ging zunächst ebenso drastisch zurück wie die der Bundesrepublik[2]. Mit Hilfe bevölkerungspolitischer Maßnahmen wurde dann aber in der DDR bereits 1978 wieder die Quote von 1970 erreicht. Diese Maßnahmen setzten vielfach bei einfachen Verbesserungen der Wohn- und Lebensbedingungen an und gipfelten in der Freistellung während des »Babyjahres«, das sich in einem staatlich gelenkten Wirtschaftssystem leichter durchsetzen ließ als hierzulande. Deshalb wurde derlei zwar immer wieder auch in der Bundesrepublik diskutiert, letztlich fürchtete man sich jedoch, mit staatlichen Mitteln in die Freiheit des Individuums einzugreifen. Ob das auch ein zureichender Grund ist, keine Kindertagesstätten einzurichten, erscheint zweifelhaft. Planer richten sich jedenfalls auf den Bevölkerungsrückgang ein. Ihn kann man sich bildhaft vorstellen, wenn man an die größeren Städte denkt. Dortmund etwa hatte Mitte der sechziger Jahre über 630 000 Einwohner, Mitte der achtziger Jahre etwa 570 000 und rechnet für die Zeit um das Jahr 2000 mit knapp 510 000. Die weitreichenden Konsequenzen für das Leben in der Stadt, aber auch für Stadtpolitik und -verwaltung liegen auf der Hand[3].

Weitreichende Konsequenzen hat auch die verlängerte Lebenserwartung. Sie erhöhte kriegsbedingt bisher nur allmählich den Anteil der »dritten Generation« (Frauen über 60, Männer über 65), der 1970 16,7 und 1983 17,9 Prozent betrug, dessen

[2] 1970: 13,4 BRD; 13,9 DDR – 1973: 10,3 BRD; 10,6 DDR.
[3] Alle Zahlenangaben nach dem jährlich erscheinenden Statistischen Jahrbuch der Bundesrepublik Deutschland und: Bundesministerium für innerdeutsche Beziehungen (Hrsg.), Materialien zum Bericht zur Lage der Nation im geteilten Deutschland. Bonn 1987 (s. a. die früheren Ausgaben); Ralf Rytlewski und Manfred Opp de Hipt, Die Bundesrepublik Deutschland in Zahlen. 1945/1949–1980. Ein sozialgeschichtliches Arbeitsbuch. München 1987; dies., Die Deutsche Demokratische Republik in Zahlen. 1945–1980. München 1987. Zur weiteren Entwicklung: Der Ministerpräsident des Landes Nordrhein-Westfalen (Hrsg.), Bevölkerungsentwicklung und Regierungshandeln in Nordrhein-Westfalen. Düsseldorf 1987 (Staatskanzlei).

weiteres Ansteigen aber absehbar ist. Bundespolitisch hat das eine Diskussion über die Notwendigkeit der Rentenreform zur Folge, die 1976 vehement einsetzte, damals zu Fehlberechnungen, zur Rücknahme von Versprechungen vor der Wahl, zum Rücktritt des Bundesarbeitsministers Walter Arendt führte, das Ansehen Helmut Schmidts schwer schädigte und seitdem immer wieder Unruhe hervorruft. Alle Bundesregierungen stehen damit unter dem Zwang, behaupten zu müssen, die Renten seien gesichert. Das sind sie aber nur nach Maßgabe steigender Beitragsleistungen der Arbeitnehmer und -geber und ebenso steigender Bundeszuschüsse.

Die Rentenproblematik wurde in den siebziger Jahren allmählich erkennbar. Zwei Entwicklungen trafen damals zusammen. Die Rentenversicherung war ursprünglich eine Mischung des Versicherungs- und des Solidarprinzips. Sie wurde 1957 festgeschrieben und auf den damals viel beschworenen »Generationenvertrag« gestützt. Dieser Vertrag mußte, um zu funktionieren, drei Generationen umfassen, die mittlere Generation mußte die Renten der älteren Generation gewährleisten und zugleich durch die eigenen Kinder (und die mit ihnen verbundenen Kosten) dafür Sorge tragen, daß später wieder eine zureichend große mittlere Generation bereitsteht, welche die benötigten Renten finanziert und für den Nachwuchs sorgt. Mit dem Rückgang der Geburtenhäufigkeit bekam dieses Vertragswerk Risse. Ein Teil der mittleren Generation entlastete sich praktisch bei der Sorge für den Nachwuchs. Die Belastungsquote (Nichterwerbsfähige im Verhältnis zu den Erwerbsfähigen) ging zurück. Damit konnten die Renten zwar erwirtschaftet werden, das System geriet dennoch in Gefahr, weil sich ausrechnen ließ, daß die Belastungen der mittleren Generation durch das Anwachsen der älteren Generation immer größer werden müssen, während gleichzeitig das Schrumpfen der dritten Generation es immer unwahrscheinlicher werden läßt, daß die Renten der jetzigen mittleren Generation gesichert sind. Das Rentenproblem steht deshalb in unmittelbarem Zusammenhang mit dem Geburtenrückgang.

Das Rentenproblem steht aber auch in unmittelbarem Zusammenhang mit der Wirtschaftsentwicklung. Als es in den siebziger Jahren plötzlich zu einer größeren Arbeitslosigkeit kam, verminderten sich zunächst die Einnahmen der Rentenversicherung. Sie wurde bald aber noch weiter belastet, als Wirtschafts- und Arbeitspolitik mit dem vorzeitigen Ruhestand und dem nunmehr sich ausbildenden Typus des Frührentners den Arbeitsmarkt entlasten, ihm einen Teil des Überangebotes entziehen wollten. Das war in zahlreichen Einzelfällen auch richtig und wirksam, bewirkte aber eine Lastenumverteilung von der Arbeitslosenversicherung und der Sozialhilfe auf die Rentenversicherung, die nur mit Hilfe immer höherer Bundeszuschüsse zu bewältigen war. Dabei tauchte ein Problem am Horizont auf, das zum Ende der achtziger Jahre kaum mehr lösbar erscheint: Der Bundesgesetzgeber ist für die drei fundamentalen Bereiche des sozialen Sicherungssystems zunächst legislatorisch zuständig, für die Sozialversicherung, für die Arbeitslosenversicherung und für die nur im Notfall zum Zuge kommende Sozialhilfe. Die gesetzliche Krankenversicherung gehört ebenfalls in diesen Zusammenhang und ist vor allem ein Problem der Allgemeinen Ortskrankenkassen, die für die nicht anderweitig krankenversicherten Rentner zuständig sind.

Der Bund muß darüber hinaus für die Defizite in der von ihm beaufsichtigten Rentenversicherung und Arbeitslosenversicherung aufkommen, teils aus gesetzlicher Verpflichtung, teils auch aus politischer Notwendigkeit. Er entscheidet dagegen zwar über die Höhe der Sozialhilfe (Bundessozialhilfegesetz), die aber ausschließlich von den Gemeinden bezahlt wird. Dieses System setzt voraus, daß es zur Sozialhilfe nur im Notfall kommt. In den siebziger Jahren verminderte sich diese Voraussetzung jedoch zusehends: Immer mehr längerfristige Arbeitslose wurden Sozialhilfeempfänger, und immer mehr Kleinrentner gerieten mit ihren Renten unter den Satz der Sozialhilfe. Zugleich mußte sich die Zahl der Kleinrentner erhöhen, weil sich eben nur eine geringere Rente ergibt, wenn die anrechnungsfähige Arbeitszeit durch längere (beitragsfreie) Zeiten von Arbeitslosigkeit unterbrochen wird. Das ist seit einiger Zeit immer häufiger der Fall; ältere Arbeitslose haben nicht nur größere Mühe, wieder einen Arbeitsplatz zu finden, sie müssen auch mit den Rückwirkungen auf ihre Rente leben.

Die staatlich und gesellschaftlich gesicherte Rente ist demnach das Kernstück der sozialen Sicherung. Die große Mehrheit der Bevölkerung ist von ihm ganz unmittelbar abhängig. Es wird aber auch der Teil der Bevölkerung größer, der ganz oder ergänzend auf die Sozialhilfe angewiesen ist. Dahinter verbergen sich unzählige individuelle Tragödien, gleichzeitig auch Schwächen im System der sozialen Sicherung. Dazu gehören außerdem administrative Schwächen. Sie beginnen mit dem Nebeneinander der verschiedenen Rentenversicherungen, weil tendenziell die Versicherung der Arbeiter angesichts des zahlenmäßigen Rückgangs von Arbeitern noch ungünstiger dasteht als die Versicherung der Angestellten. Konkret heißt das, daß die Allgemeinen Ortskrankenkassen im Vergleich zur Bundesversicherungsanstalt immer stärker belastet werden. In diesem Nebeneinander der drei Sicherungssysteme kann sich der Bund in seinen Zahlungen an die Bundesanstalt für Arbeit und die Bundesversicherungsanstalt entlasten, wenn er nichts gegen die Verschiebung der Arbeitslosen auf die Sozialhilfe und nichts gegen die wachsende Zahl der Rentner mit zu kleinen Renten tut, die dann ebenfalls von der Sozialhilfe betreut werden müssen.

Die Gemeinden sind auch unter einem anderen Aspekt vom Anwachsen der dritten Generation unmittelbar betroffen. Gibt es mehr ältere Menschen, wächst der Bedarf an Betreuung und Pflege ganz unabhängig von der finanziellen Absicherung. Diesen Bedarf hat früher die Familie befriedigt, für Ausnahmefälle gab es die Armenhäuser, Spitäler und später die zumeist kirchlichen Altersheime. In der Bundesrepublik sperrte man sich lange gegen das Thema. Altenheime waren eher verpönt, die Primärzuständigkeit der Familie galt zunächst als selbstverständlich, Altenpflegeheime wurden deshalb nicht errichtet. Zu Beginn der sechziger Jahre kam es zu einer bedenklichen Belegung von (teueren) Krankenbetten mit langfristigen Pflegefällen. Zugleich nahmen die Spannungen zwischen den Generationen zu. Auch wenn sich das schwer nachweisen läßt, konnte man doch zunehmend von wachsenden Ansprüchen auf beiden Seiten ausgehen: Die mittlere Generation wollte sich in ihrer individuellen Lebensgestaltung immer weniger beeinträchtigen lassen; in der älteren Generation wuchsen gleichzeitig die Anforderungen an individuelle Lebensqualität. Betreuung und Pflege in der Familie stießen damit auf Schwierigkeiten, die oft schon räumlich bedingt waren. In relativ kleinen Wohnungen sind die Reibungen im Zusammenleben von Kleinfamilien mit mehreren Generationen unvermeidlich.

In den siebziger Jahren – auch hierin eine Zeit grundlegender, wenngleich im Detail unmerklicher Wandlungen – bildeten sich damit neue Problemverhältnisse aus. Es entstand die »Sandwich-Generation«, die gleichzeitig von der jüngeren wie von der älteren Generation beansprucht wurde. Diese Ansprüche wuchsen. Hinsichtlich der jüngeren Generation ging es um im Vergleich zu früher erheblich verlängerte Ausbildungszeiten in

Verbindung mit größerem Lebensstandard und als selbstverständlich beanspruchter individueller Freiheit. Hinsichtlich der älteren Generation ging es um das Maß der Betreuung, die nicht mehr nebenbei in der größeren Familie geleistet werden konnte und immer häufiger auch nicht mehr vom Äquivalent der Großelternrollen begleitet war, dem das Signum der »Jugendkultur« ebenso entgegenstand wie die zunehmenden Freizeitmöglichkeiten auch und gerade der Älteren. Unter Umständen kamen dann noch die Pflegeanforderungen hinzu, weil im Zweifel doch die eigene Familie als primäre Sicherungsressource gilt, über die man gegebenenfalls sogar verfügen kann, ohne sie vorher gepflegt zu haben. Dem entspricht das einschlägige Recht. Bevor die Sozialhilfe in Anspruch genommen werden kann, kommt die Unterhaltspflicht der vorausgehenden oder der nachwachsenden Generation zum Zuge. Die Sorge für Kinder kann unter Umständen sehr lange dauern. Demgegenüber erschienen mehr und mehr die Kinderlosen als begünstigt, weil sie als Doppelverdiener über mehr Geld verfügten, sich ihre Zeit besser einteilen konnten und sich nicht den Kopf über ihre Kinder zerbrechen mußten. Der Verzicht auf engere Bindungen ging immer häufiger mit Scheu vor unübersehbarer Verantwortung einher. Die Gesellschaft veränderte sich, ohne gleichzeitig neue Rollenmuster, Aufgabenteilungen und Sicherungen zur Verfügung zu stellen. Darauf wiesen Kirchen, Wohlfahrtsverbände oder Wissenschaft zwar hin, das Echo war aber längere Zeit nicht groß. Die unvermeidbaren Angebotslücken mußten die Gemeinden schließen. Ihr Bedarf an Personal in der Jugend- wie in der Sozialarbeit wurde immer größer und stieg in den siebziger Jahren geradezu sprunghaft an. In den Städten wurde experimentiert: es entstanden Begegnungsstätten für ältere Menschen, neue Formen der sozialen Hilfe entwickelten sich (z. B. Essen auf Rädern), zwischen Behörden und Vereinigungen wie Privaten kam es zur Zusammenarbeit. Die größeren Gemeinden haben manches vom dem ausgeglichen, was die Gesellschaft an neuen Übereinkünften nicht hervorzubringen imstande war und wo sich die Gesellschaftspolitik als unsicher, ja als defizient erwies. Daß von der Politik des Bundes so viel und den stillen Leistungen der Städte hierzulande so wenig die Rede ist, gehört zu den Merkwürdigkeiten der Zeit[4].

[4] Vgl. u. a. Joachim Jens Hesse (Hrsg.), Zur Situation der kommunalen Selbstverwaltung heute. Stadtpolitik und kommunale Selbstverwaltung im Umbruch. Baden-Baden 1987.

Wurden in den siebziger Jahren die durch die demographische Entwicklung verursachten gesellschaftlichen Problemfelder und Angebotslücken auf der Seite der öffentlichen Hand deutlich, was mit Rentenangst und Befürchtungen in Zusammenhang mit dem Bevölkerungsrückgang auch dazu führte, daß Heiner Geißler als erster die »neue Armut« thematisierte[5], so wurden die Veränderungen in der Wirtschafts- und Erwerbsstruktur noch viel deutlicher. Im Bundestagswahlkampf 1976 diskutierte man in der SPD eifrig, warum man in bestimmten Gruppen angestammte Wähler nicht mehr beeindruckte, und vollzog nach, daß sie gesellschaftlich zu den Aufsteigern gehörten und überhaupt eine neue Mittelschicht entstünde. Zu ihr zählten angeblich nahezu ausschließlich unselbständige Arbeitnehmer, allerdings solche, die um ihre Leistungsfähigkeit und Unentbehrlichkeit im Betrieb wissen, weshalb sie auch weniger auf die Solidarität der anderen Arbeitnehmer angewiesen sind, als das früher für den klassischen Facharbeiter galt. Dieser war immer einer von vielen, also austauschbar. Der Computerfachmann, als ein neuer Typus, kann von sich aus den Arbeitsplatz leicht wechseln, ist aber umgekehrt nur schwer ersetzbar. Sein Selbstverständnis ist damit anders, sein Selbstbewußtsein größer.

Zwei Entwicklungen beschleunigten sich damit in den siebziger Jahren. Nach 1950 sprach man ganz allgemein davon, daß es zu einer Schwerpunktverlagerung von den Selbständigen zu den abhängig Erwerbstätigen und zu einer drastischen Verlagerung von der Primärproduktion (Landwirtschaft, Bergbau) zum produzierenden Gewerbe und von diesem allmählich zum Dienstleistungsbereich käme. Tendenziell traf das zu, erhielt jedoch sein spezifisches Gepräge durch die Veränderung der Arbeitsplätze. Dabei vermehrte sich die Zahl der qualifizierten, während der Bedarf an gering ausgebildeten Arbeitskräften entsprechend sank. Die vermehrte Qualifikation wurde immer seltener in der unmittelbaren Produktion benötigt und immer häufiger in der Planung, im Marketing, in Forschung und Entwicklung, Einkauf, Vertrieb, Werbung, Verwaltung, kurz: in Bürotätigkeiten mit eigenen Kommunikationsbedingungen und einer sich rasant entwickelnden eigenen Technologie der Bürokommunikation. Schon die erste Computergeneration und die

[5] Heiner Geißler, Die Neue soziale Frage. Analysen und Dokumente. Freiburg 1976.

Großrechner, die man in den sechziger Jahren anzuschaffen begann, hatten viel verändert. In den siebziger Jahren begann die »Revolution im Büro«, führte zur Höherqualifizierung vieler Arbeitsplätze, aber auch zur Dequalifizierung anderer, zur Einsparung bei klassischen Hilfstätigkeiten in der Registratur, dem Schreibdienst oder den inhaltlichen Recherchen und bewirkte zahlreiche strukturelle Veränderungen. Sie machte auch vor der öffentlichen Verwaltung nicht halt. Wird die Veranlagung zur Einkommensteuer vom veranlagenden Beamten datenverarbeitungsgerecht vorbereitet und der Bescheid dann im Rechner errechnet und ausgestellt, entfällt die Unterzeichnung durch den Vorgesetzten. Der Veranlager wird selbständiger.

Die vielfach erfolgte Höherqualifizierung hat auch damit zu tun, daß die heute oft gescholtene Bildungsreform der sechziger und siebziger Jahre gesellschaftlich betrachtet doch sehr stark wirksam geworden war und die Gesellschaft verändert hatte[6]. Diese Reform vollzog sich von oben nach unten. Es kam erst zum Ausbau der Universitäten und Hochschulen, dann zum Ausbau der höheren Schulen und der Realschulen und schließlich zu den – besonders umstrittenen – Veränderungen im Bereich der Volks- und Hauptschule. Hier erwies sich die Schnittstelle am Übergang von der Grundschule zu den weiterführenden Schulen als herausragendes Problem, sobald der Übergang nach Eignung und nicht mehr (nur) nach dem Willen der Eltern erfolgen sollte. Um dieses Problem zu vermindern, wurden Schulformen in Anlehnung an ausländische Vorbilder konstruiert, in denen der Übergang über längere Fristen gesteuert werden und auch noch zu einem späteren Zeitpunkt erfolgen kann. Hierher gehören die Förderstufe, die Gesamtschule und in gewissem Umfang auch die Kollegstufe an den höheren Schulen, die den Übergang zur Universität und die Wahl eines Studienganges erleichtern sollte.

Das alles war innerschulisch wie gesellschaftlich höchst umstritten: Innerschulisch, weil es die Eigenständigkeit der jeweiligen Schulart bedrohte, indem sie diese in den Dienst der weiterführenden Stufe stellte; gesellschaftlich, weil es mit Zwangsmaßnahmen verbunden schien und gleichzeitig mit der Änderung der Schulform Änderungen der Curricula und der Lehr-

[6] Überblick, Daten und Literatur in: Max-Planck-Institut für Bildungsforschung (Hrsg.), Das Bildungswesen in der Bundesrepublik Deutschland. Ein Überblick für Eltern, Lehrer und Schüler. Reinbek 1979; Bildung in der Bundesrepublik Deutschland. Daten und Analysen, 2 Bde. Stuttgart und Reinbek 1980.

methoden einhergehen sollten. Vieles davon war schon deshalb übertrieben einheitlich, weil die gesetzlich geordnete öffentliche Schule das Experiment und Unterschiede nur begrenzt zuläßt. So fanden sich bald die Kritiker von allen Seiten zusammen. Fühlte man hier die Privilegien der höheren Schule bedroht, sah man sich dort dem Anspruch der Hessischen Rahmenrichtlinien ausgesetzt, die häufig rein politisch gedeutet wurden. Als helfender Elternteil verzweifelte man an der Mengenlehre oder der Ganzheitsmethode und empfand bei all dem zugleich den Druck einer Leistungsgesellschaft, welche die gesellschaftliche mit der Schulkarriere beginnen läßt. Das reichte dann bis zum akademischen Abschlußexamen und der peinigenden Vorstellung sehr vieler Studierender, die Abschlußnote sei für den Erfolg bei der Bewerbung ausschlaggebend oder doch besonders wichtig. Die Karrierevorstellungen haben aber die Bildungsreform entscheidend getragen. Die Hoffnung auf eine Bildungsgesellschaft, in der Bildung einen wirklichen Wert darstellt, blieb immer utopisch, zumal der heutigen Gesellschaft die Fähigkeit verloren gegangen ist, Bildung auch inhaltlich und damit schulisch vermittelbar zu bestimmen. Utopisch blieb auch die Hoffnung auf eine Schule, welche zuerst die Selbstverwirklichung des Schülers ermöglicht.

Viel konkreter waren die Ansprüche, die man sich mit den Abschlußzeugnissen erwerben konnte. Die Bildungsreform ist denn auch nachhaltig ins Gerede gekommen, als diese Ansprüche nicht mehr einlösbar waren, als die ersten Absolventen von Lehrerstudiengängen keinen Platz mehr in der Schule fanden, von den arbeitslosen Juristen die Rede war, die Ärzteverbände aus oft recht durchsichtigen Gründen eine bevorstehende Ärzteschwemme beschworen und später pauschal die Akademikerarbeitslosigkeit beklagt wurde. Dieser Klage ließ sich leicht die Kritik an einem nunmehr reformierten Bildungssystem hinzufügen, das über den gesellschaftlichen Bedarf hinaus Qualifikationen produziert und viele seiner Absolventen enttäuscht ins Leben entläßt oder zu einem Verhalten zwingt, das wiederum Strukturen des Bildungssystems gefährdet: Abiturienten, die nicht studieren, verdrängen oft Realschüler und diese ihrerseits Hauptschüler; Hochschulabsolventen treten mangels anderer Möglichkeiten in den gehobenen Dienst oder entsprechende Funktionen ein und verdrängen dort diejenigen, welche die eigentlich dafür vorgesehene Ausbildung haben. Das Überangebot führt zur »Verdrängung nach unten«. Dabei bleiben bei der

Stellensuche die untersten auf der Strecke. Über ein unausgewogenes Bildungssystem entsteht eine neue Form der Klassengesellschaft. So ungefähr zeichneten sich die Schreckensvorstellungen schon in den siebziger Jahren ab und ließen sich leicht auf das hin erweitern, was nach der Stellensuche erfolgt. Wer überqualifiziert ist, fühlt sich leicht unterfordert. Statt Berufsfreude kommt es zum Frust. Die am geringsten Ausgebildeten aber waren und sind besonders von der Arbeitslosigkeit bedroht. Diese »strukturelle Arbeitslosigkeit« verweist auf ein quantitatives Überangebot an Arbeitssuchenden, auf ein Entstehen von neuen Arbeitsplätzen, das mengenmäßig deutlich unter dem Produktivitätszuwachs liegt, weil eben qualifiziertere (und damit entsprechend teurere) Arbeitsplätze geschaffen werden, und auf eine große Gruppe unter den Arbeitslosen, deren Qualifikationsmangel sie relativ chancenlos macht und die nicht lernfähig genug ist, um vom Umschulungsangebot Gebrauch zu machen. Derart läßt sich im nachhinein die Bildungsreform auch sehr gut rechtfertigen.

Gleichzeitig war nämlich auch die andere Erfahrung zu machen. Allen Warnungen zum Trotz stellten Wirtschaft und öffentliche Hand immer mehr qualifizierte Ausgebildete ein. Ein Beispiel: In der Dortmunder Stadtverwaltung waren 1957 1337 Beamte tätig, 1987 2103. 1957 gehörten davon 1027 dem einfachen und dem mittleren Dienst an, also gut drei Viertel. 1987 zählten zu den entsprechenden Dienstgruppen noch 657, also etwas weniger als ein Drittel aller Beamten. Diese Verlagerung von den unteren und mittleren Positionen läßt sich im öffentlichen Bereich in nahezu allen Sparten feststellen[7]. Die frühere Besoldungspyramide ist abgelöst; der höhere und der gehobene Dienst macht meist mehr als die Hälfte des gesamten Personals aus. In der Privatwirtschaft fehlen entsprechend griffige Kategorien. Immerhin gibt es auch hier sehr viel mehr Mitarbeiter mit Hochschulabschluß als je zuvor. Die Bildungsreform hat das Angebot an Qualifikationen erweitert. Das war sicher so zunächst nicht nachgefragt, wurde aber in einem immer größeren Maße abgenommen. Das wiederum konnte nicht ohne Auswirkungen auf die verschiedenen Arbeitgeber bleiben. Der Qualifikationsschub wirkte sich auf Produktivität und Kreativi-

[7] Die allgemeine Entwicklung ist in den Statistischen Jahrbüchern dokumentiert; zur Entwicklung in Dortmund vgl. mein Gutachten über die Effizienz und Wirtschaftlichkeit der Aufgabenwahrnehmung bei der Stadt Dortmund. Dortmund 1989, S. 58.

tät aus. Auch das wird gerne bezweifelt. Man kann es aber an der Entwicklung des Sozialproduktes ebenso ablesen wie an den Veränderungen in der Steuerstatistik.

In den siebziger Jahren erweiterte sich der »neue Mittelstand« zunehmend. Verzichtet man auf eine Analyse dieses Sachverhaltes mit Hilfe soziologischer Kategorien, kann man sich auf die Ergebnisse der Steuerstatistik stützen. Sie unterscheidet seit geraumer Zeit (seit Ende der sechziger Jahre) zwischen den nicht veranlagten Lohnsteuerpflichtigen ohne oder mit maschinellem Lohnsteuerjahresausgleich und den veranlagten Lohnsteuerpflichtigen sowie den (reinen) Einkommensteuerpflichtigen. Die ersten beiden Gruppen umfaßten 1983 rund 9,7 Millionen Steuerpflichtige, veranlagte Lohnsteuerpflichtige gab es 10,56, Einkommensteuerpflichtige 1,56 Millionen. Die ersten beiden Gruppen brachten etwas über 23 Milliarden DM Lohnsteuer auf. Die veranlagten Lohnsteuerpflichtigen kamen auf 110,4 Milliarden DM Lohn- und Einkommensteuer, während die reinen Einkommensteuerzahler knapp 21 Milliarden DM beglichen. Erfaßt sind damit etwa 21,8 Millionen Lohn- und Einkommensteuerpflichtige. Knapp die Hälfte von ihnen brachte 1983 über 110 Milliarden DM von insgesamt 155,6 Milliarden DM an Steuern auf. Das hat natürlich etwas mit der Steuerprogression zu tun. Es verweist aber auch auf entsprechende Einkünfte: 6,7 Millionen Steuerpflichtige lagen 1983 bei Einkünften zwischen 30 000 und 50 000 Mark, 3,3 Millionen hatten 50 000 bis 75 000 Mark[8]. Umgekehrt wird so auch Armut sichtbar, teils bei denen, die keine direkten Steuern bezahlen, teils bei denen, die kaum das verdienen, was als Existenzminimum gelten muß.

Einkünfte sind relativ und relativierbar. In den siebziger Jahren, so läßt sich dennoch sagen, verfestigte sich aber ein Zustand, in dem diejenigen, die Arbeit haben, an der Wirtschaftsentwicklung und ihrem Ertrag vielleicht nicht gerecht, jedenfalls aber beteiligt sind. Sie leben auskömmlich und können sich etwas leisten. Die bundesdeutsche Urlaubsstatistik ist in dieser Hinsicht ungemein aussagekräftig. Politik aber muß sich an diesen Mittelstand deshalb halten, weil er innerhalb der Wählerschaft die größte definierbare Gruppe darstellt und auch und

---

[8] Die Zusammenfassung der Steuerstatistik findet sich jeweils im Statistischen Jahrbuch; über die Auswertung der alle drei Jahre durchgeführten grundlegenden Ermittlung berichten die entsprechenden Bände der Reihe Finanzen und Steuern des Statistischen Bundesamtes.

gerade in seiner wirtschaftlichen Lage definierbar ist. Diese erscheint gut, aber verletzlich. Das Verlangen nach wirtschaftlicher Stabilität nahm in den siebziger Jahren schneller zu als das Verlangen nach grundlegenden Veränderungen.

Wenn man einen derart eindeutigen Zusammenhang zwischen der Bildungsreform und der Wirtschafts- wie auch der Einkommensentwicklung annimmt, wird man die heftigen bildungspolitischen Auseinandersetzungen der siebziger Jahre heute wohl in einem anderen Licht sehen müssen. Die Bildungsreform erfolgte organisatorisch, indem sie die Gewichte zwischen den Schularten verschob, neue Schulformen schuf, die innere Struktur der Universitäten veränderte, die Fachhochschulen aufwertete und vieles andere mehr. Sie erfolgte inhaltlich, weil methodisch und didaktisch um Neues gerungen, das Bildungsgut kritisch durchleuchtet und der entsprechende gesellschaftliche Bedarf hinterfragt wurde. Sie nahm zudem gesellschaftliche Veränderungen voraus, während sie an anderer Stelle nachhinkte. Die Träume von einem Akademikerprivileg waren noch wach, als dafür quantitativ alle Voraussetzungen entfallen waren; der im Prestigedenken verhaftete Stellungskrieg zwischen Universitäten und Fachhochschulen wurde noch ausgetragen, als die Abnehmer der jeweiligen Absolventen schon längst neue Gepflogenheiten ausgebildet hatten. Umgekehrt wurde um den Einzug des Personalcomputers in die Schule noch gestritten, als es ihn schon längst in vielen Kinderzimmern gab. Den Streit um die Gesamtschule, der in den siebziger Jahren ausgefochten wurde und der bis heute fast unvermindert anhält, wird man späteren Generationen kaum verständlich machen können, gleichgültig ob es um die oft utopischen Behauptungen der Befürworter oder um die vielfach nur ständisch begründeten Argumente der Gegner geht.

Auch die strukturellen Veränderungen an der Universität wurden nur sehr zögernd wahrgenommen. Die Entwicklung von der Gelehrtenrepublik mit einem bestimmten Gleichheitsideal zur Großorganisation mit sehr verschlungenen hierarchischen Konstruktionen und immer zahlreicheren Abhängigkeitsverhältnissen mußte Konsequenzen für die Verfassung der Universitäten haben. Als sie der Gesetzgeber in den siebziger Jahren zog, konnte er es dabei wieder einmal niemandem recht machen. Die Konstruktion der Gruppenuniversität stieß eher auf Ablehnung. Inzwischen ist wohl eine gewisse Gewöhnung eingetreten, auch wenn noch immer Widerstandspotential erkennbar ist.

Rückwirkungen auf die Verbände

Der Beitrag der Bildungsreform zu den Veränderungen in Gesellschaft und Wirtschaft ist enorm, wenn ihn auch niemand exakt bestimmen kann. Das geht schon deshalb nicht, weil sich die Auswirkungen nicht genau nachvollziehen lassen, weder in ihrem zeitlichen noch in ihrem inhaltlichen Verlauf. Deshalb sind auch die Rückwirkungen auf andere Bereiche nur annäherungsweise auszumachen. Sie erscheinen im Bereich der Berufsverbände und der Tarifpartner besonders bedeutsam. In den ersten zwanzig Jahren der Bundesrepublik diskutierte man lebhaft, wie schnell und relativ einfach sich das Verbändesystem wieder etabliert und welchen Einfluß es erlangt hatte. Man erkannte auch, daß es zwar eine Aufgabenunterscheidung zwischen Verbänden und Parteien gibt, sie sich aber allenfalls idealtypisch kennzeichnen läßt. Mehr als die Parteien galten aber schon den frühen Analysen die Verbände dem Status quo verhaftet. Aus ihm beziehen sie ihre Kraft und oft sogar ihre Legitimation. Veränderungen lassen sich deshalb nur gegen den oft erbitterten Widerstand von Verbänden erreichen, soweit sich mit ihnen nicht ganz konkrete Interessen verbinden.

Die eher prinzipielle Kritik an den Verbänden und ihrem Einfluß nahm in den sechziger Jahren noch zu. Zu einem Teil artikulierte sie Bundeskanzler Erhard mit seinem Konzept der »formierten Gesellschaft«[9]. In der Großen Koalition änderte sich hier Grundlegendes: Die von Bundeswirtschaftsminister Schiller inaugurierte »Konzertierte Aktion« brachte vor allem Arbeitgeberverbände und Gewerkschaften an einen Tisch, an dem man häufig klärte, was beide Seiten akzeptieren konnten. So wurden einerseits die Tarifpartner, die häufig weit über den engeren Bereich hinauswirkende Entscheidungen treffen, in den Prozeß der politischen Willensbildung eingebunden. Andererseits erhielten sie in diesem Prozeß einen sicheren, frühzeitig wirksamen Einfluß. Die Wissenschaft wandte sich dem mit der neokorporatistischen Theorie zu[10].

[9] Vgl. Klaus Hildebrand, Von Erhard zur Großen Koalition. 1963–1969 (= Geschichte der Bundesrepublik Deutschland, Band 5). Stuttgart 1984, S. 162ff.
[10] Vgl. Ulrich von Alemann und Rolf G. Heinze (Hrsg.), Verbände und Staat.

Praktischer Politik ging es um die Möglichkeiten, mit Verbänden zusammenzuarbeiten oder sich frühzeitig ihrer Mitwirkung zu versichern. Die Verträge zur Förderung der deutschen Steinkohle durch Abnahmegarantien der Stromwirtschaft wurden zwischen den beiderseitigen Verbänden ausgehandelt; unmittelbar nach dem Ölschock wurde die Erdölbevorratung mit dem Verband der Mineralölwirtschaft vereinbart und dann gesetzlich abgesichert; die vielen Entscheidungen der EG im Agrarsektor wurden mit dem Bauernverband vorbesprochen und immer wieder sozial abgefedert; die Finanzierungskrise im Gesundheitssektor verlangte Verhandlungen mit den Ärzteverbänden, den Verbänden der Arzneimittelindustrie, den Apothekerverbänden, den Krankenkassen und den Verbänden der Krankenhausträger. Solche Verhandlungen bürgerten sich ein. Die »Konzertierte Aktion« erwies sich dafür als ungemein stimulierend, auch nachdem sie selbst 1977 durch den Auszug der Gewerkschaften lahmgelegt worden war. Mit dem Auszug protestierten die Gewerkschaften dagegen, daß die Arbeitgeberverbände wegen des neuen Mitbestimmungsgesetzes, das den Gewerkschaften nicht weit genug ging, vor das Bundesverfassungsgericht zogen, um dort übrigens später eine Niederlage zu erleiden.

Die Verbände wurden so in der Politik immer mehr auch Partner. Ihre Rolle beschränkte sich nicht nur auf das Erheben von Forderungen und den Einsatz des entsprechenden Drohpotentials, zu dem die Beeinflussung der Wähler, die Verfügbarkeit der innerverbandlichen Öffentlichkeit für die Parteien oder die finanzielle Unterstützung gehören. In den siebziger Jahren erwiesen sich so die Verbände im Vergleich zu früheren Zeiten als eher noch einflußreicher, selbst wenn sie immer häufiger auch an Befriedungsaktionen wie etwa dem Abbau eines Teiles der saarländischen Stahlindustrie teilnehmen mußten.

Gleichzeitig deutete sich aber in Anfängen ein neuer Abschwung an. Das wurde zuerst bei den Gewerkschaften sichtbar und lag unter anderem daran, daß für die neue Mittelschicht der gewerkschaftliche Solidarverband weniger notwendig und attraktiv war als früher für den qualifizierten Facharbeiter. Auch schien man sich im neuen Mittelstand an traditionellen Umgangsformen und an der eher linken Färbung der Gewerkschaf-

Vom Pluralismus zum Korporatismus. Analysen, Positionen, Dokumente. Opladen 1979.

ten zu reiben. Immerhin waren 1978 noch 69,3 Prozent der Mitglieder der DGB-Gewerkschaften Arbeiter, während in den Betrieben die Angestellten schon deutlich gleichzogen. Seit 1988 gibt es in der Bundesrepublik mehr Angestellte als Arbeiter. Auch den Frauen öffneten sich die Gewerkschaften vielfach nur schwer, was zum Teil mit ihrem Facharbeiter-Habitus und auch mit männerbündischen Gepflogenheiten der Funktionäre zu tun hatte. Dennoch hielt der Aufschwung lange an. 1960 meldete der DGB insgesamt 6,37 Millionen Mitglieder, von denen ein knappes Sechstel Frauen waren – die meisten Arbeiterinnen – und gut fünf Sechstel Arbeiter. 1980 waren es dann 7,75 Millionen Mitglieder, wobei sich der Anteil der Arbeiter auf knapp 70 Prozent verringert und der der Frauen geringfügig erhöht hatte (19 Prozent). Mit 7,8 Millionen wurde wenig später der Mitgliederhöchststand erreicht. Danach gehen die Zahlen leicht zurück, was sich nicht mit einer rückläufigen Zahl der Erwerbstätigen, eher mit dem geringeren Arbeiteranteil und dem größeren Frauenanteil unter ihnen erklären läßt. Tatsächlich werden Dinosaurier-Effekte sichtbar: Der überaus große DGB und seine teilweise sehr großen Einzelgewerkschaften lassen wachsende Schwierigkeiten erkennen, sich an neue Entwicklungen anzupassen. Damit teilen sie das Schicksal vieler Großorganisationen, die von vielen Mitgliedern immer häufiger vorwiegend nach ihrem Dienstleistungswert beurteilt werden. Dieser nimmt für viele der sogenannten Aufsteiger bei den Gewerkschaften ab, obwohl auch dort in den letzten 20 Jahren zunehmend junge Führungskräfte mit qualifizierter Ausbildung und entsprechendem Auftreten nachgewachsen sind.

Stark sind die Gewerkschaften als Tarifpartner. Hier sind sie Institution und nahezu unentbehrlich. Das gilt auch für die ihnen gegenüberstehenden Arbeitgeberverbände. Bei diesen werden vergleichbare Abschwungtendenzen sichtbar. Es ist auch für Unternehmer keinesfalls selbstverständlich, einem Arbeitgeberverband anzugehören. »Trittbrettfahrer«, Nichtmitglieder also, denen die Verhandlungsergebnisse zugute kommen, gibt es auch hier, und die Zahl der Betriebe mit der schriftlichen oder mündlichen Vereinbarung zwischen Belegschaft und Inhaber, sich an die Tarifvereinbarungen zu halten, ohne als Mitglied auf sie Einfluß zu nehmen, ist nicht gering. Man spart gern die Mitgliedsbeiträge ein, und man tut es offenkundig seit Ende der siebziger Jahre immer häufiger. Einen gewissen Abschwung erlebt wohl auch der Bauernverband. In ihm wer-

den die Interessenunterschiede zwischen den Groß- und Klein-
landwirten immer deutlicher, und die berufliche Spezifikation
nimmt auch hier zu. Die Ökobauern etwa bilden zunehmend
eine noch nicht organisierte Gruppe, die sich untereinander
mehr zu sagen hat als innerhalb der offiziellen Standesorganisa-
tion. Man wird hier von einer allgemeinen Tendenz sprechen
dürfen. Auch in den Ärzteverbänden und den kassenärztlichen
Vereinigungen gibt es Schwächeanzeichen in den früher ungemein gefestigten, ja institutionalisierten Organisationen. Abgesehen vom Unmut über oft jahrelange Verkrustungen wird dahinter sehr oft das Phänomen sichtbar, daß die ursprüngliche
Homogenität sich abgeschwächt hat und der Anteil der gemeinsamen Interessen an den Interessen überhaupt geringer wird,
also sich auch schwerer vertreten läßt. Die Berufswelt ist seit
geraumer Zeit differenzierter geworden. Das bleibt nicht ohne
Auswirkung auf die Berufsorganisationen.

»Wertewandel«

Die angesprochene Differenzierung der Berufswelt und damit
der Interessen hat es erkennbar auch mit den gesellschaftlichen
Entwicklungen zu tun, die man gemeinhin unter dem Begriff
»Wertewandel« zusammenfaßt[11]. Sie führen zu neuen Formen
der individuellen Lebensgestaltung und Geselligkeit und bleiben nicht ohne Rückwirkungen auf die Arbeitswelt und die
Politik. Der Wertewandel wird international seit Ende der fünfziger Jahre diskutiert. In der Bundesrepublik wurde man seiner
gewahr, als meist sehr kleine Teilgruppen der rebellierenden
Jugend in oft provozierender Weise Front gegen die herkömmlichen Moralvorstellungen und Konventionen machten. So
spielten etwa die »Kommunen« eine große Rolle, weil sie die
Phantasie vor allem ihrer Gegner anregten. In den siebziger
Jahren gewann dann einiges von dem Neuen festere Gestalt und
bürgerte sich ein. 1976 erschien die im Auftrag der »Kommission für wirtschaftlichen und sozialen Wandel« erarbeitete Studie von Peter Kmieciak, im empirischen Teil eine Sekundäranalyse von Umfragedaten, in der neun Schwerpunktbereiche des
(konkret nachvollziehbaren) Wertewandels vorgestellt wurden:

---

[11] Vgl. Robert Inglehardt, Die stille Revolution. Vom Wandel der Werte.
Königstein/Ts. 1979; Lucian Kern (Hrsg.), Probleme der postindustriellen Gesellschaft. Königstein/Ts. 1984, hier v. a. die Beiträge von Daniel Bell.

Das neue Interesse für gesundheitliche Fragen; das größere Gewicht von individueller Bildung; Veränderungen im Arbeitsleben angesichts der zunehmend nachgefragten persönlichkeitsrelevanten Aspekte des Arbeitens; die zunehmende Bedeutung von Freizeit; die Priorität von Sicherheit bei zunehmendem Lebensstandard; das Interesse für Umweltfragen und die Angst vor der Umweltzerstörung; der Bedarf an äußerer Sicherheit angesichts zunehmender Kriminalität; Wertewandel als Veränderung der sozialen Beziehungsstruktur, der Familienführung, des Sexualverhaltens, der Geselligkeit; Wertewandel in der Politik z.B. in Zusammenhang mit politischer Beteiligung oder im Blick auf die Rolle der Frau[12].

Generell bewirkt der Wertewandel die Schwächung überkommener Lebensformen und Bindungen durch Veränderung dieser Lebensformen oder das Entstehen von neuen Formen und Bindungen. Dabei wirkt insgesamt die stärkere Individualisierung verändernd, weil sie den einzelnen teils stärker isoliert, teils stärker auf engere Gruppen verweist, mit denen neue Bindungen entstehen. Negative Auswirkungen sind etwa Sektenbildung, Alkoholismus oder Drogenmißbrauch. Positiv gewendet, wertet die Individualisierung Geselligkeit im kleinen Kreis und das überschaubare Vereinsleben auf, was gleichzeitig die Bindungen an die funktionalen Organisationen wie Parteien oder Berufsverbände und Gewerkschaften schwächt und natürlich auch die zu den Kirchen. Sie erscheinen trotz ihrer örtlichen und vielfach vereinsähnlichen Tätigkeit vor allem als Großorganisationen, in denen individuelle Entfaltung nur schwer gelingt. Die Entkirchlichung ist eine der Folgen. In den siebziger Jahren ging der unmittelbare Einfluß der Kirchen auf die Politik erkennbar zurück. Zwanzig Jahre früher war er noch unübersehbar und bestimmte beispielsweise weithin die Schulpolitik. Gleichzeitig nahm die innerkirchliche Beteiligung ab, was (abgesehen von den finanziellen Aspekten) die Kirchen mehr trifft als die steigende Zahl der Kirchenaustritte[13]. Umge-

---

[12] Peter Kmieciak, Wertstrukturen und Wertwandel in der Bundesrepublik Deutschland. Grundlagen einer interdisziplinären empirischen Wertforschung mit einer Sekundäranalyse von Umfragedaten. Göttingen 1976. Vgl. auch Herbert Stachowiak (Hrsg.), Bedürfnisse, Werte und Normen im Wandel. 2 Bde. Paderborn 1982.
[13] Deren Umfang machte erst die Volkszählung von 1987 wirklich sichtbar. Ihrzufolge waren z.B. in Hamburg 1970 noch etwa 70 Prozent der Einwohner evangelisch (8 Prozent katholisch). 1987 war der Anteil der Katholiken unverändert, der der Evangelischen betrug jedoch nur mehr rund 50 Prozent. Insgesamt

kehrt stellte man in den siebziger Jahren fest, daß der Typus Sportverein ständig Zulauf fand, wofür seine Geselligkeitsfunktion neben der Dienstleistung ausschlaggebend war[14]. Der Deutsche Sportbund als Dachverband zählt im Grunde seit etwa 1980 die meisten aktiven Mitglieder und rangiert damit vor den beiden großen Kirchen mit ihren zahlreichen Nominalmitgliedern.

Freizeit, Geselligkeit, neue Formen der sozialen Bindungen: Der Wertewandel bewirkt unmittelbar, daß die große Mobilität der fünfziger und sechziger Jahre zunehmend durch einen gewissen Immobilismus abgelöst wird. Seit geraumer Zeit verzichtet man immer häufiger auf Beförderungen, wenn mit ihnen ein Ortswechsel verbunden ist. Der Verlust des engeren sozialen Netzes gilt als zu groß; ist er nicht vermeidbar, hält man die Kontakte oft über große Distanzen aufrecht. Vielfach ist Mobilität auch gar nicht mehr möglich, weil beide Partner einen Ortswechsel vornehmen müßten. Der mit einer Lehrerin verheiratete Landgerichtsrat ist sehr oft zum Karriereverzicht bereit und ein Ärgernis für die Personalplanung des Justizministeriums. Bei den Offizieren werden ähnliche Erscheinungen sichtbar; das traditionelle Personalkonzept der Bundeswehr gerät in Gefahr. Die Professoren gelten häufig als besonders immobil. In peripheren Regionen finden Betriebe keinen Betriebswirt, obgleich es ein Überangebot auf dem Arbeitsmarkt geben soll. Kurz: Mobilität galt noch in den sechziger Jahren als Merkmal einer modernen Gesellschaft. In den siebziger Jahren mußte man darauf bereits vielfach verzichten. Dabei wurde das individuelle Bedürfnis nach sozialer Einbindung verstärkt durch das allgemeinere Phänomen eines neuen Regionalismus, eines wachsenden Heimatgefühls, einer Betonung des angestammten Dialekts. Damit verbindet sich zwar gewiß Modisches, also Vorübergehendes, wie etwa besondere Formen der Hinwendung zum ländlichen Leben, aber auch viel Neues, wie etwa die Ausbildung eines Bewußtseins für das eigene Viertel in größeren Städten, die Geselligkeit in den kleinen Wirtschaften an der Ecke, die Aufwertung des Freizeitangebots der engeren

---

ergab sich, daß in der Bundesrepublik durch die Kirchenaustritte und die Zuwanderung von Katholiken das Verhältnis zwischen den beiden großen Konfessionen verschoben worden ist. Inzwischen bilden die Katholiken die größere Gruppe.

[14] Vgl. Karl Schlagenhauf, Sportvereine in der Bundesrepublik Deutschland. 2 Teile, Schorndorf 1977.

Region und anderes mehr. Besonders überraschend waren dabei wohl die ersten Bündnisse zwischen Alternativen jeder Art mit Bodenständigen, oft merkwürdige Mischungen von Heimat, deren Bindungen und konservative Haltung man noch vor kurzem radikal abgelehnt hätte, und Fortschritt im Sinne sozialer Veränderung.

Das Spektrum des Wertewandels ist damit nicht ausgeleuchtet. Zu ihm gehören Eigentümlichkeiten einer neuen Jugendkultur, die man in den siebziger Jahren ausmachen wollte, gehören Erscheinungen unbedingter Friedfertigkeit sowie des wachsenden Randalismus oder Vandalismus, was beides auf Schwächung herkömmlicher Autoritäten verweist. Auch dazu gehört der Umgang mit den neuen Medien, wie er sich in den sechziger und siebziger Jahren einbürgerte und in den achtziger Jahren angesichts des Massenangebots und der Verbreitung von Videogeräten und -filmen noch einmal drastisch veränderte. Daran wird zugleich sichtbar, daß Wertewandel auf kein theoretisches Konzept verweist, mit dessen Hilfe eine exakte Analyse möglich wäre. Es gelingt nur eine erste Beschreibung von Veränderungen, die vor allem in den siebziger Jahren manifest geworden sind. Als aussagekräftiges Beispiel kann das Verhalten der Gesellschaft gegenüber den Wohngemeinschaften gelten, das anfänglich von diffamierender Ablehnung gekennzeichnet war, die einer zunehmenden Tolerierung wich, bis dann die »WG« zum Alltag gehörte. Ähnliches hat sich in vielen Bereichen ereignet. Vielfach fehlt uns nur die Distanz, um es wahrnehmen zu können.

Der Mangel an Distanz kennzeichnet natürlich auch unser Verhältnis zur unmittelbaren Gegenwart und Zukunft. Tendenziell lassen sich auch schon wieder neue Entwicklungen erkennen. In der nachwachsenden Generation scheint die Mobilitätsbereitschaft wieder zuzunehmen. Bei der Geburtenhäufigkeit gibt es deutliche Uneinheitlichkeiten. Die stärkere Zuwanderung von Aussiedlern deutscher Abstammung wirkt sich aus. Der Teil der Gastarbeiterfamilien, der voll integriert ist, wird größer. Solche Integrationsprozesse vollziehen sich aber nirgendwo einseitig; die Neuankömmlinge bringen auch etwas mit. Der Wandel hält an. Der modernen Gesellschaft ist ein gewisses Maß an Unberechenbarkeit eigen.

5. Stabilität und Primat der Wirtschaftspolitik

Als die Bundesrepublik 1969 ihr zwanzigjähriges Bestehen feierte[1], ließen sich zwei Phasen ihrer Entwicklung deutlich unterscheiden: Die von Adenauer und Erhard dominierte Phase des Wiederaufbaus, in der in nahezu jeder Hinsicht die unmittelbare Auseinandersetzung mit der Not des Krieges und des Kriegsendes Vorrang hatte, woran sich dann später der Stolz auf das Erreichte knüpfte. Erhard war damals Symbol für Leistung, Adenauer repräsentierte die Bundesrepublik selbstbewußt und wies damit vieles von dem ab, was an Anklagen im In- und Ausland gegen die Deutschen erhoben wurde. Die zweite Phase beginnt mit dem »Ende der Ära Adenauer«. Das Thema Wiederaufbau trat etwas in den Hintergrund, nach vorn drängte, was bisher beiseitegeschoben oder vergessen war und was der Erneuerung bedurfte. In den sechziger Jahren gewöhnte man sich an, der Adenauer-Ära vorwiegend restaurative Tendenzen anzulasten. Daß keine Erneuerung des Bildungssystems, kein Konzept einer übergreifenden Raumordnung, keine stärkere Orientierung an gesellschaftlicher Gleichheit, aber auch keine über die Westbindung hinausreichende Nutzung des internationalen Handlungsspielraums versucht worden war, geriet nun zur Behauptung und zum Vorwurf. Veränderung erschien geboten. Was Erneuerung zu sein schien, war positiv besetzt.

Bis zum Beginn der sechziger Jahre wurde die Bundesrepublik ob ihrer innenpolitischen Stabilität gerühmt. Sah man von der Verdrängung der unmittelbaren politischen Vergangenheit ab, dann erblickte man sich ausbildende politische Strukturen, die denen der westlichen Industriegesellschaften entsprachen und wenig oder nichts mehr mit den Verhältnissen der Weimarer Republik zu tun hatten. »Bonn ist nicht Weimar«, lautete der einschlägige Slogan[2]. Ein Zweieinhalbparteiensystem war an die Stelle der vielen Parteien der Weimarer Zeit getreten. Die Bundesorgane waren rasch zu Institutionen geworden: Bundestag und Bundesrat, der Kanzler allemal, aber auch das Bundes-

[1] Vgl. die »Bilanzen« von Helmut Hammerschmidt (Hrsg.), Zwanzig Jahre danach. Eine deutsche Bilanz 1945–1965. München 1965; Karl D. Bracher (Hrsg.), Nach 25 Jahren. Eine Deutschland-Bilanz. München 1970; Richard Loewenthal und Hans P. Schwarz (Hrsg.), Die zweite Republik. 25 Jahre Bundesrepublik Deutschland. Stuttgart 1974.

[2] Vgl. als Zeitzeugnisse Alfred Rapp, Bonn auf der Waage. Ist unser Staat wetterfest? Stuttgart 1959; Hermann Eich, Die unheimlichen Deutschen. Düsseldorf 1963.

verfassungsgericht und in Grenzen auch der Bundespräsident, dessen Amt allerdings sehr abhängig von der Persönlichkeit seines Inhabers ist. Der erste Amtsträger hatte wenig zur Ausbildung des Amtscharakters beigesteuert und sich mehr auf das verlassen, was er persönlich bieten konnte. Auch das föderalistische Nebeneinander von Bund und Ländern funktionierte einigermaßen reibungslos, zumal auf beiden Seiten die Bereitschaft überwog, dem großen Konflikt auszuweichen. Die etablierten Verbände – groß, finanziell gut ausgestattet, von radikaler Konkurrenz frei – stärkten das politische System eher, als daß sie es unter Druck setzten. Politik wurde zum System. Relativ leicht ließen sich die Grenzen ziehen zwischen denen, die dazugehörten, und den anderen. Politischer Radikalismus hatte keine Chance. Man konnte ihn ausgrenzen. Im Notfall stand die Waffe des Parteiverbots bereit, und im Bundesverfassungsgericht hatte man ein Organ, welches mit einem Gerichtsurteil die Verfassungswidrigkeit der Sozialistischen Reichspartei und später der Kommunistischen Partei feststellen konnte.

Im Vergleich zu solch weithin bewunderter Stabilität wollte man in den sechziger Jahren mehr und mehr Zeichen von Instabilität ausmachen. Die Reaktionen auf den – in früherer wie in späterer Sicht – relativ geringen wirtschaftlichen Einbruch im Jahre 1966 wirkten auf manche Beobachter fast hysterisch. Die Plötzlichkeit, mit der man Versäumnisse in der Bildungspolitik feststellte und ausgleichen wollte, war erstaunlich, so wie auch die Bildungswerbung oft erstaunlich war. Die Bereitschaft, über Möglichkeiten einer offensiven Deutschland- und Ostpolitik nachzudenken, war unerwartet groß. Die Diskussion der »Spiegel-Affäre« war nicht nur erregt, sie verdeutlichte auch, wie viel Unzufriedenheit sich angesichts von Erstarrungserscheinungen in der Innenpolitik angehäuft hatte. Als die Studentenunruhen ausbrachen, stießen sie wegen ihrer Form vielfach auf Unverständnis. Was sie als Kritik zum Ausdruck brachten, wurde viel eher akzeptiert. Das beweisen schon die mannigfachen innerparteilichen und innerverbandlichen Reaktionen in den späten sechziger Jahren oder auch die Redaktionsstatute, welche die innere Pressefreiheit schützen und Mitwirkung der Redakteure gewährleisten sollten. »Ist Bonn doch Weimar?«, wurde nun eher ängstlich gefragt[3]. Dabei ging es im Kern darum, ob im

[3] Als sehr unterschiedliche Beispiele seien genannt Johannes Gross, Die Deutschen. Frankfurt 1967; Kurt Sontheimer, Die verunsicherte Republik. Die Bun-

politischen System genügend »normale« Verfahren vorhanden sind, in denen man neue Themen einbringen, auf sich verändernde Beteiligungsansprüche reagieren und Systemziele erweitern und korrigieren kann.

In historischer Perspektive erwies sich das politische System in jener Zeit als erstaunlich gefestigt und anpassungsfähig zugleich. Der Wechsel zur Großen Koalition vermehrte zwar die Zahl der Kritiker, mit ihm verband sich aber ein Modernisierungsschub, der auf einen erstaunlichen Konsens innerhalb des politischen Systems und zugleich auf eine große Bereitschaft hinwies, das Verbändesystem in anderer Weise, als man es bisher erörtert hatte, einzubeziehen und mit den großen Verbänden zu kooperieren. Auch der Wechsel zur sozialliberalen Koalition vollzog sich ohne nennenswerte institutionelle Reibungen. Daß es später zu einem Machtgewinn des Bundesrates kam und zu einer partiellen Regierungsfeindschaft des Bundesverfassungsgerichtes, ändert an dieser Behauptung nichts. Den Parteien gelang es in jener Zeit, dem größten Teil der unruhigen jungen Aktivbürger ein politisches Betätigungsfeld zu geben, und der Regierung gelang es, ab 1974 mit einem viel größeren Einbruch in die Wirtschaftsentwicklung als 1966 fertig zu werden. Dabei gab es eine Grenze des Erfolgs, als die Arbeitslosigkeit nicht zu beseitigen war, man aber doch unisono davon ausging, daß dies zu den Pflichten einer Regierung gehöre. Seit jener Zeit wurde der Zwiespalt zwischen dem Vordringlichen und dem Notwendigen deutlich. Das Vordringliche ergab sich aus der jeweiligen wirtschaftlichen Situation, über das Notwendige mußte man streiten. Im Streit mußte es um Prinzipien und Präferenzen, immer aber um eine nur theoretisch zu bestimmende Zukunft gehen. Das Vordringliche war dagegen greifbar. Stellt sich die Alternative, ob man auf neue Arbeitsplätze zugunsten von Überlegungen, die dem Erhalt der Umwelt gelten, verzichten soll, fällt die Entscheidung (noch) eindeutig zugunsten der Arbeitsplatzbeschaffung aus.

Regieren heißt also seit Mitte der siebziger Jahre eindeutiger als früher, dem Vordringlichen sein Recht zu geben, das Notwendige zu definieren und auf die damit vorgegebenen Ziele hin zu handeln. Im ersten Fall gilt es, rasch und wirksam zu reagieren, im zweiten gilt es, politische Führung in dem Sinne zu

desrepublik nach 30 Jahren. München 1979; Hartmut von Hentig, Die entmutigte Republik. Politische Aufsätze. München 1980.

übernehmen, daß auf offene Fragen Antworten gegeben werden, im dritten, sich trotz des Vordringlichen Handlungsspielraum zu bewahren oder zu beschaffen, um dem als notwendig Erkannten auch die Wege zu ebnen. Dem entsprechen drei Ebenen der politischen Auseinandersetzung, wobei notwendigerweise auf der zweiten Ebene die Auseinandersetzung innerhalb der einzelnen politischen Lager heftiger sein kann als zwischen den Ebenen selbst.

Maximen und Ende der Ära Schmidt

Helmut Schmidt hat hier eindeutig Stellung bezogen. Mit seiner Kanzlerschaft beginnt auch eine dritte Phase in der Geschichte der Bundesrepublik. Sie brachte der von ihm geführten Koalition von SPD und FDP – weniger als unter Brandt eine sozialliberale Koalition – 1976 und 1980 noch einmal eine Mehrheit, den Kanzler selbst aber in einen eigentümlichen Zwiespalt mit seiner eigenen Partei. Dieser kam sogleich bei der Regierungsübernahme durch Schmidt 1974 zum Ausdruck. In der ersten Fraktionssitzung nach seiner Wahl distanzierte er sich voller Wut, wie berichtet wird, von den Genossen, welche dafür gesorgt hätten, daß der SPD Millionen Wähler wegliefen, und die 1972 jedes Augenmaß verloren hätten. Er müsse nun Hoffnungen und Erwartungen enttäuschen, bitte dafür aber nicht um Entschuldigung, bitte vielmehr »herzlich, mit sich selbst zu ringen in den nächsten Tagen – und so viele Tage habt Ihr gar nicht Zeit zu ringen – und die Einsicht in die Notwendigkeit, auf dem Boden einer Zwischenbilanz etwas anderes neu anzufangen als es vor zehn Tagen aufgehört hat«[4]. Das war eine klare Absage an Teile der bisherigen Reformpolitik, zugleich eine kaum verhüllte Kritik am bisherigen Bundeskanzler Willy Brandt und außerdem noch eine Kampfansage an diejenigen Kräfte in der SPD, die das politische Tagesgeschäft mißachteten – dies die Sichtweise Schmidts und seiner Anhänger – und damit sowohl die SPD als auch die Zukunft gefährdeten. In der ersten Regierungserklärung Schmidts war deshalb auch von den Grenzen der Verteilungsgerechtigkeit, von der Notwendigkeit von Un-

---

[4] Vgl. Wolfgang Jäger und Werner Link, Republik im Wandel S. 12 ff. mit anschaulicher Schilderung der Details und dem Hinweis, daß mit Schmidt statt »Reform« nun »Stabilität« zum politischen Kernbegriff wurde; die Zitate in Helmut Schmidt, Kontinuität und Konzentration. Bonn 2. Aufl. 1976, S. 31 ff.

ternehmenserträgen und von Einsparungen in den öffentlichen Haushalten die Rede: »In einer Zeit weltweit wachsender Probleme konzentrieren wir uns in Realismus und Nüchternheit auf das Wesentliche, auf das, was jetzt notwendig ist, und lassen anderes beiseite.« An die Stelle einer Regierung der Reformen, die Willy Brandt führen wollte, trat damit eine Regierung, die Stabilität in den Vordergrund rückte. Bewahren und Sichern rangierte vor Verändern. Die Kritiker rieben sich daran. Sie meinten und meinen bis heute, daß nur der bewahren kann, der zugleich verändert.

In den siebziger Jahren wurde so der fundamentale Widerspruch erkennbar, den Politik heute auszuhalten und auszugleichen hat und dem auch widersprüchliche Interessen in der Gesellschaft entsprechen. Die Stabilität der Bundesrepublik beruht in besonderer Weise auf dem jeweiligen Zustand der Wirtschaft. Der Wirtschaftsförderung kommt in den Gemeinden ein Primat zu; die Länder konkurrieren mit ihren Entwicklungsdaten; die Bundespolitik wird von den Konsequenzen des jeweiligen Tuns für die Wirtschaft dominiert. Wirtschaftspolitik im engeren Sinne muß deshalb auf wirtschaftliches Wachstum zielen, weil an ihm der Stand der Dinge gemessen wird. Die Existenz der Republik, das unter ihren Bewohnern weit verbeitete Selbstverständnis und die Möglichkeit, sich mit der deutschen Teilung, dem nationalen Problem also, auseinanderzusetzen, ist nach einem ungeschriebenen Gesetz von wirtschaftlicher Prosperität abhängig. Der Westen konkurriert mit dem Osten um gute Wirtschaftsdaten; West und Ost werden anhand ihres jeweiligen Lebensstandards verglichen; das Nord-Süd-Gefälle in der Welt wird vorwiegend als Wirtschaftsproblem verstanden. Hat man die »richtige« Wirtschaftsweise, ist der Fortschritt von selbst gewährleistet. Seine Voraussetzung ist das wirtschaftliche Wachstum. Ein Widerspruch entsteht, wenn das Wachstum Selbstzweck ist und man es auf Kosten der Umwelt, der nachwachsenden Generationen oder auch der Dritten Welt erkauft.

Die Staatsdiskussion der siebziger Jahre kreiste letztlich um diesen Zusammenhang. Sie wurde zwar anfänglich stark von sozialistischer Kritik geprägt, die ihren Ausgangspunkt in der Annahme fand, der Staat in der kapitalistischen Gesellschaft diene dem Kapital und manipuliere die Mehrheit. Die Umweltproblematik kam aber immer mehr hinzu. Sie läßt sich in der Frage zusammenfassen, welche Verantwortung gegenwärtige Politik für das zukünftige Leben habe und unter welchen Bedingungen sich eine solche Verantwortung wahrnehmen lasse. Damit stand die notwendige Autonomie des politischen Systems zur Debatte, ging es um die Zerstörungs- und die Selbstheilungskräfte des Marktes, stellte man Staats- und Marktversagen gegenüber, setzte man sich mit dem Instrumentarium der Politik und den unvermeidlichen Grenzen einer rationalen Politik auseinander. Charles E. Lindblom fand damals in der Bundesrepublik mit der Theorie Aufmerksamkeit, daß demokratische Politik letztlich zum »Sich-Durchwursteln« verurteilt, das »muddling through« ihr Merkmal sei[5]. Auch diese Diskussion erfaßte wohl nur eine kleine Minderheit, die jedoch stark involviert war. Die apathische Mehrheit und die vielen, die interessiert, nicht aber zum Engagement bereit waren, kamen zum Zuge. Sie mußten ihr Urteil darüber abgeben, welche Art von Politik ihnen mehr zusagte.

Das Urteil fiel eindeutig aus. Politischer Erfolg wird weitgehend von der Wirtschaftslage bestimmt. Helmut Schmidt galt hier lange Zeit als besonders kompetent. Die relative Unsicherheit der Bundesregierung zum Ende der siebziger Jahre, ob man eher auf eine angebots- oder eine nachfrageorientierte Politik setzen solle[6], sowie der Versuch, einen mittleren Weg zu gehen, ließ aber die Regierung allmählich als schwächer erscheinen. Das gab der CDU und der CSU Auftrieb. Sie hatten ohnehin das Image, wirtschaftspolitisch besonders befähigt und anders als die SPD durch Anforderungen aus den eigenen Reihen nicht verunsichert zu sein. CDU/CSU errangen in jener Zeit auch eine größere Kompetenz im Bereich der Sozialpolitik; die »neue soziale Frage« war von der CDU aufgeworfen worden. Die »Wende« von 1982 wurde möglich, weil ein Teil der FDP sowohl unzufrieden mit dem bisherigen Koalitionskurs als auch ängstlich hinsichtlich der eigenen Parteiexistenz war. Zum Wortführer des wirtschaftsliberalen Flügels der FDP wurde Otto Graf Lambsdorff. Sein Memorandum vom 9. September 1982 leitete den Regierungswechsel im eigentlichen Sinne ein. Das Memorandum wurde im Bundeswirtschaftsministerium seit längerem vorbereitet. Es beschrieb einen fundamentalen Kurswechsel – und: es beschrieb ihn in absichtlich verletzenden

[5] Charles E. Lindblom, The Intelligence of Democracy. Decision Making through Mutual Adjustment. New York 1965.
[6] Eine äußerst kritische Bilanz dazu bei Harald Scherf, Enttäuschte Hoffnungen, vergebene Chancen. Die Wirtschaftspolitik der Sozial-Liberalen Koalition 1969–1982. Göttingen 1986.

Worten. Es sollte eine Kampfansage sein und zugleich bündeln, wovon man in Wirtschaftskreisen träumte. Deshalb war viel vom Abbau sozialer Leistungen, vor allem aber von Wirtschaftsfreiheit die Rede. »Keine weitere Verschärfung der Produzentenhaftung; keine weitere Verschärfung der Mitbestimmung; keine weitere Ausdehnung der Bilanzierungsvorschriften; keine Verschärfung des Datenschutzrechtes«, hieß es lapidar. Und unbeirrt von Unsicherheiten der ökonomischen Theorie und Erfahrung wurde festgestellt, nur auf dem geschilderten Wege käme es zu einer Gesundung des wirtschaftlichen Fundaments und zur Beseitigung der Arbeitslosigkeit, deren Bekämpfung die »politische Aufgabe Nr. 1« sei[7].

Die Wende von 1982 war von einigem Beiwerk umgeben, weil Helmut Kohl auch eine neue »geistige Führerschaft« in der Politik proklamierte. Die Mehrheit aber wurde mit wirtschaftspolitischen Themen gewonnen, und wirtschaftspolitische Erfolge sicherten diese Mehrheit erst einmal ab. Wirtschaftliches Wachstum war das Vordringliche, für das Notwendige blieb die »Politik stetiger Reformen« übrig, wie Schmidt das in seiner Regierungserklärung nach der Wahl von 1976 formuliert hatte. Im übrigen galt für die Regierung Kohl nach 1982, was Schmidt schon Anfang 1974 der Hamburger SPD ins Stammbuch schrieb, daß Politik nämlich in jedem Lande zunächst darin bestehe, die »klassischen Staatsfunktionen« für den Bürger befriedigend zu erfüllen: »Und das ist wirtschaftliche und soziale Sicherheit; die ist gar kein sozialdemokratisches Extra. Sondern das verlangen die Bürger, die CDU wählen, von der CDU ganz genauso. Und dazu gehört dann als zweites auch: Innere Sicherheit, innere öffentliche Sicherheit und nicht die Beschimpfung von Polizisten, die für Sicherheit sorgen. Dazu gehört als drittes: Äußere Sicherheit ... Nur wenn sie das Gefühl haben, daß wir die klassischen Funktionen eines modernen Staates richtig erfüllen, dann können wir obendrauf unsere Reformen, unsere Programmatik mit deren Konsensus verwirklichen.«[8]

Die beiden großen Parteien in der Bundesrepublik sind sich meist darin einig gewesen, daß der Staat wirtschaftliche und soziale Sicherheit zu gewährleisten habe. Sie nahmen dementsprechend wirtschaftliche Erfolge für sich in Anspruch und versuchten im Falle von Mißerfolgen, die »Schuld« auf andere ab-

[7] Siehe Dok. 7., S. 176 ff.
[8] Helmut Schmidt, Kontinuität und Konzentration, S. 68 f.

zuwälzen. Die hausgemachten und die importierten Schwierigkeiten spielten demzufolge eine große Rolle. Innere Stabilität
erhielt damit eine recht eindeutige Orientierung. Das entspricht
offenbar den Erwartungen einer großen Mehrheit. Die Bundesregierung, nicht die Wirtschaft, was immer man darunter verstehen mag, muß die Verantwortung für die Arbeitslosigkeit
tragen. Helmut Schmidt wurde so gesehen 1982 zur Verantwortung gezogen, und auch Helmut Kohl geriet nach längerer Re-
gierungszeit in einen Abwägungsprozeß des Wählers, in dem
der Einkommenszuwachs und die niedrige Inflationsrate auf die
eine, die Arbeitslosigkeit auf die andere Waagschale gelegt wurden. Die Arbeitslosigkeit zu überwinden, war Kohl jedoch an-
getreten. Ergebnisse der Wirtschaftspolitik werden zum Beur-
teilungsmaßstab, ohne daß man zu klären versucht, was Politik
kann und wo ihre Grenzen liegen. Politik erweist sich zu dieser
Klärung als unfähig. Kohl hat Schmidt nicht zuletzt mit dem
Argument um die Mehrheit gebracht, Schmidt sei der Arbeitslosigkeit gegenüber erfolglos, ja hilflos. Die SPD verbucht deshalb seit 1983 die unverminderte Arbeitslosigkeit auf dem
Schuldkonto der CDU/CSU und unterstellt Absichten, wo es
im Grunde um Grenzen geht, die aller Politik gezogen sind.

Dennoch und stark vereinfacht: Was für die Wirtschaft gut
ist, muß nicht für das Leben und das Überleben gut sein. Über
»die Grenzen des Wachstums« muß nachgedacht werden[9]. Dies
zu tun, hat Helmut Schmidt stets für sich in Anspruch genommen. Unter der Kennzeichnung als »Macher« oder Krisenma-
nager hat er gelitten. Das hat ihn wohl auch besonders unerbittlich gegenüber denjenigen in seiner Partei gemacht, die wie Erhard Eppler zunächst in anderen als in wirtschaftlichen Kategorien dachten oder die mit unterschiedlichsten Ansätzen Wirt-
schaftsentscheidungen den politischen Wertentscheidungen
nach- und unterordnen und dazu mehr oder weniger große
Eingriffe in den Markt vornehmen wollten. Die Diskussion
darüber, so Schmidt, habe der SPD geschadet, ihr Gespräch mit
der Wirtschaft erschwert, ohne etwas zu bringen, weil in der
Diskussion nur selten zum Ausdruck kam, wie man das denn
praktisch machen solle und könne. Die Gefahren, die von der
Chemischen Industrie ausgehen, zu beschwören und in die Ent-

---

[9] So der Titel des bekannten Buches von Dennis Meadows u. a., Die Grenzen
des Wachstums. Bericht des Club of Rome zur Lage der Menschheit. Stuttgart
1972.

wicklung dieser Industrie so einzugreifen, daß es zu solchen Gefahren nicht mehr kommt, sind zwei sehr verschiedene Dinge. Man kann auch nicht ohne weiteres auf den Markt setzen und damit den dort herrschenden *sacro egoismo* tolerieren, um dann umgekehrt an die Unternehmer zu appellieren, sie möchten auf sichere Gewinnchancen verzichten, wenn das mit Gewinn verkaufte Exportgut den Weltfrieden gefährden könnte. Wer weiß schon, wann das definitiv der Fall ist, und wie leicht läßt sich das Herstellen einer atomaren Waffe hinter der Konstruktion von Kernkraftwerken verbergen, die nur der Stromerzeugung und der Überwindung von Unterentwicklung dienen.

Die Ära Kohl

Als Helmut Kohl 1982 ankündigte, mit seiner neuen Regierung nicht nur die Arbeitslosigkeit beseitigen, sondern und vor allem geistige Führerschaft übernehmen zu wollen, zielte das also auch auf ein offenkundiges Bedürfnis. Man will zwar nicht auf die wirtschaftlichen Errungenschaften verzichten, aber die durch das Wachstum ermöglichten Gefahren auch nicht einfach verdrängen. Das steigert noch einmal die Erwartungen an die politische Führung. Sie soll einen Weg finden, den die Gesellschaft nicht von alleine findet und den in jedem Falle der rein marktwirtschaftliche Prozeß verfehlt. Bislang setzt aber die Politik noch immer vordringlich auf Wachstum. In dieser Hinsicht bildet die Regierung Kohl von 1983, als sie mit einem guten Wahlergebnis erst richtig begann, bis 1987, als sie ein eher schlechtes Wahlergebnis hinnehmen und seitdem die ständige Verschlechterung der CDU-Position in den Ländern erleben muß, geradezu ein Paradigma für deutsche Politik und ihre Kontinuität.

Die Regierung ist und gibt sich unternehmerfreundlich. Für das Wirtschaften bildete sich unter Kohl ein noch günstigeres Klima aus als vorher. Die Unternehmergewinne stiegen. Wachsende Konflikte mit den Gewerkschaften nahm man auf sich. Das konnte man um so leichter, als auch von der Weltwirtschaft zunächst günstige Impulse ausgingen. Vor diesem Hintergrund gelang eine sparsame Haushaltspolitik; die Neuverschuldung des Bundeshaushaltes wurde zunächst drastisch eingeschränkt. Damit konnte man sich werbewirksam von der vorausgehenden Regierung unterscheiden und Sparsamkeit als vorrangiges Ziel verkünden. Daß man die Subventionen nicht beschnitt und sich im Falle des Airbus unter dem Druck von Ministerpräsident Strauß auf zusätzliche Milliardenverluste einließ, war dabei anfänglich nur ein Schönheitsfehler. Die Folgen zeigten sich, als auch diese Regierung – international bedingt – 1986 in gewisse wirtschaftliche Schwierigkeiten geriet, neue Ausgleichszahlungen (z.B. für die Landwirtschaft) vorsehen und wieder mehr Schulden machen mußte. Für die Haushalte 1984 und 1985 konnte sich die Regierung Kohl rühmen, auf geringere Zuwachsraten zurückgegangen zu sein. Ab 1986 wuchs das Volumen des Bundeshaushaltes wieder kontinuierlich, und gleichzeitig wuchs die Neuverschuldung. Im November 1988 verabschiedete man einen Haushalt für 1989, der um 5,4 Prozent umfangreicher war als der von 1988, mit über 290 Milliarden DM abschloß und eine Nettoneuverschuldung von 27,9 Milliarden DM vorsah: Das sind fast zehn Prozent der geplanten Einnahmen. Anders als bei der Verschuldung von 1983 spielten aber Maßnahmen kaum eine Rolle, welche die Konjunktur fördern und Arbeitsplätze schaffen sollten. Mit solchen Maßnahmen hatte die Regierung Schmidt allerdings wenig bewirkt. Deshalb gab es gute Argumente, die aktiven staatlichen Eingriffe in den Wirtschaftsablauf zu vermindern und mehr auf Ordnungspolitik zu setzen.

Die neue Regierung verbuchte bald erkennbar wirtschaftspolitische Erfolge. Nach 1983 entstanden viele neue Arbeitsplätze, die Zahl der Existenzgründungen nahm zu, die der Insolvenzen ab. Industrie und Dienstleistungsgewerbe legten zu, der Aufschwung und das Wachstum zahlten sich aus. Dennoch mußte man die Erfahrung machen, daß sich auch in einer guten Konjunktur das Problem des Überangebots an Arbeitskräften nicht verringerte; die Arbeitslosigkeit blieb anhaltend auf dem Niveau von 1982/83. Das verdeutlichte die Grenzen der Wirtschaftspolitik. Sie wurden aber wieder nicht diskutiert. Es blieb beim hoffnungsvollen Reden, bei der Hoffnung auf weiteres Wachstum. Mit der Tarifsenkung bei der Einkommensteuer wurde ein gewaltiger Konsumstoß ausgelöst und damit die Konjunktur ab 1987 wieder durch eigene starke Kräfte belebt, obgleich es international eher Turbulenzen gab.

Am 19. November 1987 kam es zum »schwarzen Montag« mit den größten Kurseinbrüchen an der Börse, die auch diesmal, wie 1929, von New York ausgingen. Die Bundesrepublik überstand das aber gut; hier glich ein innerer Konjunkturimpuls außenwirtschaftliche Gefährdungen aus. Die Regierung Kohl bilanzierte so – und dies trotz der Arbeitslosigkeit – schon vor der Bundestagswahl 1987 nicht schlecht, was den wirtschaftlichen Status anlangte. Eine Wende war das allerdings nicht. Der anfängliche Rückgang der Neuverschuldung war auch durch Einsparungen ermöglicht, die man im sozialen Bereich vorgenommen hatte. Nach der Wahl von 1987 mußte man wieder zu größerer Neuverschuldung übergehen, daneben weitere Eingriffe in das bisherige soziale Netz vornehmen und hinsichtlich der Arbeitslosigkeit untätig oder hilflos bleiben.

Die Arbeitslosigkeit bleibt also ein politisches Eckdatum. Die Arbeitslosen scheiden als Einzahler in die Rentenversicherung aus. Die Rentenreform von 1988/89 baut deshalb nicht zuletzt auf erhöhte Bundeszuschüsse, die dauerhafte Belastung des Bundeshaushaltes wächst damit noch einmal an. Auch auf diese Weise schwindet der denkbare Handlungsspielraum für den Fall, daß man doch für eine Übergangszeit in den Markt eingreifen und einen Teil der Arbeitslosen dort mit entsprechenden Programmen unterbringen muß. Der Handlungsspielraum wird jedoch insgesamt enger. In den neunziger Jahren z. B. beginnen allmählich diejenigen Beamten in Pension zu gehen, die in den Ländern und Gemeinden vom Ende der fünfziger Jahre an eingestellt worden sind, wobei sich in relativ kurzer Zeit der Umfang des öffentlichen Dienstes verdoppelte. Die zusätzlichen Pensionszahlungen werden unvermeidlich den Staatshaushalt erhöhen.

Hat sich die Bundesrepublik mit der Stabilitätsaufgabe übernommen, hat sich die politische Führung zuviel zugemutet? Wird durch überhöhte Erwartungen, welche immer auch mit Angst gepaart sind, die Stabilität der politischen Institutionen gefährdet? In den achtziger Jahren sind solche Gefährdungen vor allem im Gefüge des westdeutschen Föderalismus festzustellen gewesen. Dieser Föderalismus trocknete unter dem geschilderten Druck des Vordringlichen aus. Den Ländern verblieben wenig gestaltende Möglichkeiten. Das haben zuerst die Landtage empfunden und dagegen aufbegehrt. Die Regierungen waren weniger betroffen, weil sie im Bundesrat wachsende Mitwirkungsmöglichkeiten gewonnen und sich daran gewöhnt hatten, auf die Bundespolitik Einfluß zu nehmen. Das konnte aber nur selten spektakulär geschehen; man konnte so nicht Führung beweisen. Deshalb kam es zu der Versuchung, in anderer Weise mit dem Bund zu konkurrieren, das Regionale und damit die Regionalpolitik aufzuwerten, eigene Vertretungen in Brüssel einzurichten und die unbestrittene Verwaltungsmacht der Länder durch neue Elemente einer politischen Führung zu erweitern. Die Vorreiter dieser Entwicklung waren die süddeutschen Ministerpräsidenten Strauß und Späth; der erstere trat unter anderem mit einem außenpolitischen Sprecher seiner CSU hervor oder ließ eine Art bayerischen Alleingang in der Auseinandersetzung mit dem AIDS-Problem zu; der letztere meldete durch die von ihm berufene »Bulling-Kommission« weithin hörbar seine Ansprüche an[10]. Daß sich solche Ansprüche mit Landesegoismus paaren und die Ausgleichsaufgabe der Bundespolitik erschweren, muß unterstellt werden. Politische Institutionen verhalten sich nicht anders als Verwaltungen. Vermindern sich die bisherigen Aufgaben, wird nicht der eigene Aufwand vermindert, sondern es werden neue Tätigkeitsfelder gesucht. Die Ausgleichs- oder Wohnungsämter vieler Städte bieten dafür gute Beispiele.

Die Suche nach neuen Betätigungsfeldern kann Institutionen schwächen. Erkennbar ist eine Schwächung dort, wo die Bund-Länder-Beziehungen parteipolitisch überlagert werden, wo Verantwortung für das ganze Bundesgebiet durch engere politische Beziehungen zu einzelnen Teilen gesteuert und damit beeinträchtigt wird. Erkennbar ist die Schwächung der Länder auch bei der Denaturierung der Landtags- zu Testwahlen für den Bund oder den Kanzler. Freilich hat das nicht nur mit der Verminderung der Länderkompetenzen zu tun, sondern auch mit dem Erstarken der Parteien. Je stärker diese institutionalisiert sind, desto stärker prägt sich ihr Zentralismus aus. Über das Schicksal des jeweiligen Kanzlers wird deshalb ständig zumindest stückweise entschieden. In den Ländern wurde der Unmut über die SPD-FDP-Koalition in Bonn spürbar und so die Wende ermöglicht. Helmut Kohl schien bald nach 1983 gefährdet, weil die CDU in Landtagswahlen Verluste hinnehmen mußte. Vor der niedersächsischen Wahl 1986, die dann von der CDU und der FDP mit knappster Mehrheit gewonnen wurde, erörterte man öffentlich, daß Kohl bei einer Niederlage in Hannover gehen müsse, weil er die Bundestagswahl von 1987

---

[10] Vgl. z.B. Werner Thieme (Hrsg.), Veränderungen der Entscheidungsstrukturen in der öffentlichen Verwaltung. Baden-Baden 1988. Zur Situation der Landtage, der Landespolitik und u. a. ihre weitere Bedrohung durch den zunehmenden Einfluß der EG gibt es eine umfangreiche Literatur. Als Beispiel: Rudolf Hrbek und Uwe Thaysen (Hrsg.), Die Deutschen Länder und die Europäische Gemeinschaft. Baden-Baden 1986.

gefährde. Weder das eine noch das andere trat ein: Kohl gewann indirekt in Hannover und direkt später im Bund, wenn das Ergebnis auch für seine Partei höchst enttäuschend war. Er gewann kurz darauf noch einmal in Hessen, wo Holger Börner das rot-grüne Bündnis aufgelöst hatte. Börner hatte eine Äußerung des grünen Umweltministers als Rücktrittsangebot gewertet und Neuwahlen herbeigeführt. Die SPD erhielt die Quittung für ihr Taktieren mit den Grünen, und die CDU gewann erstmals in Hessen eine Landtagswahl. Kohl triumphierte und das mit Recht, weil viel weniger Probleme der hessischen Landespolitik zur Debatte standen als das Gegeneinander der großen Parteien.

Es kam kurz danach allerdings wieder zu Veränderungen, die ebenfalls kaum etwas mit der jeweiligen Landespolitik zu tun hatten. Der unglückliche Ausgang der ersten rot-grünen Koalition nach kurzer Zeit entlastete die SPD auf längere Sicht. Das kam ihr schon einen Monat später bei der Hamburger Bürgerschaftswahl zugute. Die Vorjahresverluste konnten ausgeglichen werden, die SPD führte wieder, benötigte allerdings die FDP zur Mehrheit. Dazu erklärte sich die Hamburger FDP auch bereit, was die Bonner Parteiführung nur ungern hinnahm. Einige Zeit später führte der Rückzug des Bürgermeisters Klaus von Dohnanyi aus der Hamburger Politik nicht zu einer deutlichen Schwächung; es gelang ein normaler Übergang zu einem neuen Mann. In Hamburg verlor also die CDU, und am gleichen Tag verlor sie in Rheinland-Pfalz ihre langjährige absolute Mehrheit – auch dies indirekt eine Niederlage Kohls.

Noch schmerzlicher fielen die Wahlen am 13. September 1987 in Bremen und in Schleswig-Holstein aus. In Bremen kam die CDU nur auf 23,4 Prozent. In Kiel gab es zwar 42,5 Prozent, die SPD wurde aber mit 45,2 Prozent stärkste Partei. Am Wahlabend beklagten sich der Landesvorsitzende, Bundesfinanzminister Gerhard Stoltenberg, und Ministerpräsident Uwe Barschel über die Anschuldigungen des ›Spiegel‹ gegen Barschel und seinen »schmutzigen« Wahlkampf und erklärten sie für unbegründet. Fünf Tage später schob Barschel sein Ehrenwort nach, und wieder fünf Tage später erklärte er, nicht zurücktreten zu wollen, da das einem Schuldgeständnis gleichkäme. Nur nach weiteren zwei Tagen übernahm er dann aber doch die politische Verantwortung und trat als Ministerpräsident zurück. Der neue Landtag setzte sogleich einen Untersuchungsausschuß ein, und die CDU-Fraktion forderte Barschel auf, sein Landtagsmandat niederzulegen, nachdem schon in der ersten Sitzung des Ausschusses klar wurde, daß Barschel von den Bespitzelungsaktionen gegen den Oppositionsführer Björn Engholm von Anfang an gewußt und später mithin immer gelogen hatte. Am 11. Oktober 1987 nahm sich Barschel das Leben. Der Landtag in Kiel beschloß Neuwahlen, die im Frühjahr 1988 zu einem triumphalen Erfolg der SPD und ihres Kandidaten Engholm führten. Schwer angeschlagen ging auch Gerhard Stoltenberg aus diesen Vorkommnissen hervor. Daß er Mitwisser war, bestreitet er zwar. Sein langes Zögern, sich eindeutig von den Vorkommnissen zu distanzieren und sich bei den Betroffenen zu entschuldigen, schadete ihm jedoch. Dennoch wurde Stoltenberg Ende 1987 als Landesvorsitzender der CDU in Schleswig-Holstein wiedergewählt. Mit einem zehnprozentigen Stimmenverlust erzielte er allerdings das schlechteste Ergebnis seiner Amtszeit. In der Bundesrepublik aber diskutierte man nicht Zustände in Schleswig-Holstein, sondern Zustände in der CDU. Die Position des Kanzlers war ebenfalls geschwächt.

Kohls Regierungserklärung vom 18. März 1987 stand unter dem Motto: »Die Schöpfung bewahren – Die Zukunft gewinnen«. Was dann folgte, wurde von Affären, Streit und Widersprüchlichkeiten überschattet. Im Streit tat sich Franz Josef Strauß hervor, der bis zu seinem Tode im Herbst 1988 die CDU und deren Generalsekretär wegen dessen Strategie ständig angriff. Für Widersprüche sorgte man vor allem in der Steuerpolitik, als man 1988 zwar die angekündigte Tarifsenkung bei der Einkommensteuer durchsetzte, gleichzeitig aber zahlreiche Verbrauchssteuern erhöhte und damit den Konjunktureffekt gefährdete und sich den Vorwurf einhandelte, eine Umverteilung zu Lasten der Wenigverdienenden vorzunehmen, die bei der direkten Steuer nicht zu entlasten, von den indirekten Steuern aber voll betroffen sind.

1988 kann als das Jahr betrachtet werden, in dem sich die Regierung besonders viel vorgenommen hat. Neben der Steuer kam die Gesundheitsreform, die Organisation der Post wurde verändert, die Rentenreform stand an. Zum Jahresbeginn trug Helmut Kohl als amtierender EG-Ratspräsident einiges dazu bei, daß agrarpolitische Hemmnisse überwindbar erschienen und die Perspektive auf die Öffnung des EG-Binnenmarktes deutlicher wurde. In der Steuerpolitik zeigte sich die Regierung erpreßbar – der Jahreswagen, das Kantinenessen, das Flugbenzin waren einige der reformverzögernden Banalitäten am Rande. Außerdem mußte man der Forderung nach einem Strukturhilfeprogramm nachgeben, die der niedersächsische Ministerpräsident publikumswirksam im Blick auf die mit der Sozialhilfe zunehmend überforderten Gemeinden erhob, die dann aber später als Honorar für die Zustimmung zur Steuerreform in den Landeshaushalten verschwand. Im Herbst 1988 zog die Gesundheitsreform die Aufmerksamkeit auf sich, die den marktwirtschaftlichen Gesichtspunkten der FDP nicht entsprach und unter dem Gesichtspunkt sozialer Ausgewogenheit kritisiert werden konnte. Die Verbeugung vor der Wirtschaft erfolgte in Richtung auf die Pharmaindustrie; das Festpreissystem für Arzneimittel gilt als eine der deutschen Besonderheiten, die der Industrie hohe Gewinne sichert und das Gesundheitssystem entsprechend belastet. Hier einzugreifen, gelang jedoch nicht. Aus ähnlichen Gründen weicht man auch von der Rentenfinanzierung durch die Versicherten (Versicherungsprinzip) in die Mitfinanzierung durch den Bund aus, was scheinbar die Beitragszahler (Arbeitgeber und -nehmer) entlastet, tatsächlich aber nur Kosten vom unmittelbaren Beitrag auf die mittelbare Steuerleistung verlagert. Im übrigen gab es Ungereimtheiten wie den von der Bundesregierung betriebenen Anschluß des Rüstungsunternehmens Messerschmidt-Bölkow-Blohm (MBB) an die Daimler-Benz AG, die einen ungeheuerlichen Konzentrationseffekt zur Folge hatte, oder die halbherzig betriebene Kohlepolitik und eben die vielen Ärgernisse in der CDU. Vor diesem Hintergrund wäre eine weitere Schwächung des Kanzlers denkbar gewesen.

Daß Kohl politisch überlebte, hing mit seiner besonderen Fähigkeit zum Überleben zusammen, was die Fähigkeit einschließt, sich ein Kabinett auf die verschiedenste Weise gefügig zu halten. Es ergab sich aber entscheidend aus der wirtschaftlichen Situation. 1987 wurde wider Erwarten ein wirtschaftlich erfolgreiches Jahr, und 1988 brachte erwartungsgemäß noch mehr wirtschaftlichen Erfolg. Dahinter trat vieles einfach zurück. Das Vordringliche kam zu seinem Recht. Chemieskandale, das Robbensterben in der Nordsee oder die drängender werdende Gefahr, die vom Ozonloch ausgeht, erregten zwar großes Aufsehen und führten auch zu Konferenzen und Einzelmaßnahmen der Politik. In der Hauptsache blieb es beim Optimismus. Die Ära Kohl erscheint deshalb als paradigmatisch für die Innenpolitik in der Bundesrepublik seit 1974, als der Wirtschaftserfolg als Meßlatte für den politischen Erfolg zuletzt unbestritten blieb, man sich nur zögernd mit den vom Wachstum ausgehenden Gefahren beschäftigte und Führung durch geschicktes »muddling through« ersetzt wurde. Die Frage, wie es langfristig weitergehen soll und welche weiteren Zerstörungen sich noch ertragen lassen, wurde dringlicher, aber nicht beantwortet. Unstrittig blieb in der Bundesrepublik nur, daß diese Frage von der politischen Führung beantwortet werden muß.

Helga Haftendorn schrieb über das Ende der Ära Schmidt: »Der Sturz Schmidts durch eine neue konservativ-liberale Mehrheit unter Führung von Oppositionsführer Helmut Kohl am 1. Oktober 1982 war vor allem ein Akt der Erschöpfung – einer Koalition, einer Partei, eines Staatsmannes. Sie war sehr viel weniger ein kraftvoller Aufbruch zu neuen politischen Alternativen.«[11] Schmidt hatte die internationale Bedeutung der Bundesrepublik erkennbar vermehrt, aber innenpolitisch den Konflikt mit seiner Partei nicht durchgestanden und wirtschaftspolitisch nicht den großen Erfolg erzielt. Auch darin scheint die Ära Kohl paradigmatisch für die deutsche Politik seit den siebziger Jahren, daß Kohl nach 1983 und vor allem nach 1987 eher vom wirtschaftlichen Erfolg lebte als von entschlossener Politik. Man blickt in der Bundesrepublik weniger ängstlich, als man das früher getan hätte, auf die Öffnung des europäischen Binnenmarktes. Man redet auch nicht ständig von der Arbeitslosigkeit. Wenn Kohl (Anfang 1989) geschwächt erscheint, dann wegen der Unzufriedenheit in seiner Partei, die ihm ihre Verluste ankreidet und in der es zu Schwierigkeiten zwischen der Führung und dem Parteivolk kommt. Eine der Erfahrungen der achtziger Jahre ist es jedenfalls, daß stark institutionalisierte Parteien die Stärke der staatlichen Institutionen destabilisieren können, weil sie Politik nicht offen halten, vielmehr zu ihrer Abschottung beitragen.

[11] Helga Haftendorn, Sicherheit und Stabilität. Außenbeziehungen der Bundesrepublik zwischen Ölkrise und NATO-Doppelbeschluß. München 1986, S. 182.

6. Die unsichere Republik

Die Bundesrepublik hat in den vergangenen Jahrzehnten alle Etikettierungen erhalten, die in unserem Zusammenhang möglich sind[1]. Sie wurde als stabil oder auch als labil bezeichnet, als strebsam oder auch als lustlos, als ein Wunder an Modernisierung oder als spießige Wohlstandsgesellschaft. Den Bundesdeutschen hat man ebenfalls alles nur Erdenkliche bescheinigt: Politische Unruhe, die Bereitschaft, den Extremismus zu tolerieren, den Überdruß an der Demokratie, Parteienverdrossenheit, Flucht ins Private, mangelnden Wagemut, übertriebenen Fleiß oder auch zunehmende Faulheit, Immobilität und Lustlosigkeit, das Fehlen an Bereitschaft zum Engagement und vieles andere mehr. Mit der Vielzahl solcher Etiketten vermindert sich ihre Aussagekraft, zeigt sich allenfalls, daß ein Bild von Land und Leuten sehr differenziert sein, viele Facetten aufweisen muß, weshalb der Hinweis nur auf einige Facetten eben nur einen Teil des Bildes zeigt[2].

Dennoch erhält fast nur Zustimmung, wer von einer »unsicheren Republik« spricht (Kurt Sontheimer). Aller ökonomischen Stabilität und auch allem Funktionieren der politischen Institutionen zum Trotz lasten die Gründungsbedingungen auf dem Land. Die Republik und ihr Grundgesetz waren als Provisorium oder als Transitorium gedacht. Für eine Übergangszeit sollten Staat und Verwaltung zwar dem Gemeinwesen Halt geben und für die Menschen das Erforderliche tun, in der Hauptsache aber dafür die Voraussetzung bilden, daß die Politik die Wiedervereinigung herbeiführen könne. Diese war auch zu denken als das neuerliche Übereinstimmen von Staat und Nation. Die Nation sollte dann den Staat bilden und stärken, der Staat sollte ihren Zusammenhalt gewährleisten und ihren Willen zum Ausdruck bringen. Darin mag sich viel Gedankengut des 19. Jahrhunderts verborgen haben, und es mag von Anfang an illusorisch gewesen sein. Immerhin hat es dazu beigetragen, daß

---

[1] Vgl. generell Joachim Raschke (Hrsg.), Bürger-Parteien. Ansichten und Analyse einer schwierigen Beziehung. Bonn 1982 (= Schriftenreihe der Bundeszentrale für politische Bildung, Bd. 189); Christian Graf von Krockow und Peter Lösche (Hrsg.), Parteien in der Krise. Das Parteiensystem der Bundesrepublik und der Aufstand des Bürgerwillens. München 1986; zum Stand der Parteienforschung Jürgen W. Falter, Christian Fenner, Michael Th. Greven (Hrsg.), Politische Willensbildung und Interessenvermittlung. Opladen 1984.

[2] Vgl. Kurt Sontheimer u. a., Der Überdruß an der Demokratie. Neue Linke und alte Rechte. Unterschiede und Gemeinsamkeiten. Köln 1970.

man in der Bundesrepublik sehr bald und auch darin an eine deutsche Tradition anknüpfend den Staat (des Grundgesetzes) als das gemeinsame Band zu betrachten lernte. Dieser Staat konnte seine Legitimation aber nicht dauerhaft aus dem Warten auf die Wiedervereinigung gewinnen. Er gewann sie, indem es ihn gab, und er funktionierte, indem man an ihn Anforderungen stellte, die in der Regel auch nicht zurückgewiesen wurden, und sich daran gewöhnte, seine Leistungen zu bewerten und sie so auch für selbstverständlich zu halten. Der Staat und seine Organe wurden für das Vordringliche wie für das Notwendige zuständig. Sie sollen inzwischen – vereinfacht – für das Wachstum und gleichzeitig dafür sorgen, daß dieses Wachstum keine übermäßigen Schäden herbeiführt und das Sozialprodukt als Inbegriff von Leistungen nicht übermäßig durch Leistungen in der Schadensbeseitigung aufgebläht wird[3].

Unsicherheit, Angst und Zukunftsprobleme

Politik als Sicherheitsgarant, der Staat als Gewährleistungsstaat: Sucht man nach Unterschieden zwischen den westlichen Ländern, dann wird man sie hier finden. Ob eine Regierung auf eine prosperierende Wirtschaft verweisen kann oder nicht, wird ihr überall nutzen oder schaden. Man wird aber nicht überall so stark die Regierung für das jeweilige Wohlergehen verantwortlich machen wie in der Bundesrepublik. Man fühlt in ihr das Wohlergehen auch eher bedroht; Schwächeanzeichen der politischen Führung werden entsprechend registriert. Der erreichte Wohlstand gilt als unverzichtbar, aber nicht als selbstverständlich und auch nicht in erster Linie als Folge der eigenen Leistung. Angst spielt unverkennbar eine gewisse Rolle. Sie wird auch geschürt. Im bürgerlichen Lager gab es immer die Neigung, Angst vor denen zu bestärken, die auf Neuerungen aus sind, so wie es im linken Lager immer eine Neigung gab, Krisenszenarios zu entwickeln. Daß der politische Gegner etwas will, wovor man Angst haben muß, kennzeichnet einen wesentlichen Teil der politischen Auseinandersetzung und macht sie eigentümlich dichotomisch, ohne daß genügend viele kritische Wähler dies relativieren. Lagermentalität aber verhindert das

[3] Vgl. dazu Martin Jänicke, Wie das Industriesystem von seinen Mißständen profitiert. Kosten und Nutzen technokratischer Symptombekämpfung. Umweltschutz, Gesundheitswesen, Innere Sicherheit. Opladen 1979.

Entstehen eines Konsenses darüber, was man gemeinsam will, eines Konsenses, der neben dem Betonen von Unterschieden und Gegensätzen Bestand hat. Das ist im Blick auf die klassischen Staatsfunktionen ein ganz unwirkliches Verhalten und verstrickt Politik in Widersprüche. Es wird sicher nur von einem Teil der Wähler gewollt und gedeckt. Die Wechselwähler sehen die Dinge nüchterner als die Parteien, deren Zentralen und deren Wortführer. Auch das kann aber zur Distanz der Politik zur Realität und zur Bevölkerung beitragen. Jedenfalls mindert es die Überforderung der Politik nicht. Politik, die alles zu können vorgibt, überfordert sich selbst. Sie produziert Enttäuschung und führt zum demokratischen Wechsel aus Enttäuschung, nicht aus Ernüchterung oder einem Gefühl für notwendige Konkurrenz oder für die Vermeidung von Machtmißbrauch.

Mit dem Wechsel zur Großen Koalition hat man 1966 in der Bundesrepublik Enttäuschung und Angst abgebaut. 1969 trat deutlicher auch ein Element von Hoffnung hinzu und begünstigte den neuen Wechsel. 1982 hatte die Koalition enttäuscht, woraufhin sich die FDP rettete. Einige Jahre nach dem Wechsel von 1982 wurden die Anzeichen für Enttäuschung wieder deutlicher. Stabilität zeigte sich jeweils in einer Kombination von politischem Erfolg, welcher auf Wirtschaftswachstum beruhte, und von Stärke der politischen Institutionen, die in jeder Übergangszeit fast reibungslos funktionierten. Der Bundestag weiß, wie man Mehrheiten auswechselt. Die Beamten passen sich an; die politischen Beamten werden zum Opfer des Wechsels. Die Parteien sind inzwischen selbst genügend institutionalisiert, um in ihrer Präsenz auch unabhängig von der jeweiligen Rolle in Bonn zu sein. Solche Institutionalisierung ist geradezu Merkmal der Stabilität. Sie macht alle Beteiligten von unmittelbarer Beteiligung, von unmittelbarem Personalaustausch, ja unter Umständen auch vom Ideenaustausch unabhängig. Institutionen arbeiten nach ihren Regeln. Sie nehmen Anstöße auf und verarbeiten sie, bedürfen ihrer jedoch nicht als Lebensnotwendigkeit. Die Bundesrepublik ist durch und durch repräsentative Demokratie geworden. Das ist nach den Erfahrungen und den Forderungen der unruhigen sechziger Jahre das eigentlich Erstaunliche.

Elemente der Instabilität beziehen sich auf sehr spezifische Formen der Stabilität, ohne in gleicher Weise wie diese greifbar zu sein. Sie ergeben sich oft aus dem tatsächlichen oder vermeintlichen Erlebnis der Abhängigkeit vom Staat, die immer wieder zu Angst führt. Solche Ängste werden von der Politik aufgegriffen und damit verstärkt; Politik kann sie auch selbst hervorrufen. Ihre Wirkung wächst in dem Maße, als die Möglichkeit oder auch nur die Vorstellung von ihr fehlt, man könne selbst etwas tun, um dem vorzubeugen, wovor man Angst hat. Das traditionell bestimmte Verhältnis von Staat und Gesellschaft führt dazu, daß organisierte Gewährleistung vor individueller Sicherung rangiert. Daß dabei zwei umfassende Inflationen und der verbreitete Verlust bürgerlicher Vermögen nachwirken, wurde oft genug gesagt. Daß anscheinend Unverlierbares, wie es etwa Ausbildungszertifikate sein können, dadurch besonderen Rang gewinnt, wurde ebenfalls häufig erörtert. Daß Angst sich leicht mit Illiberalität paart, ist in der Auseinandersetzung mit der Ausländerfrage, welche in der Bundesrepublik seit gut einem Jahrzehnt stattfindet, stets deutlich geworden.

Für die Anfangsjahre der Bundesrepublik war kennzeichnend die Urangst vor dem Kommunismus. In ihr vereinigten sich unmittelbare Erfahrungen mit der kommunistischen Herrschaft, die die SED in der späteren DDR praktizierte, mit dem Nachwirken der nationalsozialistischen Propaganda (unter anderem gegen die »Untermenschen«), die doch mancher aus eigener Anschauung als nicht ganz ungerechtfertigt empfand, ohne dabei die besondere Lage des Siegers oder Besatzers zu reflektieren, in der man vor 1944 Rußland erlebt hatte. Der Siegeszug der Sowjetunion kam hinzu, der sich mit dem Entstehen des Ostblockes verband und mit der unübersehbaren Präsenz großer Militärmacht. Demgegenüber erschienen Westbindung und NATO als Sicherung der eigenen Existenz in Frieden. Die politische Weltordnung wurde weithin polarisiert erlebt; Ost und West hatten klare Konturen. Das förderte Opferbereitschaft: Die Funktion der Bundeswehr in der Sicherung des internationalen Friedens war stets weniger umstritten als ihre Position im politischen System.

Zum Ende der sechziger Jahre hin wurde trotz des Prager Frühlings und auch trotz der Rolle, welche später die Sowjetunion in Afghanistan übernahm, eindeutig Angst abgebaut. Das Gefühl unmittelbarer militärischer Bedrohung durch die Sowjetunion und den Ostblock wurde schwächer, die Weltsicht wurde differenzierter. Probleme der Dritten Welt, der Hunger in der Welt, die geringe Wirkung der westlichen Entwicklungshilfe wurden anders als vorher diskutiert. Umgekehrt verbesserte sich die Information über die Entwicklung in der Sowjetunion und in anderen sozialistischen Ländern, womit sich notgedrungen das Gefühl der wirtschaftlichen Überlegenheit verstärken mußte. In den siebziger Jahren führte das dazu, daß man die Bundeswehr eher hinnahm als vorher, ihren Zweck, nämlich ein Gegengewicht gegen eine permanente Bedrohung zu bilden, aber immer weniger als notwendig akzeptierte. Wehrpflichtige waren damals am Ende ihrer Dienstzeit weniger von der Notwendigkeit der Bundeswehr überzeugt als zu Beginn[4].

Vor diesem Hintergrund konnten sich Emotionen leichter gegen die Atomwaffen als solche oder gegen die militärischen Maßnahmen des großen Bündnispartners im Westen richten. In der Bundesrepublik hat das zu den großen Auseinandersetzungen zwischen Helmut Schmidt und Teilen der SPD über die Bündnis- und Militärpolitik geführt (NATO-Doppelbeschluß) und später zu den vielfältigen Protesten gegen die Stationierung von amerikanischen Mittelstreckenraketen. Das alles verwies jedoch auch auf eine erkennbare Mehrheit, die sich unbedroht fühlte und das in Umfragen auch zum Ausdruck brachte. Mit den Bemühungen des neuen Kreml-Führers Michail Gorbatschow erhielt diese Proteststimmung später noch einmal Auftrieb. Der Friedenswille einer ganz großen Mehrheit erscheint in der Bundesrepublik ebenso unstrittig wie unbedingt. Er erschwert dem jeweiligen Verteidigungsminister das Geschäft, das eben doch lange Zeit durch den ständigen Hinweis auf die faktische Bedrohung leichter gefallen war. Je mehr deutsche Politiker in Moskau ihre Aufwartung machen, desto weniger wirkt jener Hinweis. Die Angst vor äußerer militärischer Bedrohung ist seit den siebziger Jahren weitgehend verschwunden. Die Angst vor der kommunistischen Unterwanderung, die es dazu analog immer gab, ist vergleichbar geringer geworden. Daran ändern auch die sich immer wieder erneuernden Versuche nichts, Beziehungen zu behaupten und den Kommunismus als Erzfeind hinzustellen. Dem realen Sozialismus fehlt alles, womit Anziehungskraft auszuüben wäre. Sein Drohpotential ist gering. Die Abfolge von höchst erfolgreicher Westintegration und anschließender Öffnung in der Ost- und in der

---

[4] Vgl. Ekkehard Lippert u. a., Sozialisation in der Bundeswehr. Der Einfluß des Wehrdienstes auf soziale und politische Einstellungen der Wehrpflichtigen (= Berichte des Sozialwissenschaftlichen Instituts der Bundeswehr, H. 2). München 1976.

Deutschlandpolitik hat zur Stabilität der Bundesrepublik beigetragen. Politik hat die Angst vermindert, welche sie zu einem Teil selbst geweckt, jedenfalls aber verstärkt hat. Sie steht heute eher vor dem Problem, in der NATO Bündnistreue glaubwürdig zu machen.

Während sich hinsichtlich der äußeren Sicherheit eine recht eindeutige Entwicklung vollzogen hat, erscheinen die Probleme der inneren Sicherheit viel facettenreicher. Hier hat es die Bundesrepublik seit den sechziger Jahren zunächst im engeren Ordnungsbereich mit Entwicklungen zu tun, die in allen Industrieländern verbreitet sind. Die Kriminalität wächst, die Aufklärungsquote sinkt. Dabei stehen Eigentumsdelikte im Vordergrund, gleichgültig ob es sich um Diebstähle aus Not, um organisierte Diebeszüge mit Geschäftscharakter, um Wohlstandsdelikte und Ladendiebstähle handelt. Große Aufmerksamkeit finden jedesmal die Geiselnahmen, was viel mit der Berichterstattung und der Möglichkeit des aktuellen Miterlebens zu tun hat. Zum weiteren Bereich der Kriminalität gehört die Zerstörungswut, die sich oft gegen öffentliches Eigentum wendet und vielfach in rohen Vandalismus ausartet – die kapitalistische Variante erhält dies durch die Hersteller und Vertreiber entsprechender Instrumente (Sprühdosen). Diese Kriminalität verbleibt in einem Rahmen, der offenbar eher hingenommen wird, so wie die Verkehrsdelikte und ihre vielfältigen Folgen im Prinzip hingenommen werden und wie vor allem die Wirtschaftskriminalität weder Angst noch sonderlich verbreiteten Ärger auslöst. Steuerhinterziehung kommt in der Bundesrepublik im internationalen Vergleich wohl eher selten vor, gilt aber kaum als anrüchig.

Mehr und heftigere Diskussionen hat die politische Kriminalität ausgelöst. In der Bundesrepublik mußte man sie seit Ende der sechziger Jahre in vielfältigen Formen erleben. Zu ihnen gehört das Umfunktionieren normaler politischer Demonstrationen in militante Auseinandersetzungen mit der Polizei, wie man sie in der Frankfurter Innenstadt, an der Startbahn-West des Frankfurter Flughafens, in den Straßenschlachten auf dem Berliner Kurfürstendamm und später etwa in Kreuzberg, am Baugelände des Atomkraftwerkes Brokdorf, an der Entsorgungsanlage in Gorleben, an der Wiederaufbereitungsanlage in Wackersdorf oder bei der gewaltsamen Störung der öffentlichen Vereidigung von Bundeswehrsoldaten in Bremen erleben konnte. Das hat dann jedesmal Diskussionen auch über das Verhalten der Polizei und die Zweckmäßigkeit von Polizeieinsätzen ausgelöst. In Zusammenhang mit dem »Hamburger Kessel« kam es z. B. zu einer ausdrücklichen Entschuldigung der Polizeiführung. Ohne Gewaltsamkeit gingen mehrere friedliche Blockaden ab, die mehr durch die Prominenz der Blockierer Aufsehen erregten oder – bei Sitzblockaden – durch die Art, wie man die Demonstranten entfernte. Auch große Friedensdemonstrationen verliefen ohne weitere Störung. Das Bild ist also nicht einheitlich. Tendenziell muß man aber seit geraumer Zeit damit rechnen, daß die Absichten friedlicher Demonstranten durch politische Chaoten, Anarchisten und Gewalttäter zerschlagen werden, was es der Polizei erschwert, zwischen den einen und den anderen zu unterscheiden. Deshalb gehören auch Fehlleistungen der Polizei zur Tagesordnung, während ihre gewaltverhindernden Leistungen nicht zureichend öffentlich werden. Das Bild wird einseitig.

Eine Besonderheit der deutschen politischen Kriminalität bilden die Hausbesetzungen, die es in großer Zahl zunächst in Berlin gegeben hat, indessen vielfach Nachahmung fanden und in der Hamburger Hafenstraße so etwas wie Symbolcharakter erhalten haben. Die Hausbesetzungen hatten am Anfang eindeutig Demonstrationscharakter, was sich dann mit Provokation verband. Demonstriert sollte werden, weil oft bestimmte Häuser, Straßen oder Viertel zu Spekulationszwecken erst herabgewirtschaftet wurden, um dann nach Abbruch und Neubau einen anderen Charakter zu erhalten. Damit war im Frankfurter Westend oder in Berliner Vierteln eine Vertreibung der eingesessenen Bewohner verbunden. Die Besetzer wollten darauf aufmerksam machen, zelebrierten dann aber meist sogleich ihre eigenen Lebensformen, begingen Eigentumsdelikte, indem sie die Gas- oder Stromrechnungen nicht bezahlten, und setzten sich mehr und mehr gegen die Staatsgewalt zur Wehr, die Pfändungs- oder Räumungsbeschlüsse durchführen mußte. Man diskutierte harte und weiche Linien im Umgang mit den Besetzern und nutzte das Thema parteipolitisch: Die CDU als Oppositionspartei in Berlin oder Hamburg schlachtete jedenfalls die Hausbesetzerproblematik weidlich aus und bestärkte Hausbesitzer in ihrer Angst. Nach dem Regierungswechsel in Berlin ging aber auch hier die CDU deutlich sanfter vor, als sie es angekündigt hatte: Die politische Führung zeigte sich für die einen erpreßbar, für die anderen verhandlungsfähig. Tatsächlich ist erstaunlich, wie eindeutig das Bestreben ist, eher eine friedliche Lösung zu finden. Man gewöhnte sich in der Bundesrepublik daran, harte Polizeieinsätze doch als letztes Mittel zu begreifen.

Politische Kriminalität in diesem Sinne hat viel Aufmerksamkeit auf die Polizei gelenkt. Deren Stellung hat sich dabei, nach allem, was man weiß, weder gefestigt noch überhaupt geändert. Die Polizei ist nicht beliebt. Das empfinden zumindest Polizisten so und demonstrieren es z. B. dadurch, daß sie immer seltener in Uniform zum Dienst gehen. Die Bedrohungen der inneren Sicherheit gehören demzufolge nicht oder nicht vordringlich zu dem, was zu Angst führt. Solcher Angst würde der verbreitete Ruf nach einer starken Polizei entsprechen, der in den siebziger und achtziger Jahren kaum zu vernehmen war; faktische Polizeiverstärkung ereignete sich nur in Zusammenhang mit der Terroristenbekämpfung, die man in der politischen Kriminalität als einen Sonderfall ansehen muß. Das Besondere ergibt sich für sie aus dem Fehlen der Erfolgskalküle, welche potentielle Verbrecher anstellen und durch die sie der Gesellschaft verbunden bleiben. Terroristen grenzen sich selbst aus, was ihre Menschenverachtung und Brutalität notwendigerweise steigert. Damit verbreiten sie Schrecken, aber nicht in jenem besonderen Sinne Angst.

In der Bundesrepublik sieht man keinen Bedarf zur Verfolgung von Delikten jedweder Art, solange man nicht selbst betroffen ist. Die Aufgabenteilung funktioniert uneingeschränkt. Jeder weiß, was Sache der Polizei ist, und jeder erwartet, daß die Polizei das Ihre tut. Soweit das nicht ausreicht, führt es zur Kritik an der Polizei. Immerhin kommt es auch hier zu Veränderungen. Seit geraumer Zeit gibt es Selbstschutzmaßnahmen in den Kaufhäusern, und die Wachgesellschaften sind nach Aufgabe und Umfang vergrößert worden. Gleichzeitig sind zunehmend firmeneigene Sicherheitsgruppen entstanden, und die »Schwarzen Sheriffs« beschäftigen die Phantasie. Der Staat, gekennzeichnet durch das Monopol physischer Gewaltsamkeit, begibt sich partiell in eine Rückzugsposition. Vom Staat gewährleistete (innere) Sicherheit versteht sich nicht mehr von selbst. Auch das wird offenkundig eher hingenommen. Die Bundesrepublik durchläuft hier eine Entwicklung, die manche Analogien zu den Verhältnissen in den USA aufweist. Zumindest gibt es die eindeutige Aufgabenteilung im Bereich der inneren Sicherheit nicht mehr, innerhalb derer der Bürger eine klare Grenze zwischen der geringen Verpflichtung zu eigener Aktivität und der umfassenden Zuständigkeit der Polizei ziehen konnte. Wir stoßen auf eine Veränderung, nicht jedoch erkennbar auf Angst. Der allmähliche Verzicht der öffentlichen Hand auf jenes Gewaltmonopol wird hingenommen, destabilisiert aber nicht das Gemeinwesen.

Demgegenüber gibt es in der Bundesrepublik wohl Angst in Zusammenhang mit der Gesundheitsgefährdung und in weiterem Sinne dann auch mit der Gefährdung der Umwelt. Seit geraumer Zeit haben sich Lebensmittelskandale einen festen Platz in der Chronik der Republik verschafft. Sie haben jedesmal auch erhebliche Rückwirkungen auf den Konsum, gleichgültig ob es sich um verwurmte Nordseefische, um das Fleisch von Kälbern handelt, deren Wachstum mit Hormonen beschleunigt worden ist, oder um Nudeln, bei deren Herstellung verfaulte Eier verwendet worden sein sollen. Solche Vorkommnisse machen Schlagzeilen, wirken sich auf das tägliche Verhalten aus und lassen große Besorgnisse hinsichtlich der eigenen Gesundheit erkennen. Zugleich wird in der Regel der Staat angeprangert; seine Aufsicht und ihr Versagen sind schnell im Spiel. Daß auch große Chemieunternehmen leichtfertig Chemikalien lagern oder unzulässig Schadstoffe in Kanalisation oder Gewässer einleiten, wird fast als selbstverständlich angesehen; daß der Staat nicht vor den dann einschlägigen Katastrophen eingeschritten ist und die staatliche Aufsicht sie nicht verhindert hat, gerät zum entscheidenden Vorwurf.

Auch der Verlauf der Tschernobyl-Katastrophe 1986 läßt sich hier einordnen. Was es dabei an Versagen vor Ort festzustellen gab, wurde zwar gewürdigt, publikumsträchtiger aber war das Verhalten der Bundesregierung, ihrer Fachkommission, der unterschiedlichen Landesregierungen und der Kreisbehörden. Wo auf welche Weise Radioaktivität gemessen wurde, wie man Richtwerte ermittelte und festlegte, wer was als Bedrohung deklarierte, interessierte. Die Unzulänglichkeiten in der Vorbereitung und in der Zusammenarbeit der verschiedenen Behörden wurden inkriminiert. Daß die Stuttgarter Landesregierung abwiegelte und niedrigere Meßwerte bekanntgab, als man sie in den besonders bedrohten Gebieten in Oberschwaben und am Bodensee vorfand, war Gegenstand größerer Auseinandersetzungen. Immer steht dabei die öffentliche Hand im Vordergrund. Von ihr wird erwartet, daß sie Gefährdungen und Katastrophen im Grunde vermeidet oder doch zumindest wirksam bekämpft, wenn sie nicht vermeidbar sind. Sie gilt auch als verpflichtet, Entschädigungen zu zahlen oder Wiedergutmachung zu leisten. Die Waldbesitzer, durch den sauren Regen in der Substanz geschädigt, fordern Entschädigung vom Staat, nicht von den schadstoffausstoßenden Industrien, nicht von den Hausbesitzern und ihren Ölheizungen und schon gar nicht von den Autofahrern.

Ängste dieser Art können die Stabilität des Gemeinwesens gefährden. Erscheinungen von Instabilität lassen sich dort ausmachen, wo eine Aufgabenteilung zwischen öffentlicher Hand und Bürgern gesehen oder als selbstverständlich angenommen wird, welche die Verantwortung für das Gemeinwohl und für die Zukunft gänzlich der ersteren zuspricht. Nicht die eigene Einsicht in das Notwendige kommt zum Zuge. Von der öffentlichen Hand wird erwartet, daß sie das Notwendige unternimmt. Ge- und Verbote werden dabei hingenommen, aber doch auch erbittert bekämpft. Der Streit um die Anschnallpflicht im Kraftfahrzeug oder um die Höchstgeschwindigkeit sind symptomatisch dafür. In beiden Fällen gab es auf der einen Seite gute Argumente und auf der anderen den Druck der Automobilindustrie und der Automobilverbände, beide in der Vorstellung vereinigt, daß es einen spezifischen Bezug zwischen bürgerlicher Freiheit und Einschränkungen beim Autofahren gibt. Vereinfacht kann man sagen, daß im Laufe der siebziger Jahre das Bewußtsein für persönliche Gefährdungen und für die Gefährdung der Umwelt zwar gewachsen und Angst verbreitet ist – etwa die Angst junger Mütter vor dem Pseudo-Krupp –, im Prinzip aber die öffentliche Hand tun soll, was zur Beseitigung der Ursachen solcher Ängste erforderlich ist. Die Rentenangst hat den privaten Lebensversicherern ein zusätzliches Geschäft beschert; die individuelle Vorsorge ist dennoch begrenzt geblieben, zumal hinsichtlich der Stabilität des Geldwertes und der Festigkeit von Zinsen fast Urängste herrschen.

Darin liegt ein Dilemma der Politik. Sie steht unter dem Druck des Vordringlichen, sie wird ganz entscheidend nach dem Erfolg beurteilt, der sich vorwiegend im Wirtschaftswachstum ausdrückt. Zugleich wird das Notwendige lautstark und vielfach überzeugend eingefordert, ohne daß sich innergesellschaftlich die Gruppen vergrößern, die sich für das Notwendige – also z. B. den Umweltschutz – ernstlich engagieren und ihre eigene Lebensweise danach ausrichten. Die Gesellschaft ist informiert, empört sich über Gefährdungen und findet sich zu Anklagen bereit. Sie erweist sich aber nicht als aufgeklärt in dem Sinne, daß Einsicht Verhalten ändert. Man setzt eher auf das staatliche Ge- oder Verbot.

Die wohlfahrtsstaatliche Tradition ist unvermindert lebendig. Die erfolgreichen Umweltschützer, der Bund Umwelt- und Naturschutz Deutschland (BUND) etwa, verdeutlichen das Tag für Tag. Ihr Adressat ist die öffentliche Hand, ist allenfalls eine vage Öffentlichkeit, ist nicht das Individuum. Nur im Blick auf das Rauchen und auf einige Eßgewohnheiten hat sich seit Beginn der siebziger Jahre etwas verändert. Instabilitäten zeigen sich so im Verhältnis von Politik und Gesellschaft, weil es als Wechselverhältnis nur einseitig funktioniert. Das gilt im Blick auf den Personalaustausch – die Affäre um den Ministerpräsidenten Uwe Barschel hat sehr viel mit der Isolation des engeren Politikbereiches zu tun – wie auch im Blick auf den Ideenaustausch. Er wird durch die Bereitschaft zu Versprechungen hier und das Erwartungsübermaß dort behindert. Da Politik aber nachweislich vor schwierigeren Aufgaben steht als früher, weil die Aufgabenverflechtung größer und das Instrumentarium komplizierter geworden ist, vor allem aber die nationalen und internationalen Interdependenzen zugenommen haben, fallen solche Behinderungen stärker ins Gewicht. Sie bewirken in der Hauptsache den Vorrang des Vordringlichen vor dem Notwendigen. So verbreitet sich zumindest die vage Ahnung, daß Zerstörungen lebensgefährdend sind, man sie aber um der Vordringlichkeit des Wirtschaftswachstums hinnimmt.

Allgemeiner Fortschritt und Zielunklarheit in der Politik

Die Bundesrepublik kann deshalb als unsicher gelten, weil man in ihr die Gewährleistung des gegenwärtigen Wohlstandes und einer lebenswerten Zukunft mehr von Staat und Politik einfordert als von Einsicht, vernünftigem Verhalten, Begrenzung des Egoismus der Gruppen und Individuen. Das Dilemma des Verhältnisses zwischen Wachstum und Zerstörung wird auf diese Weise zu einem Problem der Politik. Sie weist das auch nicht zurück, erklärt vielmehr ihre Allzuständigkeit; die politische Führung kennt den Weg in die Zukunft. Damit gab es zunächst auch wenig Schwierigkeiten. In den Anfangsjahren der Republik hatte der Wiederaufbau Vorrang. Man hatte also ein Ziel und eindeutige Parameter für den Erfolg. Zu jedem Jahresende wurde auf die Steigerungsraten im Export, im Wohnungsbau, in der Schaffung von Arbeitsplätzen verwiesen, dies der Politik zugerechnet und ihr als Erfolg verbucht. In den sechziger Jahren ging diese Eindeutigkeit allmählich verloren. In der staatlichen wie in der kommunalen Politik setzte sich zunehmend die Vorstellung durch, man müsse das einfache Wachstum durch ein qualifiziertes ersetzen, also z.B. umweltfreundliche Industrien ansiedeln, qualifizierte Arbeitsplätze mit hoher Produktivität fördern und ihnen einen Rahmen geben, der sich durch Lebensqualität auszeichnet. Der damals erreichte Fortschritt wurde mithin kritisch hinterfragt, dem neuen Verständnis von Fortschritt wurden einige andere Elemente hinzugefügt. Es sollte aber beim Wachstum bleiben, es sollte nur nicht mehr mit Zerstörung verbunden sein. Man strebte Veränderung im Sinne von Verbesserung an; die Steigerung wurde zum umfassenden Imperativ.

Dieser Imperativ kennzeichnet Politik in Staat und Gemeinde. »Unsere Stadt soll schöner werden«, heißt es überall. Man setzt damit auf einen Vergleich mit der eigenen Vergangenheit und auf die Konkurrenz mit den anderen Städten in der Nachbarschaft. Daß alles schöner wird, erfordert umfassende Aktivität zunächst aller Teile der Stadtverwaltung, dann aber auch vielfach Kooperation zwischen Verwaltung und Bürgern. Es setzt vor allem ständige Veränderung voraus. Veränderung ist der Boden, auf dem Verbesserung gedeiht. Veränderung ereignet sich einerseits ständig und ohne sichtbares Zutun. Es wird aber andererseits auch von der Politik verlangt, daß sie zur Veränderung beiträgt. Politik soll seit geraumer Zeit »aktive Politik« sein. Von allen Akteuren wird ein Beitrag zur Veränderung im Sinne von Verbesserung erwartet. Verbesserung ist stets flächendeckend zu denken. In der Stadt sollen Sanierungsgebiete ausgewiesen und bearbeitet, Maßnahmen der Wohnumfeldverbesserung ergriffen werden, auf eine passende Palette des Einzelhandelsangebotes soll Einfluß genommen werden.

Politik, die bereitwillig im Dienste einer ubiquitären Veränderung steht, verändert sich selbst. Dies ist wohl die grundlegende politische Wandlung, die sich vor allem in den letzten zwanzig Jahren vollzogen hat. Sie läßt sich unter zwei Gesichtspunkten zusammenfassen. Zum einen kommt es unter dem Druck der Notwendigkeit flächendeckender Aktivität zu einem immer stärkeren Gegensatz zwischen den Fachleuten der Veränderung in den einzelnen Bereichen und den Bürgern. In unseren Städten sind neue Formen des Patriarchats erkennbar. Fachleute und Konsensbeschaffer bestimmen, was schön ist, werben dafür und bringen es in verbindliche Satzungen ein. Immer mehr Steigerungen im Detail werden zum Imperativ der Politik. Wer es für seine Aufgabe hält, die Dinge zu belassen, wie sie sind, wird uninteressant. Da man das vermeiden will, muß man sich etwas einfallen lassen. Das setzt aber meist Spezialwissen voraus und vermehrt die Distanz zwischen Bürgern und Spezialisten. Politische Beteiligung wird in der Regel durch konkrete Ziele oder Gefahren herausgefordert. Das flächendeckende Handeln entzieht sich der Beteiligung, wird zur Sache der politischen Planer, der Haushalts- und Verteilungsexperten und derjenigen, die das Zugeteilte sachgemäß verwenden. Flächendeckende Verbesserung wird typischerweise von der Verwaltung erreicht. Politik nähert sich, wenn sie dem verbunden bleiben will, der Verwaltung an. Die Spezialisten erhalten auch hier einen hohen Rang, Fraktionen und Parteien kommen durch ihren jeweiligen Fachsprecher zu Wort. Die Schwerpunktbildung mißlingt.

Zum anderen bewirkt das Postulat nach flächendeckender Aktivität selbstverständlich, daß immer mehr Wünsche geäußert werden, als sich je erfüllen lassen. Politik ruft diese Wünsche hervor, muß aber auch selbst die Abstriche machen. Politische Führung bedeutet unter diesen Umständen immer häufiger nicht mehr, klare Ziele zu formulieren und entschieden Prioritäten zu setzen, sondern sich auf die Abstriche zu konzentrieren, um im übrigen möglichst viel zu bewirken und die zu vertrösten, die vorläufig zurückstehen müssen. Die flächendeckende Verbesserung wird dabei zunehmend nicht mehr als solche empfunden. Sie gleitet in pure Niveauanhebung über, die ihrerseits fast selbsttätig mit dem ökonomischen Wachstum einhergeht. Dennoch wächst die Unzufriedenheit mit der Politik, was diese oft selbst wieder aufgreift, weil sie es für publikumswirksam hält. Daß ein Politiker oder eine Regierung eine bestimmte Situation nur verwalte, wird zum Bestandteil politischer Polemik und verweist auf ein Bedürfnis nach großer Politik oder nach Führung.

In der Bundesrepublik hat es innenpolitisch eine eindeutige Kurskorrektur wohl nur in Zusammenhang mit der Bildung der Großen Koalition gegeben und mit ihrem Entschluß, das wirtschaftspolitische Instrumentarium zu erweitern sowie in einigen Politikfeldern zusätzliche Aktivitäten zu entfalten. Hierbei standen die Bildungspolitik und die Regionalpolitik im Vordergrund. Zugleich kam es zu einer allgemeinen Anhebung des

Aktivitätsniveaus. Später hat sich daran nicht mehr viel geändert, wurden nur noch Akzente verschoben und kleinere Korrekturen angebracht. Es wurde dagegen ausdrücklich nicht über den notwendigen und möglichen Umfang der Staatstätigkeit nachgedacht; die Diskussion der »Grundwerte«, die in den siebziger Jahren einsetzte und bis heute anhält und in der es im Kern um den im demokratischen Verfassungsstaat erforderlichen Konsens geht, stellt dafür keinen Ersatz dar[5].

Demgegenüber haben alle führenden Politiker auf Veränderung gesetzt und damit unterstellt, durch aktive und verändernde Politik könne man die Ungewißheiten der Zukunft vermindern und so zugleich Angst abbauen. Angst erscheint hierzulande weithin als Zukunftsangst, entsteht angesichts der Erfahrung tiefer historischer Einbrüche oder umgekehrt durch den Mangel an Erfahrung, daß alles im Fluß ist und sich damit zugleich verändert. Die Befürchtung, es könne doch nicht immer so weitergehen, steht dem Erlebnis von Fortschritt als Dauerzustand gegenüber, dessen Unterbrechung immer etwas mit einer Krise zu tun hat.

Die Ausländerfeindschaft etwa entspringt zutiefst auch einem Angst- und Neidgefühl. Man will nicht mit anderen teilen, was man selbst aufgebaut und errungen hat. Das erinnert an die mittelalterlichen Städte, die neue Bürger nur aufnahmen, wenn ihre Vermögensverhältnisse geklärt waren und der nunmehrige Anteil am gemeinsamen Vermögen der Stadtbürger angemessen bezahlt wurde. Die Arbeitslosen, die keine Arbeit finden und die man deshalb verbreitet der Arbeitsscheu bezichtigt, lassen sich ähnlich einordnen; sie gelten ebenfalls als Gruppe, die auf etwas Anspruch erhebt, an dessen Zustandekommen sie nicht beteiligt war. Politik wiederum versucht sich darin, solche Ängste insgesamt einzudämmen, zu suggerieren, daß Zukunft politisch gestaltete Zukunft und damit weniger ungewiß sei, als viele befürchten. Der politischen Führung kommt es zu – und auch deshalb konzentriert sich oft so viel auf eine Person –, die verschiedenen Krisen zu managen, mittelfristig für Stabilität zu sorgen und die langfristige Perspektive offen zu halten. Politik muß enttäuschen. Das Streben nach allgemeiner Verbesserung ersetzt keine politischen Ziele, ermöglicht kaum sinnvolle Prioritätssetzungen und nimmt damit der Politik das, wodurch sie

[5] Vgl. dazu die Dokumentation von Günter Gorschenek (Hrsg.), Grundwerte in Staat und Gesellschaft. München 1977.

mehr ist als nur Verwaltungsführung. Die Politik allgemeiner Niveauhebung erschwert zugleich Beteiligung, macht sie vielfach sogar überflüssig.

Parteienherrschaft und zunehmende Parteienschwäche

In diesem Zusammenhang geraten noch einmal die Rolle und die Entwicklung der Parteien ins Blickfeld. Die Bundesrepublik ist in den letzten zwanzig Jahren zu einem Parteienstaat eigener Art geworden. Idealtypisch kommt es den Parteien zu, die politischen Institutionen verläßlich mit Nachwuchs zu beliefern, zwischen der Bevölkerung und der notwendig etwas abgehobenen Politik eine andere Verbindung herzustellen, als das die Medien tun, und im politischen Tagesgeschäft, wie es Fraktionen und Regierungen betreiben, den Blick auf zukünftige Entwicklungen, Möglichkeiten und Gefahren offenzuhalten, die unterschiedlichen Optionen zu diskutieren und damit das Entscheidungsbedürftige und Entscheidbare in die Politik einzubringen. Das wird zwar häufig nur so gelingen, daß man die konkrete Entscheidung an solchen Perspektiven orientiert oder sich zumindest rechtfertigt, wenn man das nicht kann. Die Zukunft bleibt dabei gegenwärtig, und zwar nicht im Sinne allgemeiner Weiterentwicklung, sondern zielbestimmt. Nur durch vorstellbare Ziele läßt sich klären, was wirklich vordringlich ist. Auf die Jahrtausendwende hin müßte dabei der Schutz der Umwelt an erster Stelle stehen.

Die jüngere Entwicklung der Parteien in der Bundesrepublik behindert die Wahrnehmung solcher Funktionen. Das erklärt sich zunächst aus der Institutionalisierung der Parteien. SPD, CDU, CSU und in Grenzen auch die FDP erweisen sich zunächst als festgefügte, weithin durchorganisierte, mitgliedsunabhängig finanzierte Einrichtungen. Sie stehen jedermann offen, erlauben aber Karrieren nur nach Maßgabe der jeweils ritualisierten Laufbahnordnungen. Diese schließen den Seiteneinsteiger und auch meist denjenigen aus, der erst später »in die Politik« gehen will, begünstigen also den Typus dessen, der in jungen Jahren Berufspolitiker wird, in keinem anderen Berufsfeld Erfahrungen sammelt und nach relativ kurzer Zeit in Abhängigkeit von der Politik gerät. Die Nachwuchsermittlung erfolgt damit unter dem Druck der je eigenen institutionellen Bedürfnisse, und sie wird erleichtert, indem man das Feld, auf dem politische Karrieren stattfinden, immer weiter ausdehnt.

Institutionen wollen und müssen überleben. Zum Machterwerb und Machterhalt gehört für die Parteien, so sie es können, immer mehr dem Zugriff der Politik zu öffnen und damit die eigene Herrschaft auszudehnen: Am skandalösesten geschieht das im Bereich der öffentlich-rechtlichen Funk- und Fernsehanstalten und der Chancenzuteilung bei den privaten Sendern, am ridikülsten bei den Großbetrieben und Banken, die dem Parteizugriff offen stehen, am verwerflichsten in den höheren Rängen der Verwaltung und der Justiz. Parteien neigen dazu, wenn sie es können, sich den Staat anzueignen und sich mit ihm zu identifizieren. Niemand wird ernstlich die Frage beantworten wollen, »wie man im Rahmen der hergebrachten Regeln des Berufsbeamtentums die Aufgabe jenes Staatskanzlei-Ministerialrats beurteilen soll, der von Amts wegen die Leserbriefe in den Tageszeitungen studieren und dann den Absendern pampig nach Hause schreiben muß, da hätten sie aber mal ganz falsch gelegen«[6]. Mit solchen Kleinigkeiten, die nur für das Selbstverständnis der Beteiligten wichtig sind, beginnt es. Daß das Selbstverständnis mehr und mehr dazu führt, alle denkbaren Kontrollinstanzen zu relativieren, bedroht das System der »checks and balances«.

Kommt es zur mehr oder weniger weitgehenden Identifikation zwischen Partei und Staat, was in der Regel eine langjährige Alleinherrschaft einer Partei voraussetzt, sind solche Folgen fast unvermeidlich. Die Beauftragten der Parteien verlieren die Maßstäbe für das, was geht und was nicht geht. Die großen politischen Skandale der Bundesrepublik in den letzten Jahren sind ähnlich wie in Österreich fast immer Parteienskandale gewesen und hatten es entweder mit unerlaubter Geldbeschaffung, mit dem schamlosen Griff in die Staatskasse, mit dem Einsatz staatlicher Instrumente gegen den politischen Gegner oder mit der Verquickung von Partei- mit Staatsangelegenheiten zu tun. Daneben wirken die Korruptionsfälle in der öffentlichen Verwaltung, die bekannt geworden sind, nahezu harmlos. Der »Hauch von Korruption«, der über der Bundesrepublik liegt, hat mit dem Geldbedarf und der Herrschafts- wie Versorgungspatronage der Parteien zu tun. Er trägt dazu bei, daß den Parteien oft mit Mißtrauen begegnet wird. Das behin-

[6] Herbert Riehl-Heyse, Beutezüge. Wie die Parteien in der Bundesrepublik allmählich die Verfassung unterwühlen. In: Süddeutsche Zeitung vom 28. 5. 1988, S. 139f.

dert sie auch in ihrem Geschäft der Nachwuchsrekrutierung. Ist es in einem Bundesland das erklärte Ziel des Regierungschefs, nur Mitglieder der eigenen Partei in den höheren Staatsdienst aufzunehmen – Uwe Barschel hat das in Schleswig-Holstein angestrebt –, oder ist anderswo dieses Ziel schon erreicht wie in Bayern, kommt es zu unwürdigen Anpassungsvorgängen und irgendwann einmal zur Gefährdung der öffentlichen Verwaltung. Die Parteien haben zu solcher Gefährdung beigetragen. Das wirkt sich auf die Institutionen aus, welche sie personell bedienen oder die politisch geführt werden sollen. Es wirkt sich aber auch auf sie selbst aus. Parteien, die von denen dominiert werden, die ihre Karriere betreiben oder befestigen wollen, diskutieren anders als solche, die zunächst einmal Forum politisch Interessierter sind. Es tritt eine ähnliche Distanzierung ein wie die zwischen politischer Führung und Bevölkerung.

Ein großes Stück dieser Distanz ist durch den teilweise unvermeidlichen Zentralismus von weithin institutionalisierten Parteien bedingt. Solchen Zentralismus verkörpert wie kein anderer in jüngerer Zeit Helmut Kohl, und hierin liegt wohl auch seine eigentliche, von seinen zahlreichen intellektuellen Kritikern immer unterschätzte Stärke. Kohl ist seit geraumer Zeit voll in das Zentrum der CDU hineingewachsen; er bildet dieses Zentrum. Seine Konkurrenten in der Partei sind entweder ausgeschaltet oder haben an Glanz verloren: In Baden-Württemberg läuft es wirtschaftlich nicht mehr so gut wie früher, was auch auf Lothar Späth zurückwirkt, Gerhard Stoltenberg hat in Schleswig-Holstein große Schwächen gezeigt, Ernst Albrecht ist durch seinen Spielbanken- und den Geheimdienstskandal angeschlagen. Im Kabinett gibt es seit geraumer Zeit keinen eindrucksvollen Gesprächspartner, auf den der Kanzler hören müßte; Kohls Fähigkeit, mit schwachen oder sogar belasteten Ministern zu regieren, hat ihm immer wieder auch Bewunderung eingetragen. Dadurch fehlt es aber an der Arbeitsteilung und am Zusammenspiel zwischen politischer Führung im engeren Sinne und der Partei. Da Helmut Kohl allein das Zentrum bildet, muß er ständig Entscheidungsfähigkeit beweisen, muß immer mehr an sich ziehen, was an sich in den Kollegien der Regierung und der Partei erörtert werden müßte. Damit fehlt es an lebendiger Diskussion, an der Auseinandersetzung über Alternativen, die dann auch in die Öffentlichkeit gelangen und dort zum Verständnis für die notwendige Relativität zukunftsgestaltender Entscheidungen beitragen. Kohl verfügt nicht nur über die Fähigkeit, warten zu können, ist auch keineswegs der »Aussitzer«, wie man es ihm nachgesagt hat. Er ist in erster Linie selbstbewußter Machtpolitiker mit sicherem Gespür für naheliegende Veränderungen und ausgestattet mit der Fähigkeit zu vereinfachender Problemsicht. Das ergibt kein günstiges Klima für eine Diskussion. Kohl bezieht die Partei auf sich, macht sie in gewisser Weise abhängig von seinen Erfolgen, legt sie aber viel stärker auf Zustimmung als auf einen eigenen Beitrag zur Erörterung der Zukunftsfragen fest.

Mit solchen Voraussetzungen lassen sich Krisen überstehen und politische Alternativen unterdrücken, läßt sich auch die Schwäche des politischen Gegners gut ausnützen. Eine Partei läßt sich auf Dauer so nicht führen oder sie versagt als Partei. Dem, was von oben kommt, muß etwas entsprechen, was von der Basis ausgeht. Berührt sich beides nicht, wird die Basis resignieren und damit nicht leisten, was man von ihr erwartet, oder revoltieren. In Rheinland-Pfalz gab es 1988 eine solche Revolte; die Nicht-Wiederwahl des langjährigen Ministerpräsidenten Bernhard Vogel zum Landesvorsitzenden kam einem Sturz gleich. Sie offenbarte jedenfalls auch die dringende Forderung der Parteibasis, am politischen Geschehen teilzuhaben, die Grundlinien mitzugestalten, an denen dann Einzelentscheidungen gemessen oder überprüft werden können, Zukunft also in den politischen Alltag einzubringen. Wer diese Forderung erhebt, wie groß die entsprechende Gruppe innerhalb der Parteimitgliedschaft ist, weiß freilich keiner. Unsicherheit besteht insbesondere hinsichtlich des Verhältnisses zwischen Mitgliedern und Funktionären. Zur Basis gehören aber beide; neue »Führer« machen sich stets den Unmut beider zunutze. Parteien funktionieren längst institutionalisiert; auf die faktische Beteiligung kommt es nicht an, sie ist in Grenzen unverzichtbar nur während der Mobilisierungsphase des Wahlkampfes. Aber auch der Wahlkampf wird mit Geld geführt. Parteien schrecken nicht davor zurück, sich mehr auf große Werbekampagnen als auf das Gewicht ihrer Ideen zu verlassen.

Die SPD befindet sich seit Ende 1982 im Bund wieder in der Opposition und verlor vorübergehend auch jeden ernstzunehmenden Einfluß im Bundesrat. Das ist für die innerparteiliche Diskussion günstiger. 1986 kam denn auch der Entwurf eines neuen Programms zustande (»Irrseer Entwurf«), der später einmal das Godesberger Programm ablösen soll. Der Entwurf ist umfassend angelegt. Das Gesamtkonzept tritt aber hinter der

Auseinandersetzung zurück, die ganz im Vordergrund steht, und die sich auf die Wirtschaftspolitik bezieht. Hier gibt es Flügel; ein Parteitag wird sich zu entscheiden haben, ob sich die Formel »So viel Markt wie möglich, so viel Staat wie nötig« durchsetzt und ob sie in der politischen Praxis trägt. 1987 und 1988 sind allerdings von der Diskussion wenig Impulse ausgegangen, während Einzelthemen wie die Flexibilisierung der Arbeitszeit und die Erweiterung der Sonntagsarbeit Schlagzeilen machten.

Um 1968 waren auch die Parteien von der Aufbruchstimmung erfaßt. Die Mitgliederversammlungen waren besser besucht, es ging in ihnen politischer zu, der Streit wurde oft härter. Zu wirklicher Basismobilisierung hat das nicht geführt. Nach einigen Jahren kehrte wieder Routine ein; die Funktionäre beherrschten das Feld oder verteidigten es gegen ihre Widersacher. Die innerparteiliche Diskussion verlor wieder an Gewicht. Damit fehlt etwas. Das Dilemma, welches Politik auszuhalten hat, wird nicht deutlich genug, es wird in der Konsequenz nicht ertragen, sondern eher verdrängt. Wie es weitergehen soll, bleibt unklar, wird kaum in Alternativen transparent. Zugleich setzt sich immer mehr die quälende Vermutung durch, daß es so nicht weitergehen kann. Politische Führung kann in dieser Situation nicht auf alle Fragen Antworten geben. Sie muß aber dazu beitragen, daß die Fragen gestellt und die wichtigsten unter ihnen ausgewählt werden, damit man sich um eine Antwort bemühen kann. Die Überforderung der Politik ist von ihr selbst mitverursacht, solange sie den Prozeß der Zukunftssicherung nicht offenhält, sondern Gewißheit suggeriert und zugleich Gewißheiten des anderen verbal niederknüppelt. Mit einem hohen Maß an Unsicherheit müssen alle leben. Sie sinnvoll zu vermindern, ist Aufgabe aufgeklärter Politik.

Die Bundesrepublik befindet sich zu Beginn ihres fünften Jahrzehnts in einer neuen Entwicklungsphase mit neuen Herausforderungen. Ihr institutionelles Gefüge scheint auf längere Sicht gefestigt. Ob es leistet, was erwartet werden darf, hängt in erster Linie von der Entwicklung in den Parteien ab, hängt davon ab, daß man begreift, wie wenig Herrschaftssicherung die Zukunft sichert.

1. Die Unfähigkeit zu trauern

In den sechziger Jahren wurde die Verdrängung der jüngeren deutschen
Vergangenheit immer heftiger diskutiert. Diese Diskussion gilt als eine
der Ursachen, die ab 1966 zu den Studentenunruhen geführt haben. 1967
erschien das Buch von Alexander und Margarete Mitscherlich: Die
Unfähigkeit zu trauern. Grundlagen kollektiven Verhaltens. München
1967 (R. Piper & Co. Verlag). Im 1. Teil ist der Abschnitt 1 überschrie-
ben: ›Deutsche Illusionen‹; nachfolgend daraus die ersten Absätze.

In der Nacht des 22. Juni 1941, 15 Minuten vor Beginn des
deutschen Angriffs auf Rußland, weckte man Mussolini aus
dem Schlaf, um ihm einen Brief Hitlers vorzulegen, worin er
ihm den »entscheidenden Entschluß seines Lebens« mitteilte.
Auf die Frage seiner Frau, was das zu bedeuten habe, soll Mussolini geantwortet haben: »Das bedeutet, daß der Krieg verloren ist.«*

Der Krieg ging verloren. So gewaltig der Berg der Trümmer
war, den er hinterließ, es läßt sich nicht verleugnen, daß wir
trotzdem diese Tatsache nicht voll ins Bewußtsein dringen ließen. Mit dem Wiedererstarken unseres politischen Einflusses
und unserer Wirtschaftskraft meldet sich jetzt mehr und mehr
unbehindert eine Phantasie über das Geschehene. In etwas ver-
gröberter Formulierung ließe sich sagen, daß durch die Ver-
leugnung der Geschehnisse im Dritten Reich deren Folgen
nicht anerkannt werden sollen. Vielmehr will man die Sieger auf
Grund ihrer eigenen moralischen und politischen Maßstäbe
zwingen, die Konsequenzen der Naziverbrechen so zu handha-
ben, als ob es sich um einen belanglosen kriegerischen Konflikt
gehandelt hätte. Nach dieser Interpretation des Weltgeschehens
haben wir dann natürlich auch »Ansprüche«, zum Beispiel auf
die verlorenen Ostgebiete jenseits der Oder-Neiße-Linie. Zwar
hat uns das Beharren auf diesen Phantasien in der politischen
Realität keinen Schritt weitergebracht; die Kluft zwischen den
beiden deutschen Staaten hat sich unnötig vertieft; wir bestehen
jedoch auf der Idee eines Rechtsanspruches, den wir in einem

* Zit. nach Sebastian Haffner, Ein Jahrestag mahnt. In: Stern Nr. 26 vom
26. Juni 1966.

Friedensvertrag zur Geltung zu bringen hätten. Zwar ist ein solcher Vertrag nicht in Aussicht, und oft genug hat in der Geschichte der Menschheit die Regel gegolten, daß, wer einen Krieg zur völligen Vernichtung des Gegners begann, bei einer Niederlage mit entsprechenden Konsequenzen zu rechnen hatte. Denn es ist leicht abzusehen, in welcher Weise ein national-sozialistischer Staat, wenn ihm der Sieg zugefallen wäre, die östlichen Staaten behandelt hätte – wir aber bringen nach all dem »Rechtsansprüche« vor, Rechtsansprüche, die wir selbst, wären wir die Mächtigen geblieben, nie als verbindlich anerkannt hätten. In den zwanzig Jahren seit Kriegsende und insbesondere seit Stalins Tod hat sich die definitive Festigung der Sowjetunion als Weltmacht vollzogen. Desungeachtet beharren wir auf der Erwartung, ein Friedensvertrag werde uns die Rückkehr nur »provisorisch unter fremder Verwaltung stehender Gebiete« bringen – also eine restitutio ad integrum. Das Dritte Reich, Hitlers Krieg nur ein Traum.

Mit dieser Einsicht in eine illusionär begründete Politik wird dem Vorwurf, wir betrieben »Revanchismus«, nicht das Wort geredet. Denn unsere Politik hat nicht die Mittel, das Weltgeschehen derartig zu beeinflussen, daß irgendwer mit uns auszöge, um mit Waffengewalt uns unsere verlorenen Ostgebiete »heimzuholen«. Diese Spekulation mag auf der Höhe des Kalten Krieges hier und da ernstlich gepflegt worden sein. Seit dem Sputnik sind solche Hoffnungen erkaltet. Unsere Politik ist nicht revanchistisch, sie ist illusionär – aber auch deshalb nicht ungefährlich. Weder unseren Regierungen noch unseren Parteien noch sonstigen Gruppen unserer Öffentlichkeit ist es gelungen, uns alle von einer einfachen, logisch verknüpften Kette von Tatsachen zu überzeugen: Wir haben die Sowjetunion mit Krieg überzogen, haben dem Land unendliches Leid gebracht und dann den Krieg verloren. Das hat zu einer Verschiebung der machtpolitischen Einflußzonen geführt. Nach der bedingungslosen Kapitulation müssen wir uns realpolitisch in die Tatsache schicken, daß der Sieger – der seinerseits den Sieg nur unter größten Opfern erreichte – seine Bedingungen so stellt, wie er sie für seine Interessen glaubt stellen zu müssen. Daß Rußland, ob bolschewistisch oder zaristisch, nach einem gewonnenen Krieg Gebietsforderungen stellen und eine Ausweitung seiner Einflußzone mit Nachdruck verfolgen würde, konnte man im vorhinein wissen. Indem wir in Rußland einmarschierten, waren wir dieses kalkulierbare Risiko eingegangen; aber wir sind jetzt nicht fähig, die Forderungen Rußlands als Kriegsfolge anzuerkennen, als ob die ganze Auseinandersetzung ein Kabinettskrieg und nicht ein ideologischer Kreuzzug gewesen wäre.

Man kann natürlich, wenn man so schroff formuliert – wir seien nicht bereit, hinzunehmen, den Krieg gegen Rußland ohne Einschränkung verloren zu haben –, leicht überführt werden, die Dinge zu übertreiben. Die Formulierung zielt auch nicht auf den rationalen Vordergrund, in dem man gezwungenermaßen mit einem schwer beweglichen machtpolitischen Koloß zu tun hat, sondern auf die dahinterliegenden Phantasien. Es geht um die Hintergedanken und ihren nicht geringen, wenn auch nicht leicht in einer einfachen Beweisführung darstellbaren Einfluß auf unser faktisches Verhalten.

Ein Tabu ist entstanden, ein echtes Berührungstabu. Es ist verboten, die Anerkennung der gegenwärtigen Grenzen beider deutscher Staaten als ein Faktum zu diskutieren, von dem man zunächst einmal auszugehen hat. Im Berührungstabu ist der Traum enthalten, es könnte sich doch noch durch unabsehbare Glücksfälle fügen, daß zurückzuholen ist, was sträflich Hybris aufs Spiel gesetzt und vertan hat. Es ist tatsächlich ein gefährlicher Traum, statt der Anstrengung, nationale Grenzen ihres Charakters der Barrieren vor einem freien Verkehr zu entkleiden – so daß es uns erlaubt wäre, an die Kurische Nehrung zu fahren wie in die Vogesen –, den »Alleinvertretungsanspruch« höher einzuschätzen und während zwanzig Jahren sich nicht um eine vernünftige Koexistenz zu bemühen. Dabei enthüllt sich die Macht der Hintergedanken, denn sie sind es, die den erträglichen Kompromiß zugunsten der unerträglichen Rechthaberei auf beiden deutschen Seiten verwerfen ließen.

Dementsprechend müssen auch für fremde Ohren unsere Versicherungen, bei der Verfolgung unserer Rechtsansprüche auf Einsatz von Machtmitteln zu verzichten, etwas Unverbindliches enthalten. Diese deutsche Art, das schier Unerreichbare kompromißlos so zu lieben, daß das Erreichbare darüber verlorengeht, wiederholt sich in der deutschen Geschichte seit dem Heiligen Römischen Reich Deutscher Nation.

Die Orientierung am Unwirklichen war einer der Anlässe der folgenden Untersuchung. Da wir es mit Phantasien zu tun haben, die im scheinbar logisch geordneten Verhalten aufzufinden sind, kompliziert sich die Darstellung, und wir können es nicht verhindern, daß unsere Beobachtungen oft schwerfällig formuliert und vielleicht peinigend um die Sache bemüht sind. Trotzdem erhoffen wir vom Leser, daß er seine Unlust angesichts dessen, was wir ausbreiten, zunächst aushält, ehe er zum Urteil schreitet.

2. Kritik an der Universität

Die Studentenunruhen gehen ursächlich auch auf die Entwicklung an den Universitäten zurück. An ihr übte sehr früh und besonders heftig der Sozialistische Deutsche Studentenbund (SDS) Kritik.

Quelle: Hochschule in der Demokratie. Denkschrift des Sozialistischen Deutschen Studentenbundes. Frankfurt 1961, durchgesehene Neuauflage 1965, S. 81 ff. (ohne Anmerkungen)

a) Zur Verfassungswirklichkeit der gegenwärtigen Hochschule
...

b) Akademische Selbstverwaltung oder akademisches Herrschaftssystem?

Ist die Struktur der wissenschaftlichen Betriebe auf einer frühen Stufe kapitalistisch-industrieller Betriebsverhältnisse stehengeblieben, so sind in der Verfassung der akademischen Selbstverwaltung z. T. noch Elemente der vorbürgerlich-ständischen Zunftverfassung konserviert, wie sie z. B. vor zweihundert Jahren im Preußischen Allgemeinen Landrecht fixiert worden sind.

Die mittelalterlich-ständische Gelehrten- und Scholarenzunft, die *universitas doctorum, magistrorum et scholarium*, hatte jedoch eine völlig andersartige soziale Funktion als die bis heute konservierten zunftartigen akademischen Organe. Denn ihr fehlte der im 19. Jahrhundert errichtete Unterbau der Institute: sie hatte einen echt-genossenschaftlichen Charakter; die Genossenschaft der Professoren und die der Scholaren (gegliedert in Landsmannschaften) standen sich unabhängig gegenüber.

Durch den geschilderten Prozeß der Industrialisierung der Wissenschaft, der Trennung des Wissenschaftlers von seinen »Produktionsmitteln« erhielt eines dieser genossenschaftlichen Gebilde, die Professorenschaft mit ihren Organen – Fakultäten, Dekane, Senat, Rektor – die Funktion eines Herrschaftsinstrumentes der wissenschaftlichen »Produktionsmittelbesitzer« über die nichtbesitzenden, abhängigen Wissenschaftler und Studenten.

So wie der Lehrstuhlinhaber über sein Institut verfügt, so haben die Universitätsorgane der Professorenschaft die Gesamthochschule in ihrem Besitz. Der Hochschulzweck wird zum Privatzweck, »zu einem bloßen Machen von Karrieren« (zit. K. Marx).

»Der allgemeine Geist der Bürokratie ist das Geheimnis, das Mysterium, innerhalb ihrer selbst durch die Hierarchie, nach außen als geschlossene Korporation bewahrt« (zit. K. Marx).

»Der Besitz dieser einmal gewonnenen Monopolstellung aber wird von ihren Inhabern verteidigt mit allen Mitteln unter der Sonne: Religion, Moral, Legenden, Fiktionen.« (Prof. Eduard Baumgarten in seiner Rede vor dem Hochschulverband – Juni 1960 – in bezug auf die Hochschulverfassung.)

Obwohl die kollegialen Organe der Professorenschaft Herrschaftsinstrumente sind, wird ihre Herrschaftsgewalt jedoch gleichzeitig durch den Partikularismus der Institutsdirektoren ausgehöhlt. Die im traditionellen akademischen Verfassungswesen eigentlich gar nicht vorgesehenen und nicht erfaßten Institutsdirektoren mit ihrer Verfügungsgewalt über einen großen Personal- und Sachetat überspielen mehr oder weniger deutlich die akademischen Organe. Sie schließen z.B. selbständig Verträge mit staatlichen und privaten Stellen ab, die z.T. die Forschungsrichtung auf Jahre festlegen, ohne daß die akademischen Organe darüber eine Kontrolle ausüben könnten. Die innere Ordnung des Instituts ist natürlich ebenso eigene Angelegenheit des Direktors.

Daher bestehen die Hauptfunktionen der akademischen Organe der Professorenschaft nicht in der Verwaltung des eigentlichen Wissenschaftsbetriebs – das bleibt den Institutsdirektoren überlassen – oder in der Planung und Koordinierung der Forschung – das verhindert meist die selbstherrliche Art der Lehrstuhlbesitzer – sondern in mehr äußerlichen Zwecken, wodurch diese eigentlich personale und genossenschaftliche Selbstverwaltungsform zum bloßen mechanischen Verwaltungsapparat herabsinkt. Die akademische Selbstverwaltung ist gegenwärtig

a) ein Mechanismus, der die äußere Organisation und Koordinierung der Lehrveranstaltungen in den Fakultäten regeln soll,

b) eine Karriere-Institution, die in geheimen Sitzungen über die Laufbahn wissenschaftlicher Nachwuchskräfte entscheidet,

c) eine Prüfungsbehörde,

d) das Aufsichtsorgan der Studentenschaft,

161

e) Vertretung der Ordinarien als Arbeitgeber gegenüber den
   Assistenten und Angestellten.

Diese Verwaltung hat also mit dem Vollzug von Forschung und
Lehre und seinen Anforderungen relativ wenig zu tun. Sie hat
vor allem eine gesellschaftliche Funktion als Instrument der
Herrschaft über die abhängigen Wissenschaftler und Studenten...

Durch die Beamtenstellung des Lehrstuhlinhabers erlangt
dieser einerseits Anteil an der staatlichen Herrschaft, indem der
Staat als Kapitalgeber ihn zum selbstherrlich schaltenden Ver-
walter der Betriebsmittel macht, und zwar auf Lebenszeit, andererseits wird er nach den immer noch vorherrschenden obrigkeitsstaatlichen Verfassungstheorien ein »Staatsdiener« mit besonderer Treueverpflichtung, der einen Teil seiner Grundrechte
nicht ausüben darf. Hier wird deutlich, daß die Machtstellung
des Institutsdirektors nur abgeleitete, delegierte Macht der
»Obrigkeit« ist. In seiner Stellung als Institutsleiter spielt er nur
eine eingebildete Kapitalistenrolle, denn nach dem nach wie vor
obrigkeitsstaatlichen Stil der Staatsverwaltung kann der Insti-
tutsdirektor staatlichen Weisungen unterworfen werden. Durch
die gegenwärtige Form der staatlichen Finanzierung der Hochschulen wird er auch von zahlreichen Dienststellen der staatlichen Bürokratie abhängig, die auf dem Wege über die Mittelbe-
willigung für zahlreiche spezielle Bedürfnisse auch Forschung
und Lehre beeinflussen.

Zweitens wird die akademische Selbstverwaltung durch ihre
soziale Aufsichtsfunktion gegenüber der Studentenschaft immer wieder in die Rolle des staatlichen Herrschaftsinstruments
gedrängt: Indem die akademischen Organe die freie politische
Betätigung und Opposition der ökonomisch abhängigen und
politisch bevormundeten Studenten und Assistenten einschränken, indem sie eine Zensur über die Studentenpresse ausüben,
politische Veranstaltungen der »akademischen Bürger« nach
Belieben untersagen, machen sie sich selbst zum Instrument des
staatlichen Herrschaftsapparates...

(Die Studentenvertretung) steht in ihrer sozialen Funktion als
Interessenvertretung der Studenten den akademischen Organen
der Professorenschaft wie ein Betriebsrat ohne jedes Recht auf
Mitbestimmung gegenüber, wirkt jedoch wie ein solcher Betriebsrat teilweise stabilisierend für das System, indem ihr
zweitrangige Aufgaben zur Erledigung übertragen werden. Ihre
bloße Existenz dient als Alibi der Oligarchie der Ordinarien, als

scheinbarer Beweis des genossenschaftlichen Charakters der Universität.

3. Ein Abgrund von Landesverrat

Einige Tage nach dem Beginn der staatsanwaltschaftlichen Aktionen gegen den ›Spiegel‹ kam es im Bundestag zu erregten Auseinandersetzungen. Sie begannen in der Fragestunde am 7. November 1962 aufgrund von Fragen verschiedener Abgeordneter, wobei sich nach dem Eingreifen von Bundeskanzler Adenauer eine allgemeine Debatte ergab.

Quelle: Stenographisches Protokoll; dokumentiert in Jürgen Seifert (Hrsg.), Die Spiegel-Affäre. Band 1: Die Staatsmacht und ihre Kontrolle. Olten 1966.

Dr. Adenauer, Bundeskanzler: Herr Präsident! Meine Damen und Herren! Ich erhalte gerade den Wortlaut der Erklärung, die Herr Abgeordneter Ritzel soeben hier verlesen hat. Es finden sich darin folgende Sätze: Wir müssen aber alle auch dafür sorgen, daß unsere Behörden einschließlich der Strafverfolgungsbehörden bei der Untersuchung von Straftaten den durch Verfassung und Gesetze gezogenen Rahmen einhalten und rechtsstaatlich vorgehen.

(Abg. Seuffert: Sehr richtig!)

Die 18 Fragen, die heute in der Fragestunde zum Teil behandelt wurden, beziehen sich in keiner Weise auf die gegenüber der ›Spiegel‹-Redaktion durch den Bundesanwalt erhobenen Beschuldigungen des Landesverrats. Sie beziehen sich einzig und allein auf die aufklärungsbedürftigen Vorgänge in bezug auf das Verhalten von Ministern, Staatssekretären und des Bundeskriminalamts bei Durchführung des erteilten Befehls auf Haussuchung und Beschlagnahme von belastendem Material. Der Schutz gegen Landesverrat soll unser Volk vor fremder Macht und fremder Willkür schützen. Es muß dann aber auch dabei bleiben, daß der Staatsbürger gegen Willkür in eigenem Lande geschützt ist. Die hierbei zu ziehenden Grenzen klarer zu machen, ist der Sinn unserer Fragen.

(Sehr richtig! bei der SPD.)

Meine Damen und Herren, soweit in dieser Erklärung der Vorwurf erhoben wird, daß das Bundesverfassungsgericht oder die Bundesanwaltschaft oder die Beamten des Bundeskriminalamtes nicht rechtsstaatlich gehandelt haben (lebhafter Widerspruch bei der SPD. – Abg. Hermsdorf: Steht denn das drin?) und daß vor diesen Einrichtungen, dem Bundesgericht, der Bundesanwaltschaft und dem Bundeskriminalamt, unsere Mitbürger geschützt werden müßten, lege ich gegen eine solche Erklärung schärfsten Protest ein.

(Beifall bei den Regierungsparteien. – Lachen und Buh-Rufe von der SPD. – Abg. Wehner: Dem Bundesverfassungsgericht? – Abg. Schmitt-Vockenhausen: Dem Bundesverfassungsgericht dürfen Sie wohl Vorwürfe machen!)

Meine Damen und Herren, aus meiner Kenntnis der Dinge spreche ich allen Beamten dieser Organisationen meinen Dank und meine Hochachtung aus.

(Erneuter Beifall bei der CDU/CSU. – Zurufe von der SPD.)

Ich möchte hier an alle Parteien und an das ganze deutsche Volk folgende Bitte richten.

(Anhaltende lebhafte Zurufe von der SPD.)

Es ist Landesverrat ausgeübt worden – das ist sehr wahrscheinlich –

(fortdauernde Zurufe von der SPD.)

von einem Manne, der eine Macht, eine journalistische Macht in Händen hatte. Ich stehe auf dem Standpunkt: je mehr Macht, auch journalistische Macht, jemand in Händen hat,

(Abg. Wehner: . . . ist nicht so pingelig!)

desto mehr ist er dazu verpflichtet,

(Abg. Wehner: Nicht so pingelig zu sein!)

die Grenzen zu wahren, die die Liebe zum Volk – –

(Lebhafte Zurufe von der SPD. – Gegenrufe von der CDU/ CSU. – Abg. Dr. Schmidt, Wuppertal: ›Spiegel‹-Partei!)

Präsident D. Dr. Gerstenmaier: Lassen Sie bitte den Herrn Bundeskanzler weiterreden.

(Abg. Wehner: Aber jeder Strizzi darf die SPD beschimpfen! – Weitere Zurufe von der SPD.)

– Lassen Sie den Herrn Bundeskanzler weiterreden!

(Oho-Rufe von der SPD.)

– Der Präsident dieses Hauses schützt die Redefreiheit auch für den Bundeskanzler.

(Beifall bei der CDU/CSU.)

Dr. Adenauer, Bundeskanzler: Meine Damen und Herren, ist es dann nicht erschreckend,

(Sehr wahr! und Beifall bei der SPD.)

ist es dann nicht erschreckend,

(Zurufe von der SPD: Ja!)

wenn ein Oberst der Bundeswehr, nachdem er gehört hat, daß ein Verfahren gegen Augstein und Redakteure des ›Spiegels‹ eingeleitet sei, hingeht und denen Bescheid gibt, damit Beweismaterial beiseitegeschafft wird?

(Zurufe von der Mitte: Unerhört! – Abg. Seuffert: Hat darüber hier jemand gesprochen?)

– Ja, lesen Sie einmal durch, worüber Sie gesprochen haben,

(Abg. Seuffert: Über ganz andere Dinge!)

und dann warten Sie das Ergebnis der weiteren Feststellungen ab! Dann werden Sie bereuen, daß Sie diese Fragen gestellt haben.

(Beifall bei der CDU/CSU.)

Ich erkläre nochmals, meine Damen und Herren: ich glaube, ich bin als Bundeskanzler dazu verpflichtet,

(Zurufe von der SPD: – zu prüfen!)

dem Bundesgericht und den Beamten der Bundesanwaltschaft und den Beamten des Bundeskriminalamtes dafür zu danken, daß sie sich an diese Sache mit solcher Intensität herangemacht haben.

(Beifall bei der CDU/CSU und der FDP. – Zurufe von der SPD.)

Präsident D. Dr. Gerstenmaier: Einen Augenblick! Eine geschäftsordnungsmäßige Erinnerung, bevor es weitergeht. § 48 Abs. 3 der Geschäftsordnung:

Ergreift ein Mitglied oder Beauftragter der Bundesregierung oder des Bundesrates das Wort außerhalb der Tagesordnung, – der Fall ist gegeben – so wird auf Verlangen von 30 anwesenden Abgeordneten die Beratung über seine Ausführungen eröffnet. Sachliche Anträge dürfen hierbei nicht gestellt werden.

Ich frage, ob 30 anwesende Abgeordnete eine Beratung wünschen. – Das ist der Fall.

Jetzt kommt die sehr viel schwieriger zu entscheidende Frage: wer hat sich zuerst gemeldet, Herr Abgeordneter Ritzel oder Herr Erler?

(Zurufe von der SPD: Herr Erler!)

– Herr Abgeordneter Erler hat das Wort.

Erler (SPD): Herr Präsident! Meine sehr verehrten Damen und Herren! Die Intervention des Herrn Bundeskanzlers tut mir außerordentlich leid. Sie tut mir deshalb leid, weil damit leider – leider! – der Umwelt gegenüber, in der man sehr sorgsam das rechtsstaatliche Verhalten unserer Behörden unter die Lupe nimmt, erneut Anlaß geben wird, in die Festigkeit der rechtsstaatlichen Prinzipien in diesem Lande Zweifel zu setzen.

(Beifall bei der SPD. – Pfui-Rufe, Zurufe und große Unruhe bei der CDU/CSU. – Abg. Dr. Mommer: Zeitungskrise!)

Wo es sich um Landesverrat handelt, muß zugepackt werden.

(Anhaltende lebhafte Unruhe und Zurufe bei der CDU/CSU.)

Aber auch eine Untersuchung wegen Landesverrats setzt die rechtsstaatlichen Prinzipien unseres Grundgesetzes nicht außer Kraft.

(Beifall bei der SPD. – Zustimmung bei Abgeordneten der CDU/CSU. – Zurufe.)

Ein Parlament, das sich den Ruf zuziehen würde, ein Verfahren wegen Landesverrats, das durchgeführt werden muß, nicht auch so zu beobachten, daß dabei im übrigen Verfassung und Gesetz nicht in Trümmer gehen, würde seine Kontrollaufgabe nicht erfüllen. Nur darum geht es heute und um nichts anderes.

(Beifall bei der SPD. – Unruhe bei den Regierungsparteien.)

Präsident D. Dr. Gerstenmaier: Das Wort hat der Herr Bundeskanzler.

(Abg. Seuffert zur CDU/CSU: Sie haben den Fall noch nicht erfaßt, wenn Sie noch lachen!)

Dr. Adenauer, Bundeskanzler: Herr Präsident! Meine Damen und Herren! Es ist in jedem rechtsstaatlichen Staat oberste Pflicht, nicht in schwebende Gerichtsverfahren einzugreifen.

(Beifall bei der CDU/CSU. – Abg. Seuffert: Oder eine Feststellung vorwegzunehmen!)

Ich wende mich dagegen, daß auch nur der Anschein erweckt wird, als ob das hier geschähe.

(Beifall bei den Regierungsparteien.)

Präsident D. Dr. Gerstenmaier: Das Wort hat der Herr Abgeordnete Ritzel.

Ritzel (SPD): Herr Präsident! Meine Damen und Herren! Die Ausführungen des Herrn Bundeskanzlers zwingen mich zu folgender Klarstellung. In der von mir im Wortlaut verlesenen und in den Händen des Herrn Bundeskanzlers befindlichen Erklärung heißt es im dritten Absatz, letzter Satz: »Sie« – die 18 Fragen – »beziehen sich einzig und allein auf die der Aufklärung bedürftigen Vorgänge in bezug auf das Verhalten von Ministern, Staatssekretären und des Bundeskriminalamtes bei Durchführung des erteilten Befehls auf Haussuchung und Beschlagnahme von belastendem Material.« Mit keinem Wort, Herr Bundeskanzler

(lebhafte Zurufe von der Mitte: Zusatzfragen!)
und meine verehrten Damen und Herren, ist in meiner Erklärung die Rede vom Bundesverfassungsgericht und von der Bundesanwaltschaft ...

Präsident D. Dr. Gerstenmaier: Das Wort hat der Herr Bundeskanzler.

Dr. Adenauer, Bundeskanzler: Herr Präsident! Meine Damen und Herren! Die Erklärung des Herrn Abgeordneten Ritzel enthält auch folgenden Schlußsatz, den Herr Ritzel eben nicht vorgelesen hat:

(Zuruf von der SPD: Er hat ihn doch schon vorher gelesen!)
Der Schutz gegen Landesverrat soll unser Volk vor fremder Macht und fremder Willkür schützen. Es muß aber dann auch dabei bleiben, daß der Staatsbürger gegen Willkür im eigenen Lande geschützt wird.

(Lebhafter Beifall bei der SPD und vereinzelt bei der FDP. –
Abg. Seuffert: Sind Sie anderer Auffassung? – Weitere Zurufe
von der SPD.)

Er hat dann eben in seinen Ausführungen folgendes gesagt:
»Die Sorgen um die Methoden, mit denen hier gearbeitet worden ist,

(lebhafte Rufe von der SPD: Sehr richtig! – Abg. Seuffert:
Deshalb haben Sie eine Regierungskrise gehabt! Abg.
Dr. Schäfer: Warum haben Sie eine Regierungskrise gehabt?)

haben uns zu diesen Fragen veranlaßt.«

(Abg. Dr. Schäfer: Fragen Sie mal den Herrn Güde! – Abg.
Seuffert: Fragen Sie mal den Herrn Justizminister!)

Meine Damen und Herren, in der Erklärung, die Herr Ritzel eben vorgelesen hat,

(anhaltende Zurufe von der SPD.)

oder in dem, was er hinzugefügt hat, steht folgendes drin: einmal hier der Landesverrat, aber auch auf der anderen Seite der Schutz der Bürger hier vor den Mißgriffen der Minister, der Staatssekretäre und – –

(Zustimmung bei der CDU/CSU. – Lebhafte Zurufe von der
SPD.)

Und dann, meine Damen und Herren, hat er eben hier erklärt:
Die Sorgen um die Methoden, mit denen hier gearbeitet worden ist – –

(Lebhafte Rufe von der SPD: Sehr richtig! – Abg. Seuffert:
Haben Sie keine Sorgen? Hat der Justizminister keine Sorgen? – Zuruf von der SPD: Warum wollte der Justizminister

zurücktreten? – Abg. Hermsdorf: Er versteht es nicht mehr, er versteht es nicht mehr!)

Nun, meine Damen und Herren,

(anhaltende Zurufe von der SPD.)

wir haben

(fortgesetzte Zurufe von der SPD.)

einen Abgrund von Landesverrat im Lande.

(Abg. Seuffert: Wer sagt das?)

– Ich sage das.

(Laute Rufe von der SPD: Aha! So? – Abg. Seuffert: Ist das ein schwebendes Verfahren oder nicht?)

Denn, meine Damen und Herren,

(Zuruf des Abg. Seuffert.)

wenn von einem Blatt, das in einer Auflage von 500 000 Exemplaren erscheint, systematisch, um Geld zu verdienen, Landesverrat getrieben wird – –

(Erregte Zurufe von der SPD: Pfui! Huh! – Pfeifen und anhaltende Zurufe von der SPD, u.a. von den Abgeordneten Seuffert und Hermsdorf.)

Präsident D. Dr. Gerstenmaier: Meine Damen und Herren, ich bitte Sie, die Ordnung zu bewahren, die erforderlich ist, um die Diskussion weiterführen zu können. Es hat keinen Zweck. – Herr Abgeordneter Hermsdorf! – Herr Abgeordneter Hermsdorf, beruhigen Sie sich!

(Fortgesetzte erregte Zurufe von der SPD.)

Dr. Adenauer, Bundeskanzler: Ich bin sehr erstaunt. Sie wollten sich doch gar nicht vor den ›Spiegel‹ stellen.

(Beifall bei der CDU/CSU. – Anhaltende lebhafte Zurufe von der SPD.)

Sie wollten doch nur die Methoden, mit denen ein Landesverrat aufgedeckt wird, – – Die passen Ihnen nicht. Das haben Sie doch eben gesagt.

(Anhaltende Unruhe.)

Meine Damen und Herren, ich wiederhole nochmals: Ich halte mich im Gewissen für verpflichtet, zu sagen, daß die Beamten des Bundesgerichts, der Bundesanwaltschaft, des Kriminalamts, des Kabinetts unser vollstes Vertrauen und den Dank des deutschen Volkes verdienen.

(Beifall bei der CDU/CSU. – Abg. Seuffert: Warum haben Sie dann den Staatssekretär entlassen? – Weitere erregte Zurufe von der SPD.)

4. Die »inneren Reformen«

Zu Beginn der sozialliberalen Koalition hieß es in der Regierungserklärung vom 28. Oktober 1969: »Wir wollen mehr Demokratie wagen. Wir werden unsere Arbeitsweise öffnen und dem kritischen Bedürfnis nach Information Genüge tun. Wir werden darauf hinwirken, daß durch Anhörung im Bundestag, durch ständige Fühlungnahme mit den repräsentativen Gruppen unseres Volkes und durch eine umfassende Unterrichtung über die Regierungspolitik jeder Bürger die Möglichkeit erhält, an der Reform von Staat und Gesellschaft mitzuwirken.« Anschließend wurde eine große Zahl von Bereichen genannt, in denen es ein Bedürfnis nach und auch die Möglichkeit von Reformen gebe. 1971 richtete die CDU/CSU-Fraktion eine Große Anfrage an die Bundesregierung und ersuchte um Auskunft über den Stand des innenpolitischen Arbeitsprogrammes der Bundesregierung. Diese antwortete schriftlich, und der Bundeskanzler gab am 24. März 1971 vor dem Bundestag eine Erklärung zur Reformpolitik ab.

Quelle: Broschüre des Presse- und Informationsamtes der Bundesregierung (Hrsg.), Das Reformprogramm der Bundesregierung. Bonn 1971.

Die Bundesregierung beantwortet die Große Anfrage der Fraktion der CDU/CSU wie folgt:

1. Die Große Anfrage bietet der Bundesregierung die willkommene Gelegenheit, ihre Politik der inneren Reformen dem Deutschen Bundestag und der Öffentlichkeit erneut darzulegen und zu erläutern. Grundlage für Planung und Durchführung der Regierungsarbeit ist die Regierungserklärung vom 28. Oktober 1969. In ihr sind die politischen Ziele der Regierungspolitik klar und verbindlich niedergelegt.

In den vergangenen 16 Monaten ihrer Amtsperiode hat die Bundesregierung zur Konkretisierung ihrer Regierungserklärung 16 Berichte vorgelegt. Die Bundesregierung versteht die folgenden Berichte nicht nur als analytische Bestandsaufnahme, sondern auch als Grundlage für die Planung ihrer Arbeit:

Bericht zur Lage der Nation (BT-Drucksache VI/223) und Jahreswirtschaftsbericht 1970 (BT-Drucksache VI/281) im Januar 1970

Bericht zur Lage der Landwirtschaft (BT-Drucksache VI/372) und Finanzbericht 1970 (BMF-Sonderdruck) im Februar 1970

Sozialbericht und Sozialbudget (BT-Drucksache VI/643) im April 1970

Verteidigungsweißbuch (BT-Drucksache VI/765) im Mai 1970

Bildungsbericht (BT-Drucksache VI/925) im Juni 1970

Bericht über die Sportförderung des Bundes (BT-Drucksache VI/1122) im August 1970

Finanzbericht 1971 (BMF-Sonderdruck) im September 1970

Raumordnungsbericht (BT-Drucksache VI/1340) und Verkehrsbericht (BT-Drucksache VI/1350) im November 1970

Städtebaubericht (BT-Drucksache VI/1497) und Gesundheitsbericht (BT-Drucksache VI/1667) im Dezember 1970

Bericht zur Lage der Nation (BT-Drucksache VI/1690) und Jahreswirtschaftsbericht 1971 (BT-Drucksache VI/1760) im Januar 1971

Agrarbericht (BT-Drucksache VI/1800) im Februar 1971

Der Vermögensbildungsbericht wird in der ersten Hälfte dieses Jahres vorgelegt werden.

Aus dieser umfassenden Bestandsaufnahme wurde auf der Grundlage der Regierungserklärung ein internes Arbeitsprogramm entwickelt, für dessen Verwirklichung, wie man der Anlage entnehmen kann, bereits in den eineinhalb Jahren Amtszeit dieser Bundesregierung wichtige Grundvoraussetzungen geschaffen worden sind. Die darin enthaltenen Reformmaßnahmen sind – soweit sie ausgabenwirksam sind – aus den Haushaltsplänen 1970 und 1971 sowie dem Finanzplan des Bundes 1970 bis 1974 (vgl. BT-Drucksache VI/1101, S. 4ff., S. 28ff.) erkennbar. Zusammen mit dem gleichzeitig veröffentlichten Finanzbericht 1971 weist dieser Finanzplan die Finanzierung des Reformprogramms für die Jahre 1970 bis 1974 nach.

Die Bundesregierung kann deshalb feststellen:

Parlament und Öffentlichkeit sind von ihr wiederholt, detailliert und umfassend über die Politik der inneren Reformen unterrichtet worden, und zwar in einem Ausmaß, das weit über das von früheren Regierungen Gewohnte hinausgeht . . .

5. Thesen gegen den Mißbrauch der Demokratie

Der Beirat für politische Fragen des Zentralkomitees der deutschen Katholiken verabschiedete am 30. April 1971 neun Thesen gegen den Mißbrauch der Demokratie und begründete sie ausführlich.

Quelle: Generalsekretariat des Zentralkomitees der deutschen Katholiken (Hrsg.), Berichte und Dokumente (Nr. 13). Bonn 1971.

1. Demokratie ist kein Religionsersatz. Jede pseudoreligiöse Verfälschung des Demokratiebegriffs gefährdet den demokratischen Staat.
2. Die repräsentative Demokratie sichert den Raum für die Selbstbestimmung und Selbstverwirklichung des Menschen.
3. Rationalität der Politik ist eine sittliche Forderung an den demokratischen Staat und eine sittliche Verpflichtung aller, die ein demokratisches Mandat innehaben. Moralische Absolutheitsansprüche führen zum Irrationalismus und damit zur Schädigung des allgemeinen Wohls.
4. Freiheit und Gleichheit sind Prinzipien der Demokratie. Die Spannung zwischen beiden wird durch die Prinzipien der Solidarität und Gerechtigkeit ausgeglichen.
5. Politisches Denken und Handeln ist nicht identisch mit gesellschaftlichem Denken und Handeln.
6. Die Forderung nach Demokratisierung der Gesellschaft ist der Sache nach berechtigt, in der Formulierung jedoch mißverständlich. Als politischer Begriff kann »Demokratie« nicht auf nichtpolitische Bereiche angewandt werden. Welche Formen der Demokratisierung legitim und welche nicht legitim sind, wird durch die Verfassung entschieden.
7. Politische Diskussion ist auf politisches Handeln und Entscheiden bezogen. Sie ist deshalb grundsätzlich anderer Art als theoretische Diskussion, insbesondere, weil sie an der praktischen Verantwortung orientiert sein muß.
8. Politische Beratungen im freiheitlichen Rechtsstaat können nur in bestimmten Grenzen öffentlich sein. Eine Mißachtung dieser Grenzen führt zu Unfreiheit und Terror.
9. Gesellschaftliche und politische Umgangsformen sind notwendig um des Schutzes der Menschenwürde in der modernen Gesellschaft willen. Wer sie mißachtet, verletzt Persönlichkeit und Freiheit des anderen.

6. Armut und »neue Armut« in der Bundesrepublik

In Zusammenhang mit Beobachtungen zum gesellschaftlichen Wandel ist es in den siebziger Jahren zu einer Diskussion über die Armut gekommen. Sie wurde in der Hauptsache öffentlich durch den Beitrag von Heiner Geißler, der feststellte, die Armut in der Bundesrepublik sei viel größer als angenommen. Gegen Geißler wurde dann in der

Diskussion eingewandt, daß er definitorisch das Problem unzulässig vergrößere.

Quelle:
a) Heiner Geißler, Die neue soziale Frage. Analysen und Dokumente. Freiburg 1976, S. 26 ff.
b) H. Hartmann, Sozialhilfebedürftigkeit und Dunkelziffer der Armut (= Schriftenreihe des Bundesministeriums für Jugend, Familie und Gesundheit, Bd. 98). Stuttgart 1981, S. 13 ff. (Auszüge)

a) 6 Millionen Arme in der Bundesrepublik

Die politische Verantwortung in der Bundesrepublik Deutschland für die Einkommen und die Einkommensverteilung hat sich in den vergangenen Jahren, vor allem seit 1969, durch die Untätigkeit des Staates immer stärker auf die Tarifpartner verlagert. Dabei haben die Regierenden weitgehend vergessen, daß der Arbeitnehmer, wenn er verheiratet ist und Kinder hat, vom Lohn, und zwar von dem Lohn, den er am Arbeitsplatz aufgrund seiner Leistung erzielt, allein nicht leben kann. Er ist auf Sozialeinkommen angewiesen, also z.B. auf Familienlastenausgleich in Form von Kindergeld, Wohngeld, Ausbildungsförderung, Leistungen, die im Rahmen des Sozialeinkommens auf dem Wege der sekundären Einkommensumverteilung vom Staat mittels Steuern finanziert und entsprechend den sozialpolitischen Zielsetzungen, die er sich gibt, verteilt werden.

Dieser Aufgabe ist der Staat, genauer gesagt, sind die Bundesregierung und die sie tragenden Parteien, in den letzten Jahren nicht mehr nachgekommen. Das Kindergeld ist von 1965 bis 1975 mit einer einzigen Ausnahme (nämlich 10,– DM für das dritte Kind) nicht mehr erhöht worden. Auch die Kindergeldreform von 1975 hat nichts daran geändert, daß das Kindergeld zu den ganz wenigen Sozialleistungen gehört, die nach wie vor nicht dynamisiert sind.

Durch die sehr niedrig angesetzten Einkommensgrenzen konnten Wohngeld und Ausbildungsförderung ihre sozial entlastende Funktion für immer weniger Familien erfüllen. Der inflationäre Verteilungskampf um das Volkseinkommen wurde fast ausschließlich zwischen Gewerkschaften und Arbeitgebern ausgetragen, wobei sich zeigte, daß keine der beiden Seiten dauerhafte Vorteile zu Lasten der anderen Seite erringen konnte*.

---

* Trotz großen Feldgeschreis ist z.B. seit langem ein Patt im inflationären Verteilungskampf zwischen Arbeit und Kapital zu beobachten. Zwar ist die Bruttolohnquote von 1950 bis 1974 von 58,4 Prozent auf 71,5 Prozent gestiegen,

172

Auch waren die Gewerkschaften nicht in der Lage, die Defizite staatlicher Sozialeinkommenspolitik durch höhere Tariflohnerhöhungen auszugleichen. Diese Versuche, wie sie z.B. die ÖTV unternommen hatte, erwiesen sich als untauglich und konjunkturpolitisch schädlich. Leidtragende waren auch hier die sozial Schwachen.

In der Bundesrepublik Deutschland gibt es wieder bittere private Armut. 5,8 Millionen Menschen in 2,2 Millionen Haushalten verfügen nur über ein Einkommen, das unter dem Sozialhilfeniveau liegt (vgl. D.I). Es handelt sich dabei nicht um »Gammler, Penner und Tippelbrüder«, sondern um

– 1,1 Millionen Rentnerhaushalte mit 2,3 Millionen Personen und
– 600 000 Arbeiterfamilien mit 2,2 Millionen Personen und
– 300 000 Angestelltenhaushalte mit 1,2 Millionen Personen.

Die eigene Sprachlosigkeit der Armen darf nicht dazu führen, daß sie der öffentlichen Aufmerksamkeit entzogen werden, ohne die in einer Massendemokratie wenig geschieht. Die Armut in unserer Gesellschaft existiert, jedoch oft verschämt und versteckt. Die Zahl der Personen, deren Einkommen unter den Bedarfssätzen der Sozialhilfe liegen, ist etwa siebenmal so groß wie die Zahl der Empfänger, die tatsächlich laufende Hilfe zum Lebensunterhalt erhalten.

Die Gründe dafür, warum die Leistungen der Sozialhilfe von so vielen Menschen nicht in Anspruch genommen werden, obwohl sie ein Recht darauf haben, sind vielschichtig: ein Familienvater z.B., dessen Einkommen unter dem Sozialhilfeniveau liegt, lehnt es schlicht ab, zum Sozialamt zu gehen, weil er ja »selber für sich sorgen kann«. Ein weiterer Grund ist die Furcht, die Sozialhilfeträger könnten unterhaltspflichtige Verwandte, insbesondere die Kinder, in Anspruch nehmen. Hinzu kommt, daß gerade unter den Armen ein verhältnismäßig großer Informationsmangel vorliegt.

Armut und soziale Isolierung befinden sich in einem Kreislauf. Wer arm ist, verliert den sozialen Anschluß, und wer den

im gleichen Zeitraum hat sich aber der Anteil der abhängig Beschäftigten an der Gesamtzahl der Erwerbstätigen von 68,6 Prozent auf 84,9 Prozent erhöht. Die Erhöhung der Bruttolohnquote ist darauf zurückzuführen, daß die Zahl der Arbeitnehmer rapide angestiegen ist. Die bereinigte Lohnquote, die das Anwachsen der Beschäftigtenzahl berücksichtigt, ist mit 65,3 Prozent im Jahr 1974 gegenüber 65,5 Prozent im Jahr 1950 praktisch konstant geblieben…

Anschluß verliert, ist arm. Ursache und Wirkung lassen sich nur noch schwer unterscheiden.

b) Armut und Sozialhilfe

Etwa seit Mitte der siebziger Jahre hat der Begriff »Armut« wieder Eingang in die sozialpolitische Diskussion in der Bundesrepublik gefunden, »arm sein« scheint wieder zu einem Bestandteil gesellschaftlicher Wirklichkeit geworden zu sein, und die Vielzahl der zu diesem sozialpolitisch gleichermaßen relevanten wie brisanten Thema publizierten Veröffentlichungen kann als eine neue »Armutsdiskussion in der Bundesrepublik Deutschland« verstanden werden. Gleichwohl ist die Verwendung des Terminus »Armut« für soziale Tatbestände nicht ohne Widerspruch geblieben; daß etwa in einem hochindustrialisierten Wohlfahrtsstaat die Abhängigkeit einer Familie von staatlichen Sozialhilfeleistungen als »Armut« charakterisiert werden kann, wird mit Vehemenz bestritten.

Die Kontroverse darüber, ob die Rede von »Armut« in unserer Gesellschaft gerechtfertigt ist oder nicht, gehört selbst von Anfang an zum Bestandteil der Armutsdiskussion. Sie unterstreicht die Notwendigkeit, sprachlich und sachlich klar darzulegen, was unter »arm sein« in der heutigen sozialen Realität zu verstehen ist bzw. verstanden werden soll. Es kann davon ausgegangen werden, daß der umstrittene Begriff auch im Bewußtsein von Nicht-Experten existent ist. Nach einer Untersuchung aus dem Jahre 1979 bezeichnen sich immerhin 4 Prozent der Bevölkerung ab 16 Jahren – das sind ca. 1,5 Millionen Bundesbürger – selbst als »arm«; weiterhin rechnen 13 Prozent der Wahlbevölkerung die »Beseitigung der Armut« zu den 10 wichtigsten Zukunftsaufgaben der Sozialpolitik.

Eine Untersuchung zur Sozialhilfebedürftigkeit in der Bundesrepublik hat auf die Diskussion über Armut Bezug zu nehmen. Die oft als »letztes Netz« des sozialen Sicherungssystems bezeichnete Sozialhilfe richtet sich auf jene Personengruppen, die tatsächlich in extremster Weise auf materielle wie immaterielle Hilfe angewiesen sind; finanzielle Unterstützung wird ihnen dann gewährt, wenn sie den »notwendigen Lebensunterhalt nicht oder nicht ausreichend aus eigenen Kräften und Mitteln beschaffen« können. Die im Bundessozialhilfegesetz geregelte Sozialhilfe ist somit zum einen auf die Sicherung des reinen Existenzminimums für Bedürftige gerichtet, die dazu im Rahmen ihrer eigenen Möglichkeiten nicht in der Lage sind; zum anderen sieht die Sozialhilfe für eine Reihe qualifizierter Bedarfstatbestände ein breites Spektrum von Hilfen – die »Hilfen in besonderen Lebenslagen« – vor, die im wesentlichen dann einsetzen, wenn die Betroffenen sich nicht mehr selbst helfen können.

Das Bundessozialhilfegesetz (BSHG) scheint seiner grundsätzlichen Zielsetzung nach auf den sozialen Tatbestand der »Armut« gerichtet zu sein. Sozialhilfebedürftigkeit und Armut werden daher oft als Synonyme gebraucht; die für die Gewährung der Hilfe zum Lebensunterhalt ausschlaggebenden Einkommens- und Vermögensvoraussetzungen als Bedürftigkeitstatbestand dienen für viele Untersuchungen und Abhandlungen als »Armutsgrenze« bzw. »Meßlatte der Armut«. Ob die Gleichsetzung von Sozialhilfebedürftigkeit mit Armut gerechtfertigt ist, hängt wiederum von Konzept und Definition des Begriffes »Armut« ab. Nicht selten entzieht man sich aber auch durch diese Gleichsetzung den Schwierigkeiten und Problemen, die mit der Präzisierung und praktischen Handhabung der Termini »Armut« und »Armutsgrenze« zusammenhängen. Sozialhilfebedürftigkeit im Sinne des Angewiesenseins auf Leistungen nach dem Bundessozialhilfegesetz wird als heutige adäquate Erscheinungsform von Armut verstanden; die auf der Basis des Regelsatzes der Sozialhilfe gebildete Einkommensgrenze – die das Kriterium für die Anspruchsberechtigung auf finanzielle Hilfe zum Lebensunterhalt darstellt – bezeichnet die empirisch anwendbare und als »objektiv« erscheinende Scheidelinie zwischen Armut und Nicht-Armut.

Diese Verfahrensweise – sei sie theoretisch begründet oder eher pragmatischen Erwägungen vorgezogen – stößt durchaus auf Kritik, die nicht zuletzt deswegen berechtigt erscheint, weil damit der Umfang des Armutspotentials von der mehr oder weniger von politischen Überlegungen beeinflußten Festsetzung der Höhe der zu gewährenden Sozialhilfe abhinge. Weiterhin kann z.B. argumentiert werden, daß eine Erhöhung der finanziellen Transfers der Sozialhilfe – paradoxerweise – eine Vergrößerung der Armutspopulation nach sich ziehen würde, solange jedenfalls die Festlegung der Armutsgrenze auf Basis der Sozialhilferegelsätze erfolgt.

7. Memorandum des Bundeswirtschaftsministers Graf Lambs-
dorff von 1982

Im Rahmen des langwierigen Prozesses der Lösung der FDP aus der Koalition mit der SPD hat am Ende das Memorandum von Graf Lambsdorff, ein »Konzept für eine Überwindung der Wachstumsschwäche und zur Bekämpfung der Arbeitslosigkeit«, eine besondere Rolle gespielt. In der SPD-Führung ist das Papier als »ökonomische und politische Kampfansage an die Sozialdemokraten« verstanden worden (Klaus Bölling). Für die »Wende« von 1982 ist es historisch bedeutsam.

Quelle: Klaus Bölling, Die letzten 30 Tage des Kanzlers Helmut Schmidt. Ein Tagebuch. Reinbek 1982, S. 121–141 (Auszüge)

I.

Nach der Besserung wichtiger Rahmenbedingungen (Lohn- und Zinsentwicklung, Leistungsbilanz) und der leichten Aufwärtsbewegung der Produktion im ersten Quartal 1982 haben sich *seit Ende des Frühjahrs die Wirtschaftslage und die Voraussetzungen für einen baldigen Aufschwung erneut verschlechtert:*

Unerwartet starker Rückgang der Auslandsnachfrage bei stagnierender und zuletzt wieder rückläufiger Binnennachfrage;

Verschlechterung des Geschäftsklimas und der Zukunftserwartungen in der Wirtschaft (Ifo-Test);

Einschränkung der gewerblichen Produktion;

Anstieg der Arbeitslosigkeit und Zunahme der Insolvenzen.

Der Zinssenkungsprozeß ist zwar – nach zeitweiliger Unterbrechung – zuletzt wieder in Gang gekommen; das Zinsniveau ist aber trotz der insgesamt angemessenen Geldpolitik der Bundesbank immer noch vergleichsweise hoch.

Diese erneute Verschlechterung der Lage ist zum Teil Reflex von Vorgängen im internationalen Bereich (anhaltende Schwäche der Weltkonjunktur, ungewisse Konjunktur- und Zinsentwicklung in den USA, amerikanisch-europäische Kontroversen) ...

Diese weltweite Wachstumsschwäche darf aber nicht darüber hinwegtäuschen, daß die derzeitigen weltwirtschaftlichen Schwierigkeiten die Summe einzelstaatlicher Fehlentwicklungen sind und daß ein wesentlicher Teil der Ursachen unserer binnenwirtschaftlichen Probleme auch im eigenen Lande zu suchen ist.

Eine Hauptursache für die seit Jahren anhaltende Labilität der deutschen Wirtschaft liegt zweifellos in der weitverbreiteten und eher noch wachsenden *Skepsis im eigenen Lande.* Die seit über zwei Jahren andauernde Stagnation, die immer neu hervortretenden Strukturprobleme, die wachsende Arbeitslosigkeit, die große Zahl von Insolvenzen, das Bewußtwerden internationaler Zinsabhängigkeit sowie nicht zuletzt die Auseinandersetzungen und die Unklarheit über den weiteren Kurs der Wirtschafts-, Finanz- und Gesellschaftspolitik haben in weiten Bereichen der deutschen Wirtschaft zu Resignation und Zukunftspessimismus geführt. Dieser offenkundige Mangel an wirtschaftlicher und politischer Zuversicht dürfte auch ein wesentlicher Grund dafür sein, daß die kräftige Expansion der Auslandsnachfrage im vergangenen Jahr – entgegen aller bisherigen Erfahrung – nicht zu einer Aufwärtsentwicklung der Binnenwirtschaft geführt hat ...

II.
Die gegenwärtig besonders deutliche Vertrauenskrise ist nicht kurzfristig entstanden. Sie muß im Zusammenhang mit tiefergreifenden *gesamtwirtschaftlichen Veränderungen* gesehen werden, die zwar zumeist schon in einem längeren Zeitraum eingetreten sind, deren volle Problematik aber teilweise erst in den letzten Jahren – nicht zuletzt im Zusammenhang mit den neuen internationalen Herausforderungen aufgrund der zweimaligen Ölpreisexplosion, des Vordringens der Schwellenländer und der Stabilisierungspolitik wichtiger Partnerländer – deutlich geworden ist. Es handelt sich hierbei vor allem um:

einen gravierenden Rückgang der gesamtwirtschaftlichen *Investitionsquote* (Anteil der Anlageinvestitionen am BSP) von durchschnittlich 24,1 Prozent in den sechziger Jahren auf durchschnittlich 20,8 Prozent in der zweiten Hälfte der siebziger Jahre (nach einem leichten Wiederanstieg zwischen 1976 und 1980 seither erneuter Rückgang auf unter 21 Prozent); die Ursachen hierfür dürften nicht zuletzt in der schon seit längerem *tendenziell sinkenden Kapitalrendite* der gewerblichen Wirtschaft (bei gleichzeitigem Anstieg der Umlaufrendite der festverzinslichen Wertpapiere) und damit zusammenhängend in der geringeren Eigenkapitalausstattung der Unternehmen sowie in den vielseitig gewachsenen Risiken und in den zunehmenden Hemmnissen gegenüber gewerblichen Investitionen liegen;

den besonders in der ersten Hälfte der siebziger Jahre entstandenen starken Anstieg der *Staatsquote* (Anteil aller öffentlichen Aufgaben incl. Sozialversicherung am BSP) um über 10 Prozent-Punkte von rund 39 Prozent auf 49,5 Prozent (seither bewegt sie sich zwischen 48 Prozent und fast 50 Prozent); dieser strukturelle Anstieg des Staatsanteils am Sozialprodukt ist *ausschließlich* zustande gekommen durch die *überaus expansive Entwicklung der laufenden Ausgaben zwischen 1970 und 1975, insbesondere für den öffentlichen Dienst, die Sozialleistungen* (einschließlich Sozialversicherungsleistungen) *und auch die Subventionen an Unternehmen* ...

den tendenziellen Anstieg der *Abgabenquote* (Anteil der Steuer- und Sozialabgaben am BSP) in den siebziger Jahren um 5 Prozent-Punkte von knapp 36 Prozent auf rund 41 Prozent; dieser Anstieg ist *nahezu ausschließlich* auf die *Anhebung der Sozialbeiträge* insbesondere in der Kranken-, Renten- und Arbeitslosenversicherung zurückzuführen ...

den tendenziellen Anstieg der *Kreditfinanzierungsquote* der öffentlichen Haushalte (Anteil der öffentlichen Defizite am BSP) seit Ende der sechziger Jahre um rund 5 Prozent-Punkte, wobei dieser Anstieg durch die vorübergehenden Bundesbankablieferungen an den Bundeshaushalt noch unterzeichnet ist. Trotz der bisherigen Konsolidierungsmaßnahmen dürfte der überwiegende Teil dieser Defizite struktureller und nicht konjunktureller Natur sein.

Diese fundamentalen gesamtwirtschaftlichen Veränderungen haben zusammen mit einer Vielzahl von gesetzlichen, bürokratischen und tarifvertraglichen Verpflichtungen sowie mit tiefgreifenden Verhaltensänderungen in der Gesellschaft (z.B. gegenüber dem technischen Fortschritt, der wirtschaftlichen Leistung, der Eigenverantwortung) wesentlich dazu beigetragen,

die Anpassungsfähigkeit der deutschen Wirtschaft an binnenwirtschaftliche und weltweite Marktänderungen zu schwächen,

die frühere Eigendynamik und das Selbstvertrauen der deutschen Wirtschaft zu erschüttern,

die Unternehmen in ihren Investitionsdispositionen zu verunsichern und die Bereitstellung von Risikokapital zu mindern (verfügbare Geldmittel sind in den letzten Jahren offenbar in weit größerem Maße als bisher in Form von Geldvermögen oder im Ausland angelegt worden) ...

III.
...

Wirkliche Erfolge bei der Lösung der Beschäftigungsprobleme und bei der Konsolidierung der öffentlichen Finanzen können nur erreicht werden, wenn es gelingt, einen *hinreichend starken und über längere Zeit anhaltenden Wachstumsprozeß* zu erreichen. Das notwendige Wirtschaftswachstum muß dabei durchaus nicht im Widerspruch zu den ökologischen Anforderungen stehen. Die Umweltpolitik kann sogar, wenn ihre Kosten bei der Einkommensverteilung berücksichtigt sowie unnötige Friktionen und Unsicherheiten vermieden werden, Innovations- und Investitionstätigkeit stimulieren und damit positive Wachstums- und Beschäftigungseffekte auslösen.

Ein solcher Wachstumsprozeß kann nur auf der Grundlage einer breitangelegten privaten *Investitionstätigkeit* erreicht und gesichert werden ...

Gegenwärtig wieder verstärkt in die Diskussion kommende Maßnahmen der *Arbeitszeitverkürzung* können zwar bei richtiger Ausgestaltung (z.B. dauerhaften Verzicht auf Lohnausgleich bzw. einen Teil der Rente) und möglichst branchendifferenzierter Anwendung (Bestandteil der Tarifverhandlungen) bei der Bewältigung der Beschäftigungsprobleme in den achtziger Jahren in begrenztem Umfang eine flankierende Rolle spielen; das gilt insbesondere für geeignete Formen einer Verkürzung der Lebensarbeitszeit (befristete Regelung mit vollem versicherungsmathematischem Abschlag). Ohne eine nachhaltige Belebung des Wirtschaftswachstums ist jedoch weder eine Lösung der Beschäftigungsprobleme noch erst recht der Finanzierungsprobleme im öffentlichen Gesamthaushalt (einschließlich Sozialversicherung) möglich. Wachsende Arbeitslosigkeit, unkontrollierbare Eskalation der Haushaltsprobleme und mangelnde Finanzierbarkeit der sozialen Sicherungssysteme können aber leicht den Boden für eine politische Systemkrise bereiten.

IV.
Angesichts der Komplexität der Ursachen für die derzeitige Beschäftigungs- und Wachstumskrise gibt es sicherlich kein einfaches und kurzfristig wirkendes Patentrezept für ihre Überwindung. Wichtig ist aber, daß die *Bekämpfung der Arbeitslosigkeit als die politische Aufgabe Nummer 1 in den nächsten Jahren allgemein anerkannt wird und daß daraus die notwendigen Schlußfolgerungen gezogen werden* ...

Auch die Fortsetzung der in den letzten Jahren eingeleiteten Politik der schrittweisen und partiellen Korrekturen im Rahmen von Gesamtkompromissen und ohne ein von der Gesamtkoalition akzeptiertes Grundkonzept könnte sich in der derzeitigen Lage insgesamt eher als problemverschärfend denn als problemlösend erweisen. Wenn in der Öffentlichkeit immer wieder von Kurzatmigkeit, Halbherzigkeit sowie systemlosen bzw. gar in sich widersprüchlichen Kompromissen gesprochen wird, so verhindert dies nicht nur die notwendige Vertrauensbildung; es kumulieren sogar die unmittelbaren negativen Effekte staatlicher Nachfragekürzung mit neuer Unsicherheit für den privaten Bereich.

Notwendig und allein erfolgversprechend ist wohl nur eine Politik, die im Rahmen eines in sich widerspruchsfreien Gesamtkonzeptes, das auf mehrere Jahre hin angelegt und in seinen Eckwerten soweit wie möglich durch gesetzliche Entscheidungen im voraus abgesichert ist, schrittweise auf einen Abbau der dargelegten gesamtwirtschaftlichen Strukturprobleme hinarbeitet, die Investitionsbedingungen zuverlässig verbessert und der Wirtschaft damit wieder den Glauben an die eigene Zukunft gibt.

Wesentliche Kriterien dieser Politik müssen dabei ihre Glaubwürdigkeit, Verläßlichkeit und innere Konsistenz sein. Inhaltlich muß die Politik vor allem darauf ausgerichtet sein, dem Privatsektor in der Wirtschaft wieder mehr Handlungsraum und eine neue Zukunftsperspektive zu verschaffen; und innerhalb des Staatssektors muß sie die Gewichte von der konsumtiven in Richtung der investiven Verwendung verlagern.

Ein solches zukunftsorientiertes *Gesamtkonzept* der Politik muß sich auf folgende Bereiche konzentrieren:

1. Festlegung und Durchsetzung einer überzeugenden *marktwirtschaftlichen* Politik in allen Bereichen staatlichen Handelns mit einer klaren Absage an Bürokratisierung. Wirtschaftsrelevante Forschung und Entwicklung sind primär Aufgabe der Wirtschaft selbst. Die Politik muß jedoch dafür generell möglichst günstige Bedingungen schaffen und in besonderen Fällen auch gezielte Hilfen geben.

2. Festlegung und Durchsetzung eines mittelfristig angelegten und gesetzlich abgesicherten überzeugenden *Konsolidierungskonzeptes* für die öffentlichen Haushalte, das eine Erhöhung der *Gesamtabgabenbelastung* ausschließt und das durch seine

verläßliche Festlegung finanzielle Unsicherheiten abbaut und die Voraussetzungen für weitere Zinssenkungen schafft.

3. Festlegung und Durchsetzung einer mittelfristig angelegten und möglichst gesetzlich abgesicherten *Umstrukturierung* der öffentlichen Ausgaben und Einnahmen von konsumtiver zu investiver Verwendung, um die private und öffentliche Investitionstätigkeit nachhaltig zu stärken und die wirtschaftliche Leistung wieder stärker zu belohnen.

4. Festlegung und Durchsetzung einer *Anpassung der sozialen Sicherungssysteme* an die veränderten Wachstumsmöglichkeiten und eine längerfristige Sicherung ihrer Finanzierung (ohne Erhöhung der Gesamtabgabenbelastung), um das Vertrauen in die dauerhafte Funktionsfähigkeit der sozialen Sicherung wiederherzustellen und zugleich der Eigeninitiative und der Selbstvorsorge wieder größeren Raum zu geben ...

Wer bei einer solchen Politik den – in der Sache vordergründigen – Vorwurf einer »sozialen Unausgewogenheit« oder einer Politik »zu Lasten des kleinen Mannes« macht, dem kann und muß entgegengehalten werden, daß nur eine solche Politik in der Lage ist, die wirtschaftliche Grundlage unseres bisherigen Wohlstandes zu sichern und die Wachstums- und Beschäftigungskrise allmählich und schrittweise zu überwinden. Die notwendigen Korrekturen müssen auch vor dem Hintergrund des außerordentlich starken Anstiegs der Sozialleistungsquote (Anteil der Sozialleistungen am BSP) in den letzten beiden Jahrzehnten gesehen werden. Die schlimmste soziale Unausgewogenheit wäre eine andauernde Arbeitslosigkeit von 2 Millionen Erwerbsfähigen oder gar noch mehr.

V.

Das erforderliche Gesamtprogramm für eine Politik zur Überwindung der Wachstumsschwäche und zur Bekämpfung der Arbeitslosigkeit sollte insbesondere *folgende Aktionsbereiche* (die in einem inneren sachlogischen Zusammenhang zueinander stehen) umfassen:

A. Wachstums- und beschäftigungsorientierte Haushaltspolitik
...

Ansatzpunkte für konkrete haushaltspolitische Maßnahmen
1. Zusätzliche wachstums- und beschäftigungsfördernde

Ausgaben (möglichst ohne Folgekosten) im Bundesbereich für etwa drei Jahre (Finanzierung vgl. Ziff. 2) für z. B. ...

2. Weitere Einschränkung konsumtiver bzw. eindeutig nicht wachstums- und beschäftigungsfördernder Ausgaben
zur Absicherung der noch bestehenden Haushaltsrisiken (z. B. für 1983: Bundesanstalt für Arbeit, Kindergeldregelung Bund/Länder, Zinsaufwand, Wohngeld, Bundesbahn);
zur Finanzierung der unter Ziff. 1 genannten Mehrausgaben sowie
zum Ausgleich für die unter B. genannten Steuermaßnahmen insoweit sie nicht durch Umstrukturierung des Steuersystems abgedeckt werden.

a) Öffentlicher Dienst (hätte auch Auswirkung für die Haushalte von Ländern und Gemeinden)
Im voraus festgelegte Begrenzung des Anstiegs der *Beamtenbesoldung* für z. B. 3 Jahre. (Jedes Prozent weniger für Beamte, Soldaten und Versorgungsempfänger bei Bund [plus Bahn und Post], Ländern und Gemeinden: rund 1,23 Milliarden/Jahr; davon Bund: 0,24 [plus Bahn: 0,13, Post: 0,14], Länder: 0,63 und Gemeinden: 0,10 Milliarden DM)
Neugestaltung der *Beihilferegelung,* z. B. durch Einschränkung der erstattungsfähigen Ausgaben, Begrenzung der Erstattung auf 100 Prozent und eventueller Absenkung der Beihilfesätze oder Einführung zusätzlicher Eigenbeteiligung;
generelle Herabstufung der *Eingangsbesoldung bzw. -vergütung,* insbesondere für Akademiker.

b) Finanzhilfen (Subventionen) und steuerliche Vergünstigungen (vgl. auch Teil D)

Notwendig ist ein weiterer Abbau von Finanzhilfen und Steuervergünstigungen (allerdings ohne Anhebung der Gesamtabgabenbelastung) ...

c) Arbeitsförderungsgesetz
Verringerung der Leistungen:
Verringerung des Leistungssatzes für Arbeitslosengeld am Anfang der Bezugsdauer (z. B. erste drei Monate nur 50 Prozent des letzten Nettoeinkommens, evtl. Mehrstufenregelung)
oder
generelle Senkung des Arbeitslosengeldes für Alleinstehende (ohne Unterhaltsverpflichtung); Anknüpfen an frühere Regelung
oder/und

Einführung von Karenztagen bei der Zahlung von Arbeitslosengeld (Beiträge zur Krankenversicherung werden jedoch durch Bundesanstalt gezahlt);
Begrenzung des Arbeitslosengeldbezuges auf *maximal 1 Jahr*, auch bei Krankheit; kein Entstehen von neuen Arbeitslosengeldansprüchen durch Teilnahme an Maßnahmen der Bundesanstalt (erhebliche Einsparungen zu erwarten)...
Überprüfung von extrem *verwaltungs- und damit personalaufwendigen* AFG-Leistungen (z.B. Sechzehnjährigen-Regelung für Kindergeld, Mehrfachberechnungen der Fahrtkostenzuschüsse für Unterhaltsempfänger, Bagatellbeträge bei Widerspruchs- und Sozialgerichtsverfahren, Verfolgung der Ansprüche aus Konkursausfallgeld, übertriebene Härteregelungen).
Überprüfung der *Kosten für Träger* der Maßnahmen von Unterhaltsgeld und Rehabilitation.

d) Mutterschaftsurlaubsgeld
(Umfang der Leistungen: 1981: 913 Millionen DM;
Zahl der Leistungsbezieher: 1981: 320 000)
Ersatzlose Streichung, mindestens aber mehrjährige Aussetzung.

e) BAFöG
(Einsparung auch für die Länder wegen 35 Prozent-Beteiligung)
Streichung des *Schüler*-BAFöG (rund 1 Milliarde DM);
Umstellung des BAFöG für *Studenten* auf (Voll-) Darlehen mit einer neugefaßten, verwaltungseffizienten Härteklausel (je nach Ausgestaltung allerdings größere Einsparung erst bei Rückzahlung).

f) Wohngeld
Änderung des *Einkommensbegriffes* (z.B. Anrechnung von Grundrenten);
Absenken der überhöhten Pauschale bei der *Einkommensberechnung* (z.B. 30 Prozent wegen Belastung durch Steuern und Sozialabgaben; 12,5 Prozent bei Bezug von Lohnersatzleistungen) auf die tatsächlichen durchschnittlichen Belastungen durch Steuern und Abgaben;
Reduzierung der maximal bezuschussungsfähigen *Wohnfläche*.

B. Investitions- und leistungsfördernde Steuerpolitik

Die gegenwärtige und mehr noch die für die Zukunft erwartete Steuerbelastung ist für Investitionsentscheidungen zweifellos von erheblicher Bedeutung; mindestens ebenso bedeutsam sind jedoch die Erwartungen des Investors hinsichtlich der künftigen Lohn-, Arbeitszeit-, Sozial-, Umwelt-, Rechts- sowie Wirtschafts- und Finanzpolitik schlechthin. Insofern darf die Wirkung isolierter Steuermaßnahmen nicht überschätzt werden ...

Leitlinien:

Vermeidung eines Anstiegs der gesamtwirtschaftlichen Steuerlastquote; kein Ausweichen in parafiskalische Regelungen (Pfennigabgaben);

leistungs- und investitionsfreundlichere Gestaltung des Steuersystems durch Beseitigung bzw. Reduzierung folgender Strukturprobleme (macht gezielte Investitionsanreize weniger dringlich);

übermäßige Belastung durch *ertragsunabhängige* Steuern (Gewerbesteuer und Vermögenssteuer) und deren negative Folgen für Investitionsbereitschaft und Eigenkapitalbildung, vor allem in ertragsschwachen Phasen (nach einer Untersuchung des Ifo-Instituts schneidet die Bundesrepublik bei der Kapitalbesteuerung im internationalen Vergleich ungünstig ab);

übermäßige Belastung der Löhne und sonstiger Einkommen durch »normale« und »inflationsbedingte« *Progressionswirkung* und deren negative Folgen für Leistungsbereitschaft, Steuermoral (Steuerverkürzung, Schwarzarbeit etc.) und Lohnpolitik;

weitgehende Kompensation der Steuermindereinnahmen (im Zusammenhang mit der Lösung der genannten Steuerstrukturprobleme) durch Anhebung insbesondere der *Mehrwertsteuer;* jedoch nicht für die ohnedies notwendige Rückgabe der heimlichen Steuererhöhungen (»inflationsbedingter Progressionseffekt«);

baldige inhaltliche Festlegung der Steuermaßnahmen, jedoch schrittweise Realisierung im Rahmen eines vorangekündigten Terminplanes;

als Ergänzung für eine Übergangsphase evtl. zusätzliche steuerliche Investitionsanreize.

Ansatzpunkte für konkrete steuerpolitische Maßnahmen im Rahmen eines mehrjährigen, verbindlich festgelegten Stufenplanes

1. Schrittweise Abschaffung der Gewerbesteuer ...

2. Partielle Entlastung des gewerblich genutzten Vermögens von der Vermögenssteuer ...

3. Entlastung der Lohn- und Einkommensbezieher (und damit auch der Personen-Unternehmen)
vor allem durch Abflachung der Tarifkurve im extrem steilen mittleren Progressionsteil.
4. Steuerliche Anreize für Investitionen und Anlage in Risikokapital (evtl. nur für Übergangszeit) ...
5. Anhebung der Mehrwertsteuer zum Ausgleich für investitions- und arbeitsplatzfördernde Steuerentlastungen
(nicht jedoch für Rückgabe »heimlicher« Steuererhöhungen) ...

C. Konsolidierung der sozialen Sicherung sowie beschäftigungsfördernde Sozial- und Arbeitsmarktpolitik

Leitlinien:
Dauerhafte Konsolidierung der sozialen Sicherungssysteme *ohne* Anhebung von Beiträgen bzw. Einführung von Abgaben;
stärkere Berücksichtigung der Prinzipien der Selbstvorsorge und Eigenbeteiligung sowie der Subsidiarität (soweit wie möglich dezentralisierte Hilfe, Stärkung der Eigenhilfe durch die Familie z.B. bei der Pflege älterer Menschen) in allen Bereichen der Sozialpolitik;
Erleichterung der Flexibilität der Arbeitszeit, jedoch keine staatlich verordnete oder geförderte Arbeitszeitverkürzung;
generell keine weitere Einschränkung der Bewegungsfreiheit der Unternehmen sowie Überprüfung der bestehenden gesetzlichen Regelungen auf ihre Wirkungen für die Beschäftigung.

Ansatzpunkte für konkrete sozial- und arbeitsmarktpolitische Regelungen
1. *Rentenversicherung* (incl. Knappschaft und landwirtschaftliche Altershilfe)
a) Mittelfristige Maßnahmen (bis Ende der achtziger Jahre)
Sicherung der Aufwandsneutralität der 84er Reform und Verzicht auf ausgabensteigernde Maßnahmen;
Anhebung der Beteiligung der Rentner an den Kosten ihrer Krankenversicherung über die bisher für 1986 vorgesehenen 4 Prozent-Punkte hinaus bis zur Höhe des Arbeitnehmer-Anteils zur gesetzlichen Krankenversicherung (zur Zeit rund 6 Prozent);

keine Einschränkung der bisher vorgesehenen Bundeszuschüsse;
Einschränkung des Aufwands für Kuren (größere Selbstbeteiligung);
Verschärfung der Bedingungen für die Erwerbs- und Berufsunfähigkeitsrente.

b) *Längerfristige* Maßnahmen (ab Ende der achtziger Jahre)
Einführung eines kostendeckenden Abschlags bei der Inanspruchnahme der flexiblen Altersgrenze;
Berücksichtigung des steigenden Rentneranteils in der Rentenformel;
Anhebung der Altersgrenze (einzige Möglichkeit, weiter steigender Belastung durch Steigerung der Lebenserwartung zu begegnen).

2. Krankenversicherung (GKV)
Verstärkte Kostendämpfung bei Leistungserbringern, z.B. Einführung eines gespaltenen bzw. degressiven Krankenhaus-Pflegesatzes und Abschaffung des Kostenersatzprinzips (Wiederzulassung von Gewinn/Verlust-Möglichkeit);
Ausbau der Selbstbeteiligung im Krankenversicherungsbereich (z.B. bei Arzneimitteln und Arztbesuchen);
neben der Selbstbeteiligung bei Kuren auch Teilanrechnung auf den Urlaub.

3. Lohnfortzahlung im Krankheitsfalle
(lt. BMA Aufwand 1980: 27,15 Milliarden DM)
Auch in diesem Bereich wäre die Einführung von Maßnahmen der Selbstbeteiligung (Karenztage, Abschläge, Änderung des Finanzierungsmodus) angebracht; sie stößt allerdings auf erhebliche Probleme (finanzielle Entlastung zum Teil fraglich, Vorrang von Tarifverträgen, Alimentationsprinzip bei Beamten).

Positive Signale könnten aber auch schon von kleineren Korrekturen ausgehen. Z.B.:
Ausschluß von Prämien/Überstundenzuschlägen aus dem Entgeltbegriff;
Wegfall der Leistungen bei Ausübung von Nebentätigkeiten;
Einführung einer Teil-Arbeitsunfähigkeit;
verstärkte Bekämpfung medizinisch unbegründeter Krankschreibungen (z.B. Vertrauensarzt).

4. Schwerbehindertengesetz
Restriktive Regelung für das Anerkennungsverfahren (Kriegsopferversorgung läuft ohnedies aus) sowie Überprüfung des Behindertenbegriffs und des Leistungskatalogs;

stärkere beschäftigungspolitische Orientierung durch den Wegfall des Mitzählens der Auszubildenden bei der Schwerbehinderten-Pflichtquote von 6 v.H. der Arbeitsplätze;
in Klein- und Mittelbetrieben Anrechnung des schwerbehinderten Arbeitgebers auf die Pflichtzahl.

5. Sozialhilfe

Begrenzung ist wichtig für Kommunalhaushalte. Wegen des starken Anstiegs der Sozialhilfe fallen die Gemeinden als Hauptträger der öffentlichen Investitionen mehr und mehr aus. Gemeinden zahlen Sozialhilfe zu Lasten des Kreises, soweit nicht Regreß bei anderen Personen oder Stellen; indirekt ist das Land über Finanzausgleich beteiligt. Aufwand für Sozialhilfe 1980 insgesamt 13,3 Milliarden DM; Sozialhilfeempfänger 2,1 Millionen.

Mehrjährige *Minderanpassung* (gegenüber derzeitigem Verfahren) bzw. zeitweiliges *Einfrieren* der Regelsätze.
(Besonderes Problem bei Sozialhilfe: relativ hohe Familienleistungen im Vergleich zu übrigen Familienleistungen bzw. Arbeitslosengeld, Arbeitslosenhilfe)
oder
Überprüfung des für die Bemessung der Regelsätze relevanten Warenkorbs auf Angemessenheit
und
strengere Regelung für die Zumutbarkeit einer dem Hilfesuchenden möglichen Arbeit;
Überprüfung, ob nicht Arbeitslosenhilfe (die keine Versicherungsleistung ist und inzwischen vom Bund getragen wird) auch von Sozialämtern, die auf Prüfung der Bedürftigkeit spezialisiert und ortsnäher sind, verwalten zu lassen. Zudem wird Arbeitslosenhilfe häufig durch Sozialhilfe aufgestockt.

6. Arbeitsschutz-, Kündigungsschutz-, Arbeitsrecht und Jugendschutz

Keine Belastung der Unternehmen (insbesondere der mittleren und kleineren) im Rahmen der geplanten Novellierung des *Arbeitsschutzes;*
keine Änderungen des *Arbeitszeitrechts,* welche die betriebliche Flexibilität einschränken (z.B. keine gesetzliche Wochenhöchstarbeitszeit von 48 Stunden);
praxisbezogene Auflockerung des *Jugendarbeitsschutzes* (zum Beispiel flexible Arbeitszeitregelung, Verbesserung der Ausbildungsmöglichkeiten);
keine Erweiterung des *Kündigungsschutzrechtes;*

Entwicklung und Propagierung von sozialpolitisch vertretbaren *Job-Sharing-Modellen;*
keine staatliche Beteiligung bei *Tarifrenten-Regelungen* (ausschließlich Sache der Tarifpartner).

7. Antidiskriminierungsgesetz
Verzicht auf eine Verschärfung der Regelungen des arbeitsrechtlichen EG-Anpassungsgesetzes.

8. Ausländerpolitik
Beibehaltung des *Anwerbestopps* und möglichst enge Begrenzung des Familiennachzugs;
schärfere Eingrenzung der aufenthaltsbeendenden Tatbestände (z.B. bei längerer Arbeitslosigkeit);
Verdeutlichung der Rechte und Pflichten für diejenigen, die *Integration* anstreben;

9. Europäische Sozialpolitik
Ablehnung gemeinschaftlicher Regelungen, insbesondere Richtlinien, die bereits im Stadium der Beratung (und nicht erst bei der Umsetzung in innerstaatliches Recht) das Investitionsklima belasten (z.B.: Vredeling-Richtlinie mit ihren Auswirkungen auf Mitbestimmung, Betriebsverfassung und Vertrauensschutz in der Wirtschaft; Einschränkungen im Recht der Arbeitnehmerüberlassung; Gemeinschaftsregelungen zur Arbeitszeitverkürzung);
Ausgleich der Wettbewerbsbedingungen in der Gemeinschaft durch Harmonisierungen im Arbeitsschutz (ohne Verschärfungen des innerstaatlichen Rechts).

D. Politik zur Förderung von Marktwirtschaft, Wettbewerb und wirtschaftlicher Selbständigkeit
...

7. Verzicht auf eine weitere Verschärfung von Rechtsvorschriften für den Unternehmenssektor (evtl. mehrjähriges Moratorium)
Keine weitergehende Verschärfung der Produzentenhaftung;
keine weitere Verschärfung der Mitbestimmung;
keine weitere Ausdehnung der Bilanzierungsvorschriften;
keine Verschärfung des Datenschutzrechts.

8. Weitere Durchforstung der geltenden Rechtsvorschriften, bestehenden Auflagen und statistischen Meldepflichten

9. Appell an Länder und Gemeinden zu verstärkten Anstrengungen bei der Verlagerung bisher öffentlich angebotener Leistungen auf den privaten Bereich mit dem Ziel einer effiziente-

ren Aufgabenerfüllung und Entlastung der Haushalte sowie einer Stärkung der wirtschaftlichen Dynamik

10. Verteidigung und Stärkung des offenen, multilateralen Welthandelssystems ...

VI.

Diese Überlegungen gehen über den konventionellen Rahmen der bisher als durchsetzbar angesehenen Politik hinaus. Die politischen Schwierigkeiten ihrer Durchsetzung werden nicht übersehen. Die Entwicklung der Arbeitslosigkeit gebietet es aber, daß die Politik für die Wirtschaft einen neuen Anfang setzt und eine Zukunftsperspektive gibt, die frei ist von entbehrlichen staatlichen Belastungen, so daß Investitionen in neue Arbeitsplätze und zur Sicherung vorhandener Arbeitsplätze wieder vertretbar und lohnend erscheinen ...

Wir stehen vor einer wichtigen Wegkreuzung. Wer eine solche Politik als »soziale Demontage« oder gar als »unsozial« diffamiert, verkennt, daß sie in Wirklichkeit der Gesundung und Erneuerung des wirtschaftlichen Fundaments für unser Sozialsystem dient. »Sozial unausgewogen« wäre dagegen eine Politik, die eine weitere Zunahme der Arbeitslosigkeit und eine Finanzierungskrise der sozialen Sicherungssysteme zuläßt, nur weil sie nicht den Mut aufbringt, die öffentlichen Finanzen nachhaltig zu ordnen und der Wirtschaft eine neue Perspektive für unternehmerischen Erfolg und damit für mehr Arbeitsplätze zu geben.

Die Konsequenz eines Festklammerns an heute nicht mehr finanzierbare Leistungen des Staates bedeutet nur die weitere Verschärfung der Wachstums- und Beschäftigungsprobleme sowie eine Eskalation in den Umverteilungsstaat, der Leistung und Eigenvorsorge zunehmend bestraft und das Anspruchsdenken weiter fördert – und an dessen Ende die *Krise des politischen Systems* steht.

8. Regierungserklärung von Bundeskanzler Helmut Kohl am 18. März 1987

In der 4. Sitzung des 11. Deutschen Bundestages gab Bundeskanzler Kohl nach seiner Wiederwahl zum Bundeskanzler eine Regierungserklärung ab.
Quelle: Stenographischer Bericht, S. 51–72; hier S. 51–55.

Dr. Kohl, Bundeskanzler: Herr Präsident! Meine sehr verehrten Damen und Herren! Die Koalition der Mitte hat von den Wählern erneut einen klaren Regierungsauftrag erhalten.

(Beifall bei der CDU/CSU und der FDP – Kleinert, Marburg, Grüne: Koalition von rechts, nicht von der Mitte!)

Unsere Mitbürger wollen, daß wir Freiheit, Frieden und Gerechtigkeit sichern. Sie wollen, daß wir die uns anvertraute Schöpfung bewahren und gemeinsam die Zukunft gewinnen. Noch vor gut vier Jahren befand sich unser Land in einer schweren Krise. Wir haben diese gefährliche Schwächephase überwunden, und wir haben ein stabiles Fundament für die Gestaltung der Zukunft geschaffen.

(Beifall bei der CDU/CSU und der FDP)

Der tiefgreifende Wandel unserer Zeit bewegt die Bürger in ihrem Lebensalltag. Viele Menschen sehen sich im Zwiespalt widerstreitender Gefühle. Wir wissen alle um die faszinierenden Möglichkeiten der modernen Naturwissenschaften, aber wir wissen auch, daß nicht alles, was technisch möglich und ökonomisch vorteilhaft erscheint, unter humanen Gesichtspunkten wünschenswert ist.

Wir erleben täglich, daß die Völker der Erde voneinander immer abhängiger werden. Gleichzeitig sehnen sich die Menschen nach Heimat und überschaubaren Lebensverhältnissen. Verständlich ist ein weit verbreitetes Sicherheitsbedürfnis, das immer umfassender wird, obwohl doch jeder weiß, daß sich nicht alle Risiken des Lebens ausschalten lassen.

(Kleinert, Marburg, Grüne: Der Philosoph ist am Werk!)

In unserer säkularisierten Welt ist die Suche nach Lebenssinn schwieriger geworden, und die Lebensängste werden größer. Und wie in allen Zeiten großen Umbruchs wird die Spannung zwischen Kontinuität und Fortschritt, Tradition und Moderne auch heute stark empfunden. Wir wollen für die geistigen Strömungen unserer Zeit sensibel sein, wohl wissend, daß Politik mit Widersprüchen und auch mit Gegensätzen leben muß. In der Demokratie kann und darf Politik die Aufgabe der Sinnfindung dem Bürger nicht abnehmen. Sie muß die Wirklichkeit nüchtern wahrnehmen, tatsächliche Zukunftschancen erkennen und sie, wenn möglich, nutzen.

Wir haben erlebt: Schnelle Antworten führen oft zu falschen Lösungen. Wir müssen unsere Entscheidungen frei von Routine und eingefahrenen Betrachtungsweisen treffen können. Gefordert sind von uns allen Offenheit und Einfühlungsvermögen, Nachdenklichkeit und Ideenreichtum – aber auch Standfestigkeit, besonders dort, wo es um die Grundwerte der inneren und äußeren Politik des Landes geht.

(Beifall bei der CDU/CSU und der FDP)

Unser Leitbild ist eine Gesellschaft, in der sich der einzelne frei entfalten kann – auch und gerade in der Verantwortung für den Nächsten. Daraus ergeben sich zentrale Ziele unserer politischen Arbeit:

Erstens. Wir wollen das Wertebewußtsein schärfen, insbesondere den Sinn für den Zusammenhang von Freiheit und Verantwortung.

(Beifall bei der CDU/CSU und der FDP)

Das für uns gültige Wertesystem, wesentlich durch Christentum und Aufklärung geprägt, gründet auf der Einzigartigkeit jedes Menschen, auf der Achtung vor dem Leben, der Menschenwürde und der persönlichen Freiheit. Wie bedeutsam diese Werte bleiben, zeigt uns die aktuelle Diskussion über Ethik der Forschung und Schutz des menschlichen Lebens. Auch die Wahrung des inneren Friedens ist im Kern eine Frage der Freiheit und ihres verantwortungsvollen Gebrauchs.

(Beifall bei der CDU/CSU und der FDP)

Zweitens. Wir wollen in einer leistungsstarken Wirtschaft sozialen Halt geben und so die Freiheit materiell stützen. Nur wenn die Prinzipien der Sozialen Marktwirtschaft angewendet werden, können auf die Dauer Wirtschaft gedeihen und soziale Sicherheit bestehen. Damit müssen sich Leistungswille und Kreativität verbinden. Dann können wir den Anschluß an die Weltspitze halten, neue Arbeitsplätze schaffen und den sozial Schwächeren zur Seite stehen. Am Herzen müssen uns insbesondere jene liegen, die keine machtvollen Verbände und Fürsprecher haben.

Drittens. Wir wollen, daß die Bürger in einer menschengerechten Lebensumwelt Geborgenheit erfahren und mehr Freiheitschancen erhalten. Vor allem wollen wir menschliche Bindungen erhalten und stärken. Das betrifft die Familie ebenso wie das Verhältnis zwischen den Generationen und – in einem weiteren Sinn – die Verbundenheit mit der Heimat, wie etwa die Bodenständigkeit, gerade auch im ländlichen Raum. Familienförderung und so verstandene Agrarpolitik, aber auch der Schutz der natürlichen Lebensgrundlagen weisen weit über die materielle Dimension hinaus.

(Beifall bei der CDU/CSU und der FDP)

Viertens. Wir wollen, daß alle Deutschen eines Tages wieder durch gemeinsame Freiheit in einer europäischen Friedensordnung vereint sind.

(Beifall bei der CDU/CSU und der FDP)

Deutschlandpolitik heißt für uns außerdem Menschen zueinanderbringen, weil sie zusammengehören. Deshalb müssen wir das Bewußtsein für die Einheit unserer deutschen Nation stets wachhalten. Dazu gehört die Treue zu Berlin.

(Beifall bei der CDU/CSU und der FDP)

Unser Standort ist und bleibt die freie Welt; denn die Freiheit ist der Kern der deutschen Frage.

(Beifall bei der CDU/CSU und der FDP)

Fünftens. Damit der Friede dauerhaft gesichert wird, wollen wir als verläßlicher Partner in der westlichen Wertegemeinschaft auf weltweite Achtung der Menschenrechte und auf gerechten Ausgleich zwischen den Völkern hinwirken. Realistische Entspannungspolitik ist ein notwendiger Beitrag zur Friedenssicherung: realistisch, weil wir nie den grundlegenden Unterschied zwischen Demokratie und Diktatur verwischen dürfen und entschlossen sind, unsere Freiheit und unsere Sicherheit zu bewahren;

(Beifall bei der CDU/CSU und der FDP)

Entspannungspolitik, weil so Menschen und Völker einander näherkommen können, Grenzen offener werden und die Aussicht auf weltweite Achtung der Menschenrechte verbessert wird. Diese fünf Ziele beschreiben nicht nur unser Arbeitsprogramm für die Legislaturperiode bis 1990. Sie verdeutlichen eine Politik, die Weichen stellt ins nächste Jahrhundert.

Einen langfristigen Zukunftsentwurf benötigen wir in der Bundesrepublik um so mehr, als wir auch die Folgen der gewaltigen Umbrüche in der Bevölkerungsentwicklung bewältigen müssen, die jetzt schon spürbar und absehbar sind.

Auf uns kommen schwerwiegende Belastungen zu. Vom Geburtenrückgang sind so unterschiedliche Bereiche wie Alterssicherung und Bildungswesen, wie Wohnungsmarkt und die Personalstärke unserer Bundeswehr betroffen. Auch die Umkehrung der Alterspyramide und die bevorstehende Überalterung stellen unsere Gesellschaft vor völlig neue Aufgaben.

Die Schwierigkeit angemessener Lösungen wird darin bestehen, Prioritäten zu setzen, den richtigen Zeitpunkt zum Handeln zu bestimmen und einen fairen Interessensausgleich herbeizuführen. Das kann nur gelingen, wenn jeder seiner eigenen Verantwortung gerecht wird und den ihm möglichen Beitrag leistet. Die Bundesregierung ist zum offenen Gespräch bereit – zuerst und vor allem hier im frei gewählten deutschen Parlament.

Auch die Opposition hat einen Auftrag der Wähler erhalten. Auch sie trägt eine wichtige Verantwortung im Dienst am Bürger. Bei allem, was uns trennt, wäre es gut für unser Land, wenn diese gemeinsame Verantwortung zum gemeinsamen Handeln dort führen könnte, wo es um Schicksalsfragen unserer Nation geht.

(Beifall bei der CDU/CSU und der FDP)

Einen intensiven Dialog wollen wir auch mit den wichtigen gesellschaftlichen Gruppen in unserem Land führen: mit den Tarifpartnern, denn ohne sie kann es uns nicht gelingen, unsere Volkswirtschaft zu modernisieren und Arbeitsplätze zu schaffen;

(Zuruf von den Grünen)

mit Wissenschaftlern und Künstlern, denn unsere offene und freie Gesellschaft ist angewiesen auf ihre Ideen und auf ihren Intellekt; mit den vielen in Vereinen, Verbänden und Gruppen, die sich im Dienst am Nächsten engagieren; mit den Kirchen und Religionsgemeinschaften, denn sie können das Wertebewußtsein stärken. Für ihre vielfältigen Dienste sind wir dankbar.

(Beifall bei der CDU/CSU und der FDP – Zuruf von den Grünen)

Vor allem aber wird unsere Gesellschaft menschliche Wärme nur in dem Maße ausstrahlen, in dem jeder einzelne seiner Verantwortung gerecht wird – in der Familie, gegenüber Nachbarn, gegenüber Schwächeren und Benachteiligten, aber auch gegenüber der Natur.

Die Bundesregierung kann durch ihre praktische Politik wichtige Zeichen für die Entwicklung in die Zukunft setzen. Sie kann, muß und wird sich dabei selbstverständlich der geistigen Auseinandersetzung stellen.

Freiheit verantworten, Leben und Menschenwürde schützen sowie den inneren Frieden sichern – das vor allem meinen wir, wenn wir für ein klares Wertebewußtsein plädieren.

In unserer Zeit wird die Notwendigkeit ethischer Maßstäbe, wie sie auch Grundlage unseres Grundgesetzes sind, immer stärker empfunden. Fortschritt – das wissen wir – hatte schon immer seinen Preis. Aber wir wollen seinen Nutzen für die Menschen nicht missen. Unser Lebensalltag ist von vielen Belastungen befreit, die frühere Generationen noch selbstverständlich ertragen mußten. Der medizinische Fortschritt hat die Lebenserwartung erheblich verlängert. Erfindungsgabe hat unseren Arbeitsalltag erleichtert und uns zu einem Wohlstandsniveau verholfen, das wir kaum noch zu schätzen wissen, weil es für viele so alltäglich geworden ist.

(Beifall bei der CDU/CSU und der FDP)

Der demokratische Rechtsstaat brachte uns Freiheit und Frieden im Innern. Die Wirtschafts- und Gesellschaftsordnung der Sozialen Marktwirtschaft, die wir Deutsche nach Krieg und Diktatur verwirklicht haben, gewährleistet unsere soziale Sicherheit. Diese Errungenschaften gilt es zu bewahren.

Die Chancen des wissenschaftlich-technischen Fortschritts müssen wir auch in Zukunft nutzen. Aber es wird uns auch immer bewußter, daß wir in Bereiche vorstoßen, die die Grundfragen menschlicher Existenz berühren. Jeder spürt, daß es Grenzen gibt, die wir nicht überschreiten dürfen. Deshalb müssen zum Erkenntnisdrang ein Höchstmaß an Sachkenntnis und sittliche Verantwortung treten. Wissen und Gewissen lassen sich nicht voneinander trennen.

(Beifall bei der CDU/CSU und der FDP)

Das Leben zu schützen und die Achtung von Personalität und Würde des Menschen zu gewährleisten sind eine Staatsaufgabe ersten Ranges. Eine von der Bundesregierung eingesetzte Kommission aus Moraltheologen, Natur- und Geisteswissenschaftlern sowie Rechtsexperten hat dazu – vor allem zur Gentechnologie – Empfehlungen vorgelegt. Wir werden daraus die notwendigen Konsequenzen ziehen.

(Zuruf von den Grünen: Welche?)

Zusammen mit den Ergebnissen der Enquete-Kommission Gentechnologie des Deutschen Bundestages bilden diese Empfehlungen die Grundlage für unsere Beratungen über ein Embryonenschutzgesetz und für andere gesetzgeberische Maßnahmen. Dabei sind auch die komplizierten Fragen im Zusammenhang mit Leihmutterschaft und künstlicher Befruchtung weiter zu klären. Wir werden es nicht zulassen, daß der Mensch zum Gegenstand genetischer Manipulationen herabgewürdigt wird, und der Wunsch nach Kindern darf nicht zu unwürdigen Geschäften führen.

(Beifall bei der CDU/CSU und der FDP sowie bei Abgeordneten der SPD)

Zum Umgang mit dem Fortschritt in unserer Welt gehören Behutsamkeit, damit uns der Fortschritt nicht über den Kopf wächst, aber auch Mut zur Forschung, weil wir sonst gegen Elend, Not und Krankheit in der Welt nicht das Menschenmögliche täten.

Daß die Erfüllung dieser Aufgabe für jeden einzelnen schicksalhaft sein kann, zeigt eine lebensgefährliche Bedrohung, die die Menschen auch in unserem Land aufrüttelt: AIDS. Diese Krankheit ist bisher unheilbar. Es gibt weder einen Impfstoff noch ein Heilmittel. Sie zu finden, ist jeder Anstrengung wert. Kein sinnvolles Forschungsvorhaben darf und wird an fehlendem Geld scheitern.

(Beifall bei der CDU/CSU und der FDP)

Durch eine Pflicht für Labors zu anonymen Berichten sollen in einem zentralen AIDS-Infektions-Register verläßliche Daten über die Ausbreitung der Krankheit gesammelt werden. Der Kampf gegen AIDS fordert alle verantwortbaren Anstrengungen zum Schutz der Gesunden vor Ansteckung – dazu gehören die notwendigen Tests – und zur Hilfe für die Erkrankten und Infizierten.

Wer AIDS ohne Rücksicht auf andere verbreitet, gegen den werden wir mit allen rechtlichen Mitteln vorgehen. Doch wichtiger ist, daß jeder weiß, was er tun kann, um Ansteckung zu vermeiden. Für eine Offensive gegen AIDS werden alle notwendigen Mittel zur Verfügung stehen, auch für die besonders dringlichen und erforderlichen Aufklärungsmaßnahmen.

Notwendig, meine Damen und Herren, ist sittlich zu verantwortendes Verhalten. Mancher denkt heute ganz neu über den Wert sittlicher Normen für die menschliche Existenz nach. Es wächst wieder der Sinn für verantwortete Freiheit, wo der einmalige Wert des menschlichen Lebens auf dem Spiel steht.

Diese Stärkung des Wertebewußtseins ist auch die beste Voraussetzung für einen wirksamen Schutz des ungeborenen Lebens.

(Beifall bei der CDU/CSU und der FDP)

Wir alle sind verpflichtet, das in unserer Kraft Stehende zu tun, um die erschreckend hohe Zahl von Schwangerschaftsabbrüchen aus sozialer Notlagenindikation soweit wie möglich zu senken. Wir werden ein Beratungsgesetz erlassen, das den Schutz des ungeborenen Lebens entsprechend der Grundsatzentscheidung des Bundesverfassungsgerichts von 1975 in den Mittelpunkt stellt. Die staatliche Förderung wird verbessert, und wir werden auch die notwendigen flankierenden Maßnahmen ausbauen.

(Zuruf von den Grünen)

Meine Damen und Herren, hier stoßen wir aber auch an die Grenzen der Möglichkeiten des Staates. Entscheidend ist letztlich die Einstellung der Gesellschaft, der Menschen in unserem Land, zum ungeborenen Leben und zur Familie.

(Beifall bei der CDU/CSU und der FDP)

Wer sich Rechte anderer eigenmächtig verfügbar macht – insbesondere das Lebensrecht –, der erschüttert das Fundament der Werteordnung, die unsere Gesellschaft zusammenhält.

(Beifall bei der CDU/CSU und der FDP – Zuruf von den Grünen)

Wir bekennen uns ausdrücklich zu einer Gesellschaftsordnung, die die Freiheit des einzelnen sichert; und in der Vielfalt unseres Gemeinwesens sehen wir ein Gütesiegel deutscher Demokratie. Aber gerade eine offene und pluralistische Gesellschaft braucht die Bereitschaft aller Bürger, Konflikte, die sich aus Unterschieden in den Interessen oder Meinungen ergeben können, friedlich und in gegenseitiger Achtung auszutragen. Sie braucht den Konsens über ihre Grundlagen.

Dieser Konsens, der auch unsere Verfassung, das Grundgesetz der Bundesrepublik Deutschland, trägt, umfaßt unbedingt die Achtung der Menschenwürde, die Anerkennung des demokratischen Mehrheitsprinzips, das den Respekt vor Minderheiten einschließt, sowie den Verzicht auf jegliche Gewaltanwendung.

(Lebhafter Beifall bei der CDU/CSU und der FDP – Beifall bei Abgeordneten der SPD)

Wer das Mehrheitsprinzip leugnet und attackiert und die eigene politische Meinung absolut setzt, zerstört unsere Demokratie.

(Erneuter lebhafter Beifall bei der CDU/CSU und der FDP – Beifall bei Abgeordneten der SPD)

Wer offen zum Gesetzesbruch aufruft, will vom Rechtsstaat nichts wissen.

(Beifall bei der CDU/CSU, der FDP und bei Abgeordneten
der SPD)

Wer zur Gewaltanwendung bereit ist, sagt der inneren Friedensordnung unserer Republik den Kampf an.

(Beifall bei der CDU/CSU und der FDP)

Wieviel, meine Damen und Herren, uns diese Friedensordnung
wert sein muß, lehrt die leidvolle Erfahrung unseres Volkes in
diesem Jahrhundert.

(Beifall bei der CDU/CSU und der FDP)

An Gewalttätigkeit – wie immer sie motiviert ist oder begründet wird – darf sich niemand in der Bundesrepublik Deutschland gewöhnen.

(Beifall bei der CDU/CSU, der FDP und bei Abgeordneten
der SPD)

Der freiheitliche Rechtsstaat kann ohne das staatliche Gewaltmonopol nicht bestehen. Die brutalste Herausforderung ist der
Terrorismus.

(Zuruf von den Grünen)

Wir werden bei den schwierigen Fahndungsaufgaben unseren
Sicherheitsbehörden den notwendigen Rückhalt und die notwendige Unterstützung geben, nicht zuletzt auch auf der Ebene
der internationalen Zusammenarbeit.

Auch wer bestimmte Gewalttaten durch eine Unterscheidung
zwischen Gewalt gegen Menschen und Gewalt gegen Sachen
rechtfertigen will, stellt sich außerhalb unserer Verfassung.

(Lebhafter Beifall bei der CDU/CSU und der FDP – Beifall
bei Abgeordneten der SPD)

So sind Anschläge auf Bundesbahnstrecken und das Umsägen
von Strommasten keine Kavaliersdelikte, sondern gemeinge-
fährlich und verbrecherisch.

(Lebhafter Beifall bei der CDU/CSU und der FDP – Beifall
bei Abgeordneten der SPD)

Auch für Gewalttaten bei Demonstrationen gibt es keinerlei
Rechtfertigung oder Entschuldigung. Unser Grundgesetz ver-
bürgt das klassische Freiheitsrecht, sich friedlich zu versam-
meln. Wir müssen alles tun, um es zu gewährleisten, weil es ein
Freiheitsrecht ist. Wir müssen auch alles tun, um gewalttätige
Demonstrationen zu verhindern. Hier besteht Handlungsbe-
darf ebenso wie bei der Bekämpfung des Terrorismus.

(Beifall bei der CDU/CSU und der FDP)

Bei dem Recht auf friedliche Demonstration geht es auch um
die Freiheit der politischen Willensbildung. Diese Freiheit setzt

die klare Absage an jegliche Gewaltanwendung voraus. Wer bei Demonstrationen Gewalt übt, beschädigt unsere Freiheitsordnung in ihrem Kern. Wenn unsere Polizeibeamten im Einklang mit dem Recht und in Ausübung ihrer Pflicht Gewalttäter isolieren und festnehmen, verdienen sie Unterstützung. Wir danken ihnen für diesen Dienst am inneren Frieden.

(Beifall bei der CDU/CSU, der FDP und bei Abgeordneten der SPD)

Auch jene, die Gewalttäter als Hilfstruppen in der politischen Auseinandersetzung akzeptieren, müssen auf unseren entschiedenen Widerstand stoßen. Wer durch die Art seines Protestes Gewalttaten fördert oder billigend in Kauf nimmt, trägt Mitverantwortung für die Konsequenzen.

(Beifall bei der CDU/CSU und der FDP)

Über alle politischen Differenzen hinweg muß doch Einigkeit darüber bestehen, daß gewalttätige Rechtsbrecher keine Nachsicht und schon gar nicht Unterstützung verdienen. Gerade wo der innere Frieden in unserem Gemeinwesen in Frage steht, darf der Konsens der Demokraten nicht zerbrechen. Nur wer sich für den inneren Frieden engagiert, ist auch glaubwürdig bei seinem Einsatz für den Frieden in der Welt.

(Beifall bei der CDU/CSU und der FDP)

Uns allen sollte daran liegen, diese Verständigung über unsere freiheitlich-demokratische Grundordnung jungen Menschen zu vermitteln und dafür zu werben, daß sie ganz selbstverständlich allgemein geachtet und eingehalten wird.

Wirtschaftskraft entfalten, sozialen Halt geben und menschengerecht modernisieren, darin vor allem bewährt sich die Soziale Marktwirtschaft.

(Zuruf von den Grünen: Wackersdorf!)

Wir halten an der Sozialen Marktwirtschaft fest; denn in dieser Wirtschafts- und Gesellschaftsordnung können Freiheit und Selbstverantwortung in Solidarität mit dem Nächsten und in Übereinstimmung mit dem Gemeinwohl gelebt werden. Wie keine andere Ordnung ist die Soziale Marktwirtschaft geeignet, Gleichheit der Chancen, Wohlstand, Schutz der Umwelt und sozialen Fortschritt zu verwirklichen und damit die Zukunft zu sichern.

(Beifall bei der CDU/CSU und der FDP)

Mehr Beschäftigung und nachhaltige Verringerung der Arbeitslosigkeit bleiben eine zentrale Aufgabe unserer Politik. Unverschuldet arbeitslos zu sein, damit darf sich unsere Gesellschaft niemals abfinden.

(Beifall bei der CDU/CSU und der FDP – Zurufe von den Grünen)

Die Arbeitslosigkeit abzubauen erfordert langen Atem und die Bereitschaft aller Beteiligten und Betroffenen zu eigenen Anstrengungen.

Die Erfolge der letzten Jahre zeigen, daß wir auf dem richtigen Weg sind.

(Beifall bei der CDU/CSU und der FDP – Lachen bei der SPD)

Die Zahl der Beschäftigten hat sich seit dem Tiefpunkt im Herbst 1983 um über 600 000 erhöht.

(Zurufe von den Grünen)

Die Zahl der Arbeitslosen lag zuletzt um 100 000 unter dem Stand des Vorjahres.

(Dr. Apel, SPD: 2,5 Millionen haben wir!)

Wir werden den erfolgreichen Kurs der Verbesserung der wirtschaftlichen Rahmenbedingungen fortsetzen.

(Beifall bei der CDU/CSU und der FDP)

Eine offensive Strategie zur Stärkung der Wachstumskräfte führt auch zu mehr Beschäftigung. Am Markt vorbei können dauerhafte Arbeitsplätze weder geschaffen noch gesichert werden.

(Beifall bei der CDU/CSU und der FDP)

Staatliche Planung – das haben wir ja erlebt – kann den Markt nicht ersetzen. Der Staat ist und bleibt aber gefordert, bei schwierigen strukturpolitischen Anpassungsprozessen Hilfe zu leisten. Die Bundesregierung hat dies in den zurückliegenden Jahren getan. Ich denke dabei an Kohle, Stahl und Werften.

(Lachen und Zurufe bei der SPD)

Wir werden weiterhin unseren Einfluß in der Europäischen Gemeinschaft geltend machen, um faire Wettbewerbsbedingungen durchzusetzen, die nicht durch Subventionen verzerrt werden.

(Kleinert, Marburg, Grüne: Airbus!)

Unsere Stahlunternehmen und die deutschen Werften wird die Bundesregierung in dieser schwierigen Phase weiter unterstützen, auch um die sozialen Folgen des Strukturwandels, vor allem an der Ruhr und an der Saar, aufzufangen. Sie wird sich dementsprechend dafür einsetzen, daß das Programm zur Förderung von Ersatzarbeitsplätzen an Stahlstandorten verlängert wird. Auch die sozialen Hilfen für Stahlarbeiter im Rahmen des Montanunionvertrags werden verbessert. Kurzarbeitergeld für Stahlarbeiter kann künftig für 36 Monate gezahlt werden.

In Brüssel wird die Bundesregierung dafür eintreten, daß ein verbindlicher Plan der europäischen Stahlindustrie zum Abbau von Überkapazitäten durch eine Quotenregelung begleitet wird.

Meine Damen und Herren, ich sehe zugleich mit Sorge, daß die wirtschaftliche Entwicklung in einzelnen Bundesländern und Regionen sehr unterschiedlich verläuft. Deshalb hilft die Bundesregierung mit der Gemeinschaftsaufgabe »Verbesserung der regionalen Wirtschaftsstruktur« beim Abbau regionaler Ungleichgewichte. Sie unterstützt auch z.B. die norddeutschen Küstenländer bei der Lösung ihrer schwerwiegenden Probleme im Gefolge der weltweiten Schiffbaukrise. Wenn andere Regionen ähnlich hart vom Strukturwandel einzelner Branchen betroffen sind, werden wir zusammen mit den einzelnen betroffenen Bundesländern im Rahmen der Gemeinschaftsaufgabe die dafür notwendigen Mittel zeitlich befristet bereitstellen. Es ist für uns selbstverständlich, daß die Zonenrandförderung fortgesetzt wird.

(Beifall bei der CDU/CSU und der FDP)

9. Rede des Bundespräsidenten Richard von Weizsäcker am 8. Mai 1985

1985 jährte sich das Kriegsende zum vierzigsten Male. Das führte zu einem für manche überraschend großen Interesse an der jüngeren deutschen Geschichte und zu neuen Auseinandersetzungen über deren Deutung. Zu den Auseinandersetzungen gehört der sogenannte Historikerstreit (umfassend dokumentiert in: Historikerstreit. Die Dokumentation der Kontroverse um die Einzigartigkeit der nationalsozialistischen Judenvernichtung. München 6. Aufl. 1988). Den Streit hatte in der Hauptsache Ernst Nolte mit der Frage hervorgerufen, ob nicht der Archipel GULag »ursprünglicher als Auschwitz« gewesen sei. »War nicht der ›Klassenmord‹ der Bolschewiki das logische und faktische Prius des ›Rassenmords‹ der Nationalsozialisten?« (Ebenda, S. 45). Der Bundespräsident hat in seiner Rede während der Gedenkstunde des Deutschen Bundestages und des Bundesrates am 8. Mai 1985 zur Judenverfolgung im Dritten Reich und zum Kriegsausbruch eindeutig Stellung genommen.

Quelle: Presse- und Informationszentrum des Deutschen Bundestages (Hrsg.), 40. Jahrestag der Beendigung des Kriegs in Europa und der nationalsozialistischen Gewaltherrschaft. Bonn 1985, hier S. 23 ff.

III.

Am Anfang der Gewaltherrschaft hatte der abgrundtiefe Haß Hitlers gegen unsere jüdischen Mitmenschen gestanden. Hitler hatte ihn nie vor der Öffentlichkeit verschwiegen, sondern das ganze Volk zum Werkzeug dieses Hasses gemacht. Noch am Tag vor seinem Ende, am 30. April 1945, hatte er sein sogenanntes Testament mit den Worten abgeschlossen:

»Vor allem verpflichte ich die Führung der Nation und die Gefolgschaft zur peinlichen Einhaltung der Rassengesetze und zum unbarmherzigen Widerstand gegen den Weltvergifter aller Völker, dem internationalen Judentum.«

Gewiß, es gibt kaum einen Staat, der in seiner Geschichte immer frei blieb von schuldhafter Verstrickung in Krieg und Gewalt. Der Völkermord an den Juden jedoch ist beispiellos in der Geschichte.

Die Ausführung des Verbrechens lag in der Hand weniger. Vor den Augen der Öffentlichkeit wurde es abgeschirmt. Aber jeder Deutsche konnte miterleben, was jüdische Mitbürger erleiden mußten, von kalter Gleichgültigkeit über versteckte Intoleranz bis zu offenem Haß.

Wer konnte arglos bleiben nach den Bränden der Synagogen, den Plünderungen, der Stigmatisierung mit dem Judenstern, dem Rechtsentzug, der unaufhörlichen Schändungen der menschlichen Würde?

Wer seine Ohren und Augen aufmachte, wer sich informieren wollte, dem konnte nicht entgehen, daß Deportationszüge rollten. Die Phantasie der Menschen mochte für Art und Ausmaß der Vernichtung nicht ausreichen. Aber in Wirklichkeit trat zu den Verbrechen selbst der Versuch allzu vieler, auch in meiner Generation, die wir jung und an der Planung und Ausführung der Ereignisse unbeteiligt waren, nicht zur Kenntnis zu nehmen, was geschah.

Es gab viele Formen, das Gewissen ablenken zu lassen, nicht zuständig zu sein, wegzuschauen, zu schweigen.

Als dann am Ende des Krieges die ganze unsagbare Wahrheit des Holocaust herauskam, beriefen sich allzu viele von uns darauf, nichts gewußt oder auch nur geahnt zu haben.

Schuld oder Unschuld eines ganzen Volkes gibt es nicht. Schuld ist, wie Unschuld, nicht kollektiv, sondern persönlich.

Es gibt entdeckte und verborgen gebliebene Schuld von Menschen. Es gibt Schuld, die sich Menschen eingestanden oder abgeleugnet haben. Jeder, der die Zeit mit vollem Bewußtsein erlebt hat, frage sich heute im stillen selbst nach seiner Verstrikkung.

Der ganz überwiegende Teil unserer heutigen Bevölkerung war zur damaligen Zeit entweder im Kindesalter oder noch gar nicht geboren. Sie können nicht eine eigene Schuld bekennen für Taten, die sie gar nicht begangen haben.

Kein fühlender Mensch erwartet von ihnen, ein Büßerhemd zu tragen, nur weil sie Deutsche sind. Aber die Vorfahren haben ihnen eine schwere Erbschaft hinterlassen.

Wir alle, ob schuldig oder nicht, ob alt oder jung, müssen die Vergangenheit annehmen. Wir alle sind von ihren Folgen betroffen und für sie in Haftung genommen.

Jüngere und Ältere müssen und können sich gegenseitig helfen, zu verstehen, warum es lebenswichtig ist, die Erinnerung wachzuhalten.

Es geht nicht darum, Vergangenheit zu bewältigen. Das kann man gar nicht. Sie läßt sich ja nicht nachträglich ändern oder ungeschehen machen. Wer aber vor der Vergangenheit die Augen verschließt, wird blind für die Gegenwart. Wer sich der Unmenschlichkeit nicht erinnern will, der wird wieder anfällig für neue Ansteckungsgefahren.

Das jüdische Volk erinnert sich und wird sich immer erinnern. Wir suchen als Menschen Versöhnung.

Gerade deshalb müssen wir verstehen, daß es Versöhnung ohne Erinnerung gar nicht geben kann. Die Erfahrung millionenfachen Todes ist ein Teil des Innern jedes Juden in der Welt, nicht nur deshalb, weil Menschen ein solches Grauen nicht vergessen können. Sondern die Erinnerung gehört zum jüdischen Glauben.

> Das Vergessenwollen verlängert das Exil,
> und das Geheimnis der Erlösung heißt Erinnerung.

Diese oft zitierte jüdische Weisheit will wohl besagen, daß der Glaube an Gott ein Glaube an sein Wirken in der Geschichte ist.

Die Erinnerung ist die Erfahrung vom Wirken Gottes in der Geschichte. Sie ist die Quelle des Glaubens an die Erlösung. Diese Erfahrung schafft Hoffnung, sie schafft Glauben an Erlösung, an Wiedervereinigung des Getrennten, an Versöhnung. Wer sie vergißt, verliert den Glauben.

Würden wir unsererseits vergessen wollen, was geschehen ist, anstatt uns zu erinnern, dann wäre dies nicht nur unmenschlich.

Sondern wir würden damit dem Glauben der überlebenden Juden zu nahe treten, und wir würden den Ansatz zur Versöhnung zerstören.

Für uns kommt es auf ein Mahnmal des Denkens und Fühlens in unserem eigenen Inneren an.

IV.

Der 8. Mai ist ein tiefer, historischer Einschnitt, nicht nur in der deutschen, sondern auch in der europäischen Geschichte.

Der europäische Bürgerkrieg war an sein Ende gelangt, die alte europäische Welt zu Bruch gegangen. »Europa hatte sich ausgekämpft« (M. Stürmer). Die Begegnung amerikanischer und sowjetrussischer Soldaten an der Elbe wurde zu einem Symbol für das vorläufige Ende einer europäischen Ära.

Gewiß, das alles hatte seine alten geschichtlichen Wurzeln. Großen, ja bestimmenden Einfluß hatten die Europäer in der Welt, aber ihr Zusammenleben auf dem eigenen Kontinent zu ordnen, das vermochten sie immer schlechter. Über hundert Jahre lang hatte Europa unter dem Zusammenprall nationalistischer Übersteigerungen gelitten. Am Ende des Ersten Weltkrieges war es zu Friedensverträgen gekommen. Aber ihnen hatte die Kraft gefehlt, Frieden zu stiften. Erneut waren nationalistische Leidenschaften aufgeflammt und hatten sich mit sozialen Notlagen verknüpft.

Auf dem Weg ins Unheil wurde Hitler die treibende Kraft. Er erzeugte und er nutzte Massenwahn. Eine schwache Demokratie war unfähig, ihm Einhalt zu gebieten. Und auch die europäischen Westmächte, nach Churchills Urteil »arglos, nicht schuldlos«, trugen durch Schwäche zur verhängnisvollen Entwicklung bei. Amerika hatte sich nach dem Ersten Weltkrieg wieder zurückgezogen und war in den 30er Jahren ohne Einfluß auf Europa.

Hitler wollte die Herrschaft über Europa, und zwar durch Krieg. Den Anlaß dafür suchte und fand er in Polen.

Am 23. Mai 1939 – wenige Monate vor Kriegsausbruch – erklärte er vor der deutschen Generalität:

Weitere Erfolge können ohne Blutvergießen nicht mehr errungen werden ... Danzig ist nicht das Objekt, um das es geht.
Es handelt sich für uns um die Erweiterung des Lebensraumes im Osten und Sicherstellung der Ernährung ...
Es entfällt also die Frage, Polen zu schonen, und bleibt der

Entschluß, bei erster passender Gelegenheit, Polen anzugreifen ...

Hierbei spielen Recht oder Unrecht oder Verträge keine Rolle. Am 23. August 1939 wurde der deutsch-sowjetische Nichtangriffspakt geschlossen. Das geheime Zusatzprotokoll regelte die bevorstehende Aufteilung Polens.

Der Vertrag wurde geschlossen, um Hitler den Einmarsch in Polen zu ermöglichen. Das war der damaligen Führung der Sowjetunion voll bewußt. Allen politisch denkenden Menschen jener Zeit war klar, daß der deutsch-sowjetische Pakt Hitlers Einmarsch in Polen und damit den Zweiten Weltkrieg bedeutete.

Dadurch wird die deutsche Schuld am Ausbruch des Zweiten Weltkrieges nicht verringert. Die Sowjetunion nahm den Krieg anderer Völker in Kauf, um sich am Ertrag zu beteiligen. Die Initiative zum Krieg aber ging von Deutschland aus, nicht von der Sowjetunion.

Es war Hitler, der zur Gewalt griff. Der Ausbruch des Zweiten Weltkrieges bleibt mit dem deutschen Namen verbunden.

Während dieses Krieges hat das nationalsozialistische Regime viele Völker gequält und geschändet.

Am Ende blieb nur noch ein Volk übrig, um gequält, geknechtet und geschändet zu werden: das eigene, das deutsche Volk. Immer wieder hat Hitler ausgesprochen: wenn das deutsche Volk schon nicht fähig sei, in diesem Krieg zu siegen, dann möge es eben untergehen. Die anderen Völker wurden zunächst Opfer eines von Deutschland ausgehenden Krieges, bevor wir selbst zu Opfern unseres eigenen Krieges wurden.

Es folgte die von den Siegermächten verabredete Aufteilung Deutschlands in verschiedene Zonen. Inzwischen war die Sowjetunion in alle Staaten Ost- und Südosteuropas, die während des Krieges von Deutschland besetzt worden waren, einmarschiert. Mit Ausnahme Griechenlands wurden alle diese Staaten sozialistische Staaten.

Die Spaltung Europas in zwei verschiedene politische Systeme nahm ihren Lauf. Es war erst die Nachkriegsentwicklung, die sie befestigte. Aber ohne den von Hitler begonnenen Krieg wäre sie nicht gekommen. Daran denken die betroffenen Völker zuerst, wenn sie sich des von der deutschen Führung ausgelösten Krieges erinnern.

Im Blick auf die Teilung unseres eigenen Landes und auf den Verlust großer Teile des deutschen Staatsgebietes denken auch wir daran. In seiner Predigt zum 8. Mai sagte Kardinal Meisner in Ostberlin: »Das trostlose Ergebnis der Sünde ist immer die Trennung.«

Vorbemerkung

Im Rahmen einer ›Deutschen Geschichte der neuesten Zeit‹ ergeben sich für denjenigen Autor dieser Reihe, dessen Bemühungen bis in die unmittelbare Gegenwart reichen, methodische und inhaltliche Schwierigkeiten, die jedermann unmittelbar einleuchten. Angesichts der heute verbreiteten Veröffentlichungen zum jeweils jüngsten Geschehen[1] und angesichts der Chronologien, die es auch schon für die Bundesrepublik[2] und entsprechend für die DDR gibt, bereitet es zwar wenig Schwierigkeiten, sich die Abfolge der Ereignisse zu vergegenwärtigen. Schwerer fällt es schon, das engere Thema abzugrenzen: Das vorliegende Bändchen ist der inneren Entwicklung der Bundesrepublik seit den sechziger Jahren gewidmet, was durch die Arbeitsteilung innerhalb der Reihe[3] auch etwas erleichtert wird. Wie weit sich aber die innere Entwicklung isoliert darstellen und in Grenzen auch einordnen läßt, muß umstritten bleiben. Die wirtschaftliche Verflechtung des Exportlandes Bundesrepublik mit der Weltwirtschaft, die vielfältigen Rückwirkungen der EG auf das wirtschaftspolitische Handeln in der Bundesrepublik, die Folgen der Einbindung in die NATO und der unmittelbare Zwang, bei allen selbständigen Bemühungen in der internationalen Politik zuerst immer das enge Verhältnis zu den Verbündeten zu bewahren und zu pflegen, lassen sich nicht übersehen.

Neben der Themeneingrenzung muß die Schwerpunktbildung zum Problem werden. 1988 lassen sich die Wirkungen dessen, was etwa in

[1] Vgl. z.B.: Jahrbuch der Bundesrepublik Deutschland. Bearb. v. Emil Hübner/Horst Hennek Rohlfs. München 1984 (und ff.), das lt. Vorwort 1984 versucht, »dem Interessierten Einblick in die wichtigsten Daten und Kontroversen der zurückliegenden Monate zu bieten«. Seit 1985 wird anno 1985 (und ff.) des Bertelsmann Lexikothek Verlages mit weltumspannenden, aber doch erkennbarem europäischen Schwerpunkt vorgelegt. Ergänzend dazu ist auf den seit einigen Jahren jährlich erscheinenden Fischer Weltalmanach. Zahlen, Daten, Fakten, Hintergründe, zu verweisen, der zwar keine Chronologie, aber umfassendes Zahlenmaterial bietet. Chronologisch ist dagegen die Anlage der Chronik des 20. Jahrhunderts. Braunschweig 1982, und ihrer seit 1983 (nunmehr in Dortmund erscheinenden) jährlichen Ergänzungen.

[2] Vgl. PLOETZ Die Bundesrepublik Deutschland. Hrsg. v. Thomas Ellwein und Wolfgang Bruder. Freiburg 2. Aufl. 1985, und die Zeittafel, die in Abständen vom Presse- und Informationsamt der Bundesregierung in der Reihe Bonner Almanach veröffentlicht wird.

[3] Vgl. in dieser Reihe: Wolfgang Benz, Die Gründung der Bundesrepublik. Von der Bizone zum souveränen Staat. München 1984, 3. Aufl. 1989; Peter Bender, Neue Ostpolitik. Vom Mauerbau bis zum Moskauer Vertrag. München 1986; Helga Haftendorn, Sicherheit und Stabilität. Außenbeziehungen der Bundesrepublik zwischen Ölkrise und NATO-Doppelbeschluß. München 1986.

den sechziger Jahren verändert und neu versucht worden ist, zu einem Teil zwar bewerten. Über die Bewertung wird es aber kein Einvernehmen geben. Viele alte Schlachten werden immer noch geschlagen. Das gilt im Bereich des Bildungswesens etwa für das Ob und das Wie von Chancengleichheit. Andere sind zwar beendet; die alten Frontstellungen wirken aber nach, weil eingebürgerte Vorurteile das Leben erleichtern, indem sie Komplexität reduzieren. Dennoch haben sie oft nur wenig mit der Realität zu tun. Das gilt etwa für die soziale Marktwirtschaft, die es in der Bundesrepublik auch schon vor der Regierungsbeteiligung der Sozialdemokraten immer nur mit Einschränkungen gegeben hat, weshalb im Prinzip seit Jahrzehnten kein Grundsatzstreit mehr stattfindet, sondern man sich nur noch über Grenzziehungen auseinandersetzt. Dies festzustellen, kann aber schon als Parteinahme gelten; der Zeithistoriker ist in den Streit involviert, vermag sich ihm nicht zu entziehen. Welche Wirkungen von den Studenten- und Jugendunruhen ausgegangen sind, die 1968 ihren Höhepunkt erreicht haben, ist bis heute umstritten. Das hat objektivierbare Gründe: Die Gesellschaft stellt sich heute anders dar. Darauf hat vieles eingewirkt, auch jene Rebellion, ohne daß sich im einzelnen Ursache und Wirkung ausmachen lassen. Umstritten ist die Rebellion selbstverständlich aber auch, weil sich nach 1968 u. a. die Wissenschaft sofort in Lager aufgeteilt hat, in denen sich auf der einen Seite diejenigen sammelten, welche der Rebellion mit viel Verständnis begegneten oder doch ihre Ursachen ähnlich deuteten wie die Wortführer der rebellierenden Studenten, während man sich auf der anderen Seite in seiner Freiheit bedroht sah, 1968 das Marburger Manifest unterschrieb oder den »Bund Freiheit der Wissenschaft« gründete. In jedem Falle konnten Auswirkungen auf die jeweilige wissenschaftliche Tätigkeit nicht ausbleiben, zumal mancher Wissenschaftler nach 1968 eine radikale Kehrtwendung vornahm und seinen »neuen Konservativismus« nun besonders eifrig pflegte – die umgekehrte Wendung war weitaus seltener.

Schließlich wächst mit der Nähe zur Gegenwart das Material, das der Zeithistoriker aufzuarbeiten hat, während es an vielerlei Quellen, aus denen sich Exaktes entnehmen läßt, fehlt. Jenes Material ist als Selbstdarstellung zustande gekommen, wird oft erst durch die Brille kluger Beobachter zum Material, hat es immer mit konkreten Zwecken zu tun, derer man sich bewußt sein muß, und kann trotz aller Fülle nie vollständig sein. Die jüngere Zeit ist eben auch durch die Unzahl der Vervielfältigungs-, Veröffentlichungs-, Speicher- und anderer Aufbewahrungsmöglichkeiten charakterisiert, was alles das Bemühen um die Detailkenntnisse erleichtert, den Überblick aber erschwert. Und vor allem: Das Material und die Zahl der Veröffentlichungen wachsen so, daß keine sinnvolle Bibliographie mehr möglich wäre, sich niemand anheischig machen kann, einen Überblick zu besitzen und jeder Gedanke an Vollständigkeit sinnlos wäre. Was hier folgt, sind deshalb auch nur einige erste Hinweise.

Über die Geschichte der Bundesrepublik wird seit geraumer Zeit gearbeitet[4]. Dabei stand zunächst die Vorgeschichte, also vor allem die Zeit zwischen den internationalen Konferenzen, auf denen das künftige Schicksal Deutschlands vorentschieden wurde, und der unmittelbaren Errichtung der Bundesrepublik sowie parallel dazu der DDR im Vordergrund des Interesses[5]. Danach ging es um die Grundentscheidungen nach 1949[6] und schließlich um die Ära Adenauer, die zahlreiche Detailanalysen – darunter die m. E. bis heute überragende Studie von Arnulf Baring[7] – und zunehmend auch Gesamtdarstellungen hervorrief. Unter ihnen ist die umfassendste die von Hans-Peter Schwarz[8]. Ihr werden

---

[4] Vgl. dazu die Abschnitte Grundprobleme und Tendenzen der Forschung und Quellen und Literatur bei Rudolf Morsey, Die Bundesrepublik Deutschland. Entstehung und Entwicklung 1945 bis 1969. München 1987, S. 111–236, mit einem umfassenden, wenn auch manchmal wohl etwas merkwürdig ausgewählten Literaturverzeichnis.

[5] Vgl. z. B. Benz, Die Gründung der Bundesrepublik; Westdeutschlands Weg zur Bundesrepublik 1945–1949. Beiträge von Mitarbeitern des Instituts für Zeitgeschichte. München 1976; Manfred Overesch, Deutschland 1945–1949. Vorgeschichte und Gründung der Bundesrepublik. Ein Leitfaden in Darstellung und Dokumenten. Königstein/Ts. 1979. Als einen der frühesten Versuche nenne ich: Wilhelm Cornides, Die Weltmächte und Deutschland. Geschichte der jüngsten Vergangenheit 1945–1955. Tübingen 1957; das erste bahnbrechende Werk stammt von Hans-Peter Schwarz, Vom Reich zur Bundesrepublik. Deutschland im Widerstreit der außenpolitischen Konzeptionen in den Jahren der Besatzungsherrschaft 1945–1949. Neuwied 1966. Von den Beiträgen in den Handbüchern zur deutschen Geschichte sei hervorgehoben: Ernst Deuerlein, Deutsche Geschichte der neuesten Zeit ... 3. Teil: Von 1945 bis 1955. Konstanz 1965 (Bd. IV, 3. Teil des Handbuches der Deutschen Geschichte, begründet von Otto Brandt, fortgeführt von Arnold Oskar Meyer und neu hrsg. von Leo Just).

[6] Vgl. z. B. Heinrich August Winkler (Hrsg.), Politische Weichenstellungen im Nachkriegsdeutschland 1945–1953. Göttingen 1979, oder Wolf-Dieter Narr/ Dietrich Thränhardt (Hrsg.), Die Bundesrepublik Deutschland. Entstehung – Entwicklung – Struktur. Königstein/Ts. 2. Aufl. 1984.

[7] Arnulf Baring, Außenpolitik in Adenauers Kanzlerdemokratie. Bonns Beitrag zur Europäischen Verteidigungsgemeinschaft. München 1969.

[8] Hans-Peter Schwarz, Die Ära Adenauer 1949–1957. Geschichte der Bundesrepublik Deutschland, Bd. 2; ders., Die Ära Adenauer 1957–1963. Geschichte der Bundesrepublik Deutschland, Bd. 3, Stuttgart 1981 und 1983. Bd. 1 dieser monumentalen Reihe stammt von Theodor Eschenburg und behandelt die Zeit bis 1949. Vgl. auch Anselm Doering-Manteuffel, Die Bundesrepublik Deutschland in der Ära Adenauer. Außenpolitik und innere Entwicklung 1949–1963. Darmstadt 1983. Vorsichtige Kritik an Schwarz findet man neben viel Lob in der Rezension von Eckhard Jesse in: Zeitschrift für Parlamentsfragen (1985), S. 588 ff., der u. a. auf die Ausführungen Schwarz' zur Vergangenheitsbewältigung eingeht. Schwarz meint, daß die Auseinandersetzung über die NS-Vergangenheit zu Beginn der sechziger Jahre die außerparlamentarische Opposition gefördert habe. Jesse sieht es umgekehrt; Versäumnisse in der Vergangenheitsbewältigung hätten eine Überreaktion zur Folge gehabt.

gewisse Einseitigkeiten vorgeworfen, wie überhaupt die Reihe, in der die beiden Bände von Schwarz erschienen sind, insgesamt eher dem konservativen oder CDU-freundlichen Teil der Geschichtsschreibung zugerechnet wird. Das ändert nichts daran, daß Schwarz für den Interessierten ganz unentbehrlich ist. Die erwähnte Reihe führt mit drei weiteren Bänden[9] in die auch hier behandelte Zeit hinein und schließt beim Ende der Regierung Schmidt im Jahre 1982. Was außerdem vorliegt, reicht bis zur Bildung der sozialliberalen Koalition oder »irgendwann« in die siebziger Jahre[10], soweit es nicht den Bilanzen zuzurechnen ist[11] oder zu der regelmäßigen Berichterstattung über die Bundesrepublik gehört, um die sich Alfred Grosser seit vielen Jahren bemüht[12]. Ausnahmen bilden der 1988 erschienene Versuch von Wilfried Röhrich, mit dem er an frühere einschlägige Veröffentlichungen an-

[9] Klaus Hildebrand, Von Erhard zur Großen Koalition 1963–1969. Geschichte der Bundesrepublik, Bd. 4, Stuttgart 1984; Karl Dietrich Bracher, Wolfgang Jäger, Werner Link, Republik im Wandel 1969–1974. Die Ära Brandt. Geschichte der Bundesrepublik Deutschland, Bd. 5/1; Wolfgang Jäger, Werner Link, Republik im Wandel 1974–1982. Geschichte der Bundesrepublik Deutschland, Bd. 5/2. Stuttgart 1986 und 1987. – Zu dem Band von Klaus Hildebrand vgl. die Rezension von Klaus Bohnsack, Der hohe Preis des Neohistorismus. Geschichtsschreibung im Kielwasser des Staatsschiffes. In: Zeitschrift für Parlamentsfragen (1985), S. 562 ff. Da ich hier meine Kriterien nicht darlegen kann, verzichte ich auf eine Auseinandersetzung mit den Bänden 4, 5/1 und 5/2, verzichte aber nicht darauf, meinen Eindruck wiederzugeben, daß es Wolfgang Jäger, der die innere Entwicklung von 1969 bis 1982 behandelt hat, sehr viel besser gelungen ist als Klaus Hildebrand, seine persönliche Sicht hintanzustellen und die Fakten zu Wort kommen zu lassen. Hildebrand scheint vor allem einige Schwierigkeiten zu haben, das Streben der SPD nach Mitregierung und Regierung für normal und legal zu halten, was dann in der Würdigung Erhards zu einigen Merkwürdigkeiten führt. Viel einleuchtender ist Hildebrands Bemühen, den Umbruch herauszuarbeiten, den die Große Koalition bedeutet und an dem Bundeskanzler Kiesinger sicher einen größeren Anteil hat, als man ihm nach 1969 in der Regel zugestehen wollte.

[10] Vgl. Morsey, Die Bundesrepublik Deutschland. München 1987; Andreas Hillgruber, Deutsche Geschichte 1945–1972. Stuttgart, 4. erw. Aufl. 1983. Hans Karl Rupp, Politische Geschichte der Bundesrepublik Deutschland. Entstehung und Entwicklung. Eine Einführung. Stuttgart, 2. Aufl. 1982; Helmut Kistler, Bundesdeutsche Geschichte. Die Entwicklung der Bundesrepublik Deutschland seit 1945. Bonn 1985, hrsg. von der Bundeszentrale für politische Bildung.

[11] Vgl. die in Kap. 5 aufgeführten Veröffentlichungen und Franz Schneider (Hrsg.), Der Weg der Bundesrepublik. Von 1945 bis zur Gegenwart. München 1985, ein Buch, das teils die einzelnen Epochen schildert und teils systematisierende Beiträge enthält. Weiter sind zu nennen: Josef Becker (Hrsg.), Dreißig Jahre Bundesrepublik. Tradition und Wandel. München 1979; Michael Freund, Fünfundzwanzig Jahre Deutschland 1945–1970. Gütersloh 1970.

[12] Alfred Grosser, Geschichte Deutschlands seit 1945. München 1988; ders., Das Deutschland im Westen. Eine Bilanz nach 40 Jahren. München 1988 (beides Taschenbuchausgaben); früher ders., Deutschlandbilanz. Geschichte Deutschlands seit 1945. München 1970.

knüpft[13], und die vergleichbare Arbeit von Dietrich Thränhardt[14] – beides Taschenbücher. In diesem Zusammenhang ist auch das zweite große Buch von Arnulf Baring zu erwähnen[15], das sich zwar auf die Jahre 1969 bis 1974 konzentriert, dabei aber in längerem Rückgriff doch einen größeren Zeitraum umfaßt. Als umfassend versteht sich auch der von Ulrich Albrecht u. a. vorgelegte Band, der hier als Beispiel für eine vorwiegend marxistische Analyse steht[16]. An Bibliographien liegt für das engere Thema die aus dem Institut für Zeitgeschichte vor[17]; für die Bundesrepublik insgesamt gibt es die Hamburger Bibliographie und die von Dietrich Thränhardt[18].

Einzeldarstellungen und Dokumentationen

In der jetzt nahezu vierzigjährigen Geschichte der Bundesrepublik hat es eine große Zahl von Ereignissen oder kurzfristig auszumachenden Entwicklungen gegeben, welche ihre Beschreiber, Analytiker oder auch Kritiker gefunden haben. Als Beispiel aus der späten Adenauer-Zeit erwähne ich die große Studie von Kurt Shell zur Berlin-Krise[19]. Als weiteres Beispiel füge ich den Hinweis auf die Arbeiten zum »Fall Barschel« an[20], die verdeutlichen, wie rasch Publizistik heute am Werk

[13] Wilfried Röhrich, Die Demokratie der Westdeutschen. Geschichte und politisches Klima einer Republik. München 1988; früher ders., Die verspätete Demokratie. Zur politischen Kultur der Bundesrepublik Deutschland. Köln 1983.

[14] Dietrich Thränhardt, Geschichte der Bundesrepublik Deutschland. Frankfurt a. M. 1986.

[15] Arnulf Baring in Zusammenarbeit mit Manfred Görtemaker, Machtwechsel. Die Ära Brandt-Scheel. Stuttgart 1982.

[16] Ulrich Albrecht, Franz Deppe u. a., Beiträge zu einer Geschichte der Bundesrepublik Deutschland. Köln 1979.

[17] Tilo Vogelsang/Helmut Auerbach (Hrsg.), Bibliographie zur Zeitgeschichte 1953–1980. München 1982 f. (Fortsetzung in den Vierteljahrsheften für Zeitgeschichte).

[18] Hamburger Bibliographie zum Parlamentarischen System der Bundesrepublik Deutschland 1945–1970. Hrsg. von Udo Bermbach. Opladen 1973; 1. Ergänzungslieferung 1971–1972. Opladen 1975, usw. bis 1980. Dietrich Thränhardt, Bibliographie Bundesrepublik Deutschland. Göttingen 1980 (= Arbeitsbücher zur modernen Geschichte, Bd. 9).

[19] Kurt L. Shell, Bedrohung und Bewährung. Führung und Bevölkerung in der Berlin-Krise. Opladen 1965. Zu diesem Thema v. a. auch Walther Stützle, Kennedy und Adenauer in der Berlin-Krise 1961–1962. Bonn 1973.

[20] Heinz-Ludwig Arnold, Vom Verlust der Scham und dem allmählichen Verschwinden der Demokratie. Nach der Kieler Affäre. Göttingen 1988; Jochen Bölsche (Hrsg.), Waterkantgate. Die Kieler Affäre. Eine Spiegel-Dokumentation. Göttingen 1987; Norbert F. Pötzl, Der Fall Barschel. Anatomie einer deutschen Karriere. Reinbek 1988; Cordt Schnibben/Volker Skierka (Hrsg.), Macht und Machenschaften. Hamburg 1988; Herbert Wessels, Ein politischer Fall. Uwe Barschel – die Hintergründe der Affäre. Weinheim 1988. Vgl. dazu Josef Schmid, Die »Kieler Affäre«. Symptom eines deformierten Regierungssystems.

ist und wie schwer es dem Chronisten fällt, nicht nur die einschlägigen Veröffentlichungen überhaupt zu erfassen, sondern dann auch noch eine Auswahl zu treffen[21]. Im hier betrachteten Zeitraum interessieren besonders die Große Koalition als Gesamterscheinung[22], die Veränderungen während der siebziger Jahre[23] und die einzelnen Reformbereiche, zu denen es inzwischen zahlreiche Darstellungen und Analysen, bislang aber noch keine historischen Arbeiten in nennenswertem Umfange gibt – anders als etwa für die fünfziger Jahre, aus denen die Wiederaufbauleistungen, die Eingliederung der Vertriebenen[24], die Veränderungen der Wirtschaftsstruktur mitsamt den Konzentrationsvorgängen, das Wiedererstarken der Verbände und zunehmend auch die Parteien ihre Historiker gefunden haben. Weiter sind von Interesse die ersten Arbeiten über die sozialliberale Koalition[25]. Als sektorale Geschichtsdarstellung sei hier nur die von Werner Abelshauser erwähnt, die auf mehrere wichtige Vorarbeiten zurückgeht[26].

Der Interessierte wird hinsichtlich der inneren Entwicklung in den siebziger und achtziger Jahren zunächst auf die Zeitungsarchive und

Tat eines Einzelnen oder Kulminationspunkt einer schleswig-holsteinischen Sonderentwicklung? In: Zeitschrift für Parlamentsfragen (1988), S. 495 ff.

[21] Publizitätsträchtig in diesem Sinne waren in den siebziger Jahren v.a. die Entführung von Hanns-Martin Schleyer und die Aktion in Mogadischu, die zu reportageartigen Berichten, zu Enthüllungen über Fahndungspannen, zu Anklagen gegen die Regierung Schmidt, zu ernstzunehmenden Dokumentationen der Bundesregierung oder auch zu wissenschaftlichen Auseinandersetzungen mit dem Terrorismus geführt haben. Einen guten Überblick dazu findet man bei Jäger/Link, Republik im Wandel. Geschichte der Bundesrepublik Deutschland, Bd. 5/2.

[22] Alois Rummel (Hrsg.), Die Große Koalition 1966–1969. Eine kritische Bestandsaufnahme. Freudenstadt 1969; Franz Schneider, Große Koalition – Ende oder Neubeginn? München 1969; Ernst Deuerlein, Deutschland 1963–1970. Hannover 6. Aufl. 1970.

[23] Gert-Joachim Glaeßner u.a. (Hrsg.), Die Bundesrepublik in den siebziger Jahren. Versuch einer Bilanz. Opladen 1984; Richard L. und Anna J. Merritt (Hrsg.), Innovation in the Public Sector. Beverly Hills 1985; Christian Fenner u.a., Unfähig zur Reform? Eine Bilanz der inneren Reformen seit 1969. Frankfurt 1978.

[24] Einen Überblick über den neuesten Forschungsstand bringen Rainer Schulze, Doris von Brelie-Lewien, Helga Grebing (Hrsg.), Flüchtlinge und Vertriebene in der westdeutschen Nachkriegsgeschichte. Bilanzierung der Forschung und Perspektiven für die künftige Forschungsarbeit. Hildesheim 1987.

[25] Horst W. Schmollinger, Zwischenbilanz. 10 Jahre sozial-liberale Politik 1969 bis 1979. Anspruch und Wirklichkeit. Hannover 1980; Wolfram Bickerich (Hrsg.), Die 13 Jahre. Bilanz der sozial-liberalen Koalition. Reinbek 1982; Johannes Groß, Unsere letzten Jahre. Fragmente aus Deutschland 1970–1980. Stuttgart 1980; Joachim Hirsch, Der Sicherheitsstaat. Das »Modell Deutschland«, seine Krise und die neuen sozialen Bewegungen. Frankfurt 1980.

[26] Werner Abelshauser, Wirtschaftsgeschichte der Bundesrepublik Deutschland 1945–1980. Frankfurt 1983.

die zahllosen Zeitschriften zurückgreifen[27] und sodann eine Auswahl
aus den fast unübersehbaren amtlichen Materialien treffen. Zu ihnen
gehören die Stenographischen Protokolle des Deutschen Bundestages
und dessen Drucksachen, das Bulletin der Bundesregierung, die Statistischen Jahrbücher der Bundesrepublik Deutschland und die einzelnen
fachstatistischen Veröffentlichungen des Statistischen Bundesamtes, die
Regierungsberichte vom Finanzbericht bis zum Sozialbericht oder zum
Raumordnungsbericht, die unzähligen Veröffentlichungen der einzelnen Ministerien im Bund und in den Ländern, die Monatsberichte der
Deutschen Bundesbank und vieles andere mehr. Dieses Material ist
z.T. vorzüglich zusammengefaßt, wofür als Beispiele das Bundestags-
datenhandbuch und aus den verschiedenen, vom Deutschen Bundestag
herausgebrachten Reihen die Schriftenreihe Zur Sache – Themen parla-
mentarischer Beratung[28] sowie der seit 1970 vorgelegte, von einem
Wissenschaftlerteam erarbeitete Materialteil zum Bericht Zur Lage der
Nation[29] genannt seien.

Die jüngste Zeitgeschichte und die systematische Beschäftigung mit
dem politischen System der Bundesrepublik greifen weitgehend ineinander über. Alle Hand- und Lehrbücher oder Kommentare, die mit
dem Grundgesetz oder dem Staatsrecht der Bundesrepublik zu tun
haben, gehen auf die Entstehungsgeschichte des Grundgesetzes und die

[27] Unter Verzicht auf Angaben über die Fachzeitschriften, die es für jedes
Politikfeld gibt, seien hier, auch wegen ihrer allgemeineren Literaturberichter-
stattung nur erwähnt: Politische Vierteljahresschrift (seit 1961), Zeitschrift für
Parlamentsfragen, Die politische Meinung.

[28] Peter Schindler (Bearb.), 30 Jahre Deutscher Bundestag. Dokumentation,
Statistik, Daten. Hrsg. vom Deutschen Bundestag, Presse- und Informationszentrum. Bonn 1979; ders. (Bearb.), Datenhandbuch zur Geschichte des Deutschen Bundestages 1949 bis 1982. Baden-Baden 1982, und Fortschreibungsband
bis 1984, Baden-Baden 1986. In Zur Sache sind z.B. erschienen: AIDS. Fakten
und Konsequenzen. Zwischenbericht der Enquete-Kommission des 11. Deutschen Bundestages »Gefahren von AIDS und wirksame Wege zur ihrer Eindäm-
mung« (Zur Sache, 3/88); Schutz der Erdatmosphäre. Eine internationale Herausforderung. Zwischenbericht der Enquete-Kommission des 11. Deutschen
Bundestages »Vorsorge zum Schutz der Erdatmosphäre« (Zur Sache, 5/88).

[29] Zunächst bildeten der Bericht der Bundesregierung und Materialien zur
Lage der Nation textlich eine Einheit; ab 1974 werden die Materialien gesondert
vorgelegt. Sie geben in erster Linie einen Vergleich, in dem sehr viele Fakten
verarbeitet sind. 1987 war die Grundgliederung: Teil A: Die Wirtschaftssysteme;
Teil B: Vergleichende Darstellung der wirtschaftlichen und sozialen Entwicklung der Bundesrepublik Deutschland und der DDR seit 1970 (1. Produktions-
faktoren, 2. Bildung und Ausbildung, Wissenschaft usw., 3. Produktion und
Produktivität, 4. Einkommen und Lebenshaltung, 5. Öffentlicher Haushalt und
soziale Sicherung, 6. Außenwirtschaft, 7. Die Wirtschaftsbeziehungen zwischen
den beiden deutschen Staaten). Neben dem Statistischen Jahrbuch findet sich
hier die jeweils aktuellste Übersicht über die ökonomischen und – bedingt – die
sozialen Verhältnisse in beiden deutschen Staaten und zugleich in diesem Rahmen eine ziemlich vollständige Aufbereitung der Entwicklungsdaten.

Gründungsbedingungen der Bundesrepublik ein und versuchen außerdem, den institutionellen Wandel nachzuvollziehen, also zu klären, wieweit die spätere Entwicklung der einzelnen Organe der Bundesrepublik, vor allem Bundespräsident, Bundestag, Bundesrat, Bundesregierung und Bundesverfassungsgericht, mit dem übereinstimmt oder von dem abweicht, was der Parlamentarische Rat intendiert hat. Damit ist insgesamt ein Komplex wissenschaftlicher Literatur angesprochen, der nach der Zahl der Veröffentlichungen der historischen Literatur im engeren Sinne zumindest vergleichbar ist. Aus diesem Komplex seien hier nur herausgegriffen der wohl am weitesten verbreitete Kommentar zum Grundgesetz[30], das umfassendste Staatsrecht der Bundesrepublik[31], ein Handbuch besonderer Art[32] und zwei einführende Lehrbücher[33].

Vielfach in thematischer Überschneidung mit der Staatsrechtswissenschaft arbeiten die Politikwissenschaft und die Politische Soziologie, soweit sie sich dem politischen System des Landes, den zu diesem System gehörigen Institutionen und den in ihm wirkenden Akteuren, den Beziehungen zwischen dem System und anderen Teilsystemen der Gesellschaft und – dies eingeschränkt – den Leistungen des Systems für die anderen Teilsysteme zuwenden. Über die Politikwissenschaft und ihre Themen geben zwei jüngere Veröffentlichungen Auskunft[34]. Sie machen sichtbar, daß ein wohl noch größerer Literaturkomplex als beim Staatsrecht zur Erforschung und Erklärung der jüngsten Zeitgeschichte beiträgt. In ihm sind hier von besonderem Interesse die Gesamtdarstellungen zum politischen System der Bundesrepublik, in denen sich dann auch die weiterführende Literatur findet und die, wenn sie häufiger aufgelegt und entsprechend überarbeitet sind, auch als Gattung Auskunft über Entwicklungen in der Politik wie in der dieser Politik zugewandten Wissenschaft geben[35]. Die Gesamtdarstellungen

[30] Theodor Maunz, Günter Dürig u. a., Grundgesetz. Kommentar. Loseblattausgabe in 4 Bänden. München 6. Aufl. 1985 ff.

[31] Klaus Stern, Das Staatsrecht der Bundesrepublik Deutschland. Bd. 1: Grundbegriffe und Grundlagen des Staatsrechts, Strukturprinzipien der Verfassung. München 1977, Bd. 2: Staatsorgane, Staatsfunktionen, Finanz- und Haushaltsverfassung, Notstandsverfassung. München 1980.

[32] Ernst Benda, Werner Maihofer, Hans-Jochen Vogel (Hrsg.), Handbuch des Verfassungsrechts. Berlin 1983, Studienausgabe Berlin 1984.

[33] Konrad Hesse, Grundzüge des Verfassungsrechts der Bundesrepublik. Karlsruhe, 14. Aufl. 1984; Ekkehart Stein, Staatsrecht. Tübingen 10. Aufl. 1986.

[34] Klaus von Beyme (Hrsg.), Politikwissenschaft in der Bundesrepublik Deutschland. Entwicklungsprobleme einer Disziplin. Opladen 1986; Hans-Hermann Hartwich (Hrsg.), Policy-Forschung in der Bundesrepublik Deutschland. Ihr Selbstverständnis und ihr Verhältnis zu den Grundfragen der Politikwissenschaft. Opladen 1985.

[35] Ich treffe folgende Auswahl: Klaus von Beyme, Das politische System der Bundesrepublik Deutschland. München 1979, 4. Aufl. 1985; Thomas Ellwein, Das Regierungssystem der Bundesrepublik Deutschland. Opladen 1963, 6. Aufl. gemeinsam mit Joachim Jens Hesse, Opladen 1987; Ekkehart Jesse, Die Demo-

werden möglich, soweit es Untersuchungen und Darstellungen zu den einzelnen politischen Einrichtungen und Institutionen gibt. Hier führt der Bundestag[36], der es seinen Analytikern auch durch die große Öffentlichkeit seiner Arbeitsweise leicht macht. Über die Entwicklung von Bundesverfassungsgericht[37] und Bundesrat[38] liegen zahlreiche Monographien und Aufsätze vor, wobei in früherer Zeit mehr der Einflußgewinn des Bundesrates interessierte, während heute mehr die Rückwirkungen der europäischen Einigung auf den deutschen Föderalismus im Vordergrund stehen, auf die der Bundesrat reagieren muß, indem er sich seine Teilhabe an der europäischen Willensbildung sichert[39]. Die Bundesregierung und ihr Funktionieren sind weniger untersucht[40], während es über Bundesministerien und die in ihnen arbeitenden Beamten sowie ihren Beitrag zur Politikformulierung sehr viel mehr Arbeiten gibt[41]. Etwas im Schatten des Interesses stehen in dieser Hinsicht

kratie der Bundesrepublik Deutschland. Eine Einführung in das politische System. Berlin 1978, 7. Aufl. 1986; Wolfgang Rudzio, Das politische System der Bundesrepublik Deutschland. Opladen 1983; Kurt Sontheimer, Grundzüge des politischen Systems der Bundesrepublik Deutschland. München 1971, 8. Aufl. 1980.

[36] Vgl. Ellwein/Hesse, Das Regierungssystem, S. 239f.; Schindler, 30 Jahre Deutscher Bundestag; die nicht zuletzt dem Bundestag zugewandte und ihm durch die Trägerschaft (Deutsche Vereinigung für Parlamentsfragen) verbundene Zeitschrift für Parlamentsfragen (ZParl); noch immer hilfreich Heinz Rausch, Bundestag und Bundesregierung. Eine Institutionenkunde. München 1976.

[37] Vgl. aus dem jüngeren Schrifttum z.B. Christine Landfried, Bundesverfassungsgericht und Gesetzgeber. Wirkungen der Verfassungsrechtsprechung auf parlamentarische Willensbildung und soziale Realität. Baden-Baden 1984; Ingwer Ebsen, Das Bundesverfassungsgericht als Element gesellschaftlicher Selbstregulierung. Eine pluralistische Theorie der Verfassungsgerichtsbarkeit im demokratischen Verfassungsstaat. Berlin 1985.

[38] Vgl. Paul Römer, Schrifttum über den Bundesrat der Bundesrepublik Deutschland und seine unmittelbaren Vorläufer. Eine Auswahlbibliographie. Bonn 1982, hrsg. vom Direktor des Bundesrates; Bundesrat (Hrsg.), Der Bundesrat als Verfassungsorgan und als politische Kraft. Beiträge zum 25jährigen Bestehen . . . Darmstadt 1974.

[39] Vgl. Sekretariat des Bundesrates (Hrsg.), Bundesrat und Europäische Gemeinschaften. Dokumente. Bonn 1988; Rudolf Hrbek und Uwe Thaysen (Hrsg.), Die Deutschen Länder und die Europäischen Gemeinschaften. Baden-Baden 1986 (mit Dokumentenanhang).

[40] Vgl. die Literaturangaben bei Beyme, Das politische System, S. 190ff. und bei Ellwein/Hesse, Das Regierungssystem, S. 299ff.

[41] Dies hängt allgemein mit der Entwicklung der Implementationsforschung zusammen, welche sich – vereinfacht – mit der Rolle der Bürokratie im Prozeß der Politikformulierung und -verwirklichung beschäftigt, und konkret mit der Enttäuschung in den siebziger Jahren über das vergleichsweise häufige Scheitern größerer Planungen, das viel mit Verwaltungsproblemen zu tun hat, aber auch mit dem Föderalismus und seinen Bremswirkungen (»Politikverflechtung«) zusammenhängt. Die empirischen Arbeiten sind bei Wolfgang Bruder, Empirische Verwaltungsforschung in der Bundesrepublik Deutschland. Opladen 1981, zu-

die Länder; Landesregierungen sind kaum untersucht, bei den Landtagen beschäftigen mehr ihr ständiger Verlust an politischem Einfluß und die Reaktion darauf[42]. Die Entwicklungen in der(n) öffentlichen Verwaltung(en) – daß man sich angewöhnt, den Plural zu benutzen, gehört dazu – finden zunehmend Interesse[43], und die Gemeinde- und Stadtforschung hat im Vergleich zu früher ganz unerwartete Ausmaße angenommen, was dann wiederum solide Zusammenfassungen erschwert[44].

Letztlich unüberschaubar sind Forschung und Darstellung in den Themenbereichen Verbände, Parteien, Wahlen, Öffentlichkeit, Medien, Kommunikation und Konstruktion der »neuen Medien«, weshalb hier nur der Verweis auf zusammenfassende Darstellungen möglich ist, die ihrerseits dann einen Teil der Literatur wenigstens benennen[45]. Das gilt auch für die Hervorbringungen der Politik auf den einzelnen Politikfeldern, gleichgültig ob es sich um die Umweltpolitik[46], um die So-

<hr />

sammengestellt; über die Implementationsforschung vgl. zunächst Renate Mayntz (Hrsg.), Implementation politischer Programme I: Empirische Forschungsberichte, und II: Ansätze zur Theoriebildung. Königstein/Ts. 1981 und Opladen 1983; zur Politikverflechtung zuerst Fritz W. Scharpf u. a., Politikverflechtung. Theorie und Empirie des kooperativen Föderalismus in der Bundesrepublik. Kronberg/Ts. 1976.

[42] Literatur dazu bei Ellwein/Hesse, Das Regierungssystem, S. 234 ff. und laufend in der Zeitschrift für Parlamentsfragen.

[43] Vgl. z. B. Joachim Jens Hesse (Hrsg.), Politikwissenschaft und Verwaltungswissenschaft. Opladen 1982.

[44] So wird dem Monumentalwerk von Günter Püttner (Hrsg.), Handbuch der kommunalen Wissenschaft und Praxis. 6 Bde, Berlin 1981 ff., einer Neubearbeitung des älteren Handbuches von 1956 ff. (Hrsg. Hans Peters) von Klaus Simon in: Zeitschrift für Parlamentsfragen (1988), S. 576 ff., berechtigterweise vorgeworfen, daß man sich in diesem Handbuch ganz auf die rechtswissenschaftliche Diskussion beschränke und mit den sozialwissenschaftlichen Beiträgen zum Thema große Teile des Themas selbst ausblende. Vgl. dazu Joachim Jens Hesse (Hrsg.), Zur Situation der kommunalen Selbstverwaltung heute. Stadtpolitik und kommunale Selbstverwaltung im Umbruch. Baden-Baden 1987; und als weitere Beispiele die noch immer nicht überholten Sammelbände von Rolf-Richard Grauhan (Hrsg.), Lokale Politikforschung. 2 Bde. Frankfurt 1975; Paul Kevenhörster (Hrsg.), Lokale Politik unter exekutiver Führerschaft. Meisenheim/Glau 1977; Joachim Jens Hesse und Helmut Wollmann (Hrsg.), Probleme der Stadtpolitik in den achtziger Jahren. Frankfurt 1983; Helmut Köser (Hrsg.), Der Bürger in der Gemeinde. Kommunalpolitik und politische Bildung. Hamburg 1979; hier auch der Aufsatz von Hans-Ulrich Klose, Die Unregierbarkeit der Städte, und ein Überblick über die in der Bundesrepublik entstandenen Gemeindestudien (Community-power-Forschung).

[45] Vgl. Beyme, Das politische System und Ellwein/Hesse, Das Regierungssystem.

[46] Vgl. z. B. Klaus-Peter Wey, Umweltpolitik in Deutschland. Kurze Geschichte des Umweltschutzes in Deutschland seit 1970. Opladen 1982; Günter Hartkopf, Eberhard Bohne, Umweltpolitik. Bd. 1: Grundlagen, Analysen und Perspektiven. Opladen 1983.

zialpolitik und in ihr etwa um das Rentenproblem[47], um die Raumordnungspolitik[48] oder um die Bildungspolitik[49] handelt. Zusammenfassungen dazu müssen nahezu zufällig sein[50], wenn sie nicht in den offiziellen Jahresberichten der Regierungen erfolgen. Nicht einmal das Instrumentarium, das die Politik dabei einsetzt (Vorschriften, Geld, Personal, Überzeugungsarbeit usw.), und seine Veränderungen lassen sich zusammenfassend darstellen. Auch hier hält die Spezialisierung an; eine Gesetzgebungswissenschaft ist z. B. im Vormarsch[51]. Denkt man an die Arbeitsfelder und Instrumente der Politik, gerät das gesellschaftliche Umfeld und geraten die Adressaten dieser Politik in den Blick und mit ihnen Umfang und Struktur der Bevölkerung, das Wohnen und Arbeiten oder der Wertewandel[52], von dem in Kapitel 4 die Rede war. Dieser Verweis läßt sich nutzen, um das Kernproblem gegenwärtiger politischer und gesellschaftlicher Entwicklung anzusprechen: Die Vielfalt der Betätigungsfelder und -formen in der Politik, die Verzweigtheit gesellschaftlicher Veränderungen, die Unübersehbarkeit wissenschaftlicher und technischer Hervorbringungen auf der einen Seite und die notwendig spezialisierte, auf immer weitgehenderer Arbeitsteilung beruhende Problemverarbeitung auf der anderen Seite. Dieses Nebeneinander führt dazu, daß es immer weniger möglich erscheint, wirkliche Schwerpunkte zu setzen, daß sich die Katastrophenbefürchtungen gegenseitig relativieren, daß ›man‹ die meisten Herausforderungen an andere nur weitergibt und daß so Zukunft begrifflich eher mit Angst als

[47] Darüber informiert am aktuellsten der jeweils jüngste Sozialbericht der Bundesregierung; die Literatur ist unübersehbar, weshalb ich nur auf den Materialband zum Sozialbudget 1986, hrsg. vom Bundesministerium für Arbeit verweise.

[48] Darüber informiert am aktuellsten der jeweilige Raumordnungsbericht der Bundesregierung; eine Problemzusammenfassung bei Wolfgang Bruder und Thomas Ellwein (Hrsg.), Raumordnung und staatliche Steuerungsfähigkeit. Opladen 1980.

[49] Vgl. Das Bildungswesen in der Bundesrepublik Deutschland. Ein Überblick für Eltern, Lehrer und Schüler. Reinbek 1979; Bildung in der Bundesrepublik Deutschland. Daten und Analysen, 2 Bde. Stuttgart und Reinbek 1980, beide hrsg. v. Max-Planck-Institut für Bildungsforschung.

[50] Meistens handelt es sich um Berichte über Tagungen, auf denen mehrere Politikfelder behandelt worden sind, wofür beispielhaft die Kongresse der Deutschen Vereinigung für Politische Wissenschaft genannt werden können, so etwa Udo Bermbach (Hrsg.), Politische Wissenschaft und politische Praxis. Opladen 1979 (Kongreß 1977); Thomas Ellwein (Hrsg.), Politikfeld-Analysen 1979. Opladen 1980; Hans-Hermann Hartwich (Hrsg.), Gesellschaftliche Probleme als Anstoß und Folge von Politik. Opladen 1983 (Kongreß 1982). Anspruchsvoller und gut belegt ist Manfred G. Schmidt (Hrsg.), Staatstätigkeit. International und historisch vergleichende Analysen. Opladen 1988.

[51] Vgl. Waldemar Schreckenberger u. a. (Hrsg.), Gesetzgebungslehre. Grundlagen, Zugänge, Anwendungen. Stuttgart 1986.

[52] Vgl. zu letzterem Karl-Heinz Hillmann, Wertwandel. Zur Frage soziokultureller Voraussetzungen alternativer Lebensformen. Darmstadt 1986.

mit Hoffnung gepaart erscheint[53]. In diesem Zusammenhang wurden die Parteien in besonderer Weise angesprochen. Ihnen kommt es im politischen System zu, Meinungen zu bündeln und um Meinungsführerschaft zu konkurrieren. Je mehr sie in Gefahr geraten, vornehmlich die eigene Herrschaft zu stabilisieren und dabei andere Meinungen gegebenenfalls mit staatlicher Macht zu bekämpfen, desto schwächer wird das politische System in seiner Zukunftsorientierung. Dazu gibt es Leitartikel und besorgte Analysen; die Zeitgeschichte aber hört hier auf.

[53] Das angesprochene Problem und Versuche zu seiner Bewältigung kann man sich an der Schriftenreihe des Bundeskanzleramtes Perspektiven und Orientierungen vergegenwärtigen, die mit einem schmalen Bändchen von Hans Bertram, Jugend heute. München 1987, begann; im gleichen Jahr folgten Peter Koslowski, Die postmoderne Kultur; Ursula Lehr, Zur Situation der älterwerdenden Frau; Wolfgang Zapf u.a., Individualisierung und Sicherheit. Weitere Bände sollen folgen.

1961

17. 9. Wahlen zum 4. Deutschen Bundestag. Die CDU/CSU verliert die absolute Mehrheit. Im Wahlkampf hatte sich die FDP auf eine Koalition mit der CDU/CSU »ohne Adenauer« festgelegt.

2. 11. Erneuerung der Koalition von CDU/CSU und FDP mit Adenauer als Kanzler. Die FDP wehrt sich gegen den Vorwurf, eine »Umfallerpartei« zu sein, mit dem Hinweis, daß die Kanzlerschaft Adenauers zeitlich begrenzt worden sei.

1962

16. 2. Flutkatastrophe an der Nordseeküste mit großen Auswirkungen auf Hamburg, wo Helmut Schmidt als Innensenator sich Verdienste bei den Rettungsaktionen erwirbt.

26. 10. Beginn der »Spiegel-Affäre«; der ›Spiegel‹-Herausgeber Rudolf Augstein wird verhaftet.

7. 11. Beginn einer Bundestagsdebatte über die »Spiegel-Affäre«, die sich dann mit Unterbrechungen über drei Tage erstreckt.

19. 11. Die der FDP angehörenden Bundesminister verlassen aus Protest gegen das Verhalten des Bundesverteidigungsministers Franz Josef Strauß das Bundeskabinett.

27. 11. Die CDU/CSU-Bundesminister treten ebenfalls zurück. In Bonn finden Verhandlungen über eine Große Koalition statt. Strauß verzichtet auf ein neuerliches Ministeramt.

13. 12. Ein neues Kabinett Adenauer, beruhend auf der CDU/CSU-FDP-Koalition, wird vorgestellt; der Kanzler erklärt sich bereit, ein Jahr später zurückzutreten.

18. 12. Der erste in der Bundesrepublik hergestellte Atomreaktor (in Karlsruhe) läuft erstmals mit Vollast.

1963

20. 2. Die Uraufführung von Rolf Hochhuths ›Der Stellvertreter‹ in Berlin-West führt zu Tumulten. Der Autor setzt sich in diesem Drama mit der Rolle des Papstes und des Vatikans während des Dritten Reiches auseinander.

23. 4. Ludwig Erhard wird gegen den Widerstand Adenauers als Kanzlerkandidat von der CDU/CSU-Fraktion nominiert.

21. 6. Bei der Verabschiedung des Bundeshaushaltes stimmt die SPD zum ersten Male nicht gegen den Verteidigungshaushalt.

23. 6. Der Bundestag beschließt das Gesetz über die Bildung eines »Sachverständigenrates zur Begutachtung der gesamtwirtschaftlichen Entwicklung«.

15.	7.	Egon Bahr (SPD) entwickelt in Tutzing sein ostpolitisches Konzept vom »Wandel durch Annäherung«.
19.	8.	Die Bundesrepublik tritt dem Atomteststop-Abkommen bei und bekräftigt dabei ihren Alleinvertretungsanspruch für Deutschland.
15.	10.	Konrad Adenauer tritt als Bundeskanzler zurück.
16.	10.	Ludwig Erhard wird vom Bundestag zum Bundeskanzler gewählt. Die Koalition mit der FDP wird fortgesetzt.
12.	12.	Tod des Alt-Bundespräsidenten Theodor Heuss.
14.	12.	Tod des langjährigen SPD-Vorsitzenden Erich Ollenhauer.
17.	12.	Passierscheinabkommen zwischen dem Senat von Berlin-West und der DDR-Regierung ermöglicht Verwandtenbesuche innerhalb Berlins.

1964

15.	2.	Auf einem außerordentlichen Parteitag der SPD wird Willy Brandt, Regierender Bürgermeister von Berlin, zum neuen Vorsitzenden der Partei gewählt.
7.	3.	Verabschiedung des Bundeskindergeld-Gesetzes im Bundestag.
19.	3.	Die Länderregierungschefs beschließen die Gründung neuer Universitäten in Bochum, Bremen, Dortmund, Konstanz und Regensburg.
20.	3.	Die »Troeger-Kommission« wird eingesetzt und soll einen Vorschlag für eine Finanzreform ausarbeiten.
4.	6.	Verwaltungsabkommen zwischen Bund und Ländern über die gemeinsame Finanzierung wissenschaftlicher Hochschulen.
1.	7.	Heinrich Lübke wird von der Bundesversammlung erneut zum Bundespräsidenten gewählt.
19.	9.	Die Zahl der Gastarbeiter übersteigt erstmals die Millionengrenze.
1.	11.	Rainer Barzel wird Vorsitzender der CDU/CSU-Fraktion in Bonn.
2.	12.	Die Bundesregierung stimmt der Harmonisierung der Getreidepreise in der EG zu.

1965

19.	1.	Während eines Arbeitsbesuches des Bundeskanzlers in Paris wird die französische Zurückhaltung gegenüber der Wiedervereinigung Deutschlands sichtbar.
28.	1.	Der erste ›Bundesbericht Forschung‹ wird vorgelegt.
25.	3.	Der Bundestag verlängert die Verjährungsfrist von nationalsozialistischen Verbrechen.
7.	4.	Störmanöver und Proteste der UdSSR und der DDR gegen eine Plenarsitzung des Bundestages in Berlin-West; die westlichen Alliierten sprechen sich gegen solche Sitzungen aus.

5.	5.	2. Vermögensbildungs-Gesetz vom Bundestag verabschiedet (312-Mark-Gesetz).
13.	5.	Bekanntgabe der Aufnahme diplomatischer Beziehungen zwischen der Bundesrepublik und Israel. Die meisten arabischen Länder brechen daraufhin die Beziehungen zur Bundesrepublik ab.
24.	6.	Im Bundestag erhält die Vorlage zur Grundgesetzänderung für die Notstandsverfassung nicht die erforderliche Zwei-Drittel-Mehrheit.
15.	7.	Bund und Länder vereinbaren die Einsetzung des Bildungsrates.
19.	8.	Beendigung des Auschwitz-Prozesses gegen Aufsichtspersonen des Vernichtungslagers.
19.	9.	Wahl des 5. Deutschen Bundestages. Gewinne der CDU und der SPD; Verluste der FDP.
1.	10.	Vertriebenen-Denkschrift der Evangelischen Kirche in Deutschland fordert zum Umdenken in der Ostpolitik auf.
10.	11.	In seiner Regierungserklärung nach Neubildung der CDU/CSU-FDP-Koalition fordert Bundeskanzler Erhard zum Maßhalten auf.
21.	12.	Konrad Adenauer verkündet Verzicht auf neue Kandidatur für den CDU-Vorsitz.

1966

7.	1.	Kultusminister einigen sich über einheitlichen Schulbeginn.
9.	2.	Das »Troeger-Gutachten« wird vorgelegt. Sein Leitgedanke ist der »kooperative Föderalismus«.
21.	3.	Beginn des CDU-Parteitages, auf dem sich Erhard gegen Barzel als Vorsitzender durchsetzt.
27.	3.	Bürgerschaftswahlen in Hamburg. Hoher SPD-Gewinn.
6.	4.	Die Bundesregierung besteht darauf, daß trotz des Austritts Frankreichs aus der NATO französische Truppen in der Bundesrepublik bleiben.
13.	5.	Der DGB-Bundeskongreß lehnt jede Notstandsgesetzgebung ab.
1.	6.	In Dortmund beginnt der SPD-Parteitag, in dessen Mittelpunkt die Deutschlandpolitik steht.
10.	7.	Die Landtagswahlen in Nordrhein-Westfalen bringen der CDU große Verluste. Die SPD erhält 49,5 Prozent der Zweitstimmen. Die neue CDU/FDP-Koalition operiert auf schmaler Basis.
15.	9.	Kanzleramtsminister Ludger Westrick, Erhards Vertrauter und Zielscheibe mancher Kritik, tritt zurück.
29.	9.	Streitigkeiten in der Bonner Koalition über die Finanzierung des Bundeshaushaltes 1967.
27.	10.	Eine Mehrheit in der FDP-Fraktion erklärt sich gegen die Koalition; die vier Bundesminister der FDP treten zurück.

30. 10.	Der Kongreß »Notstand der Demokratie« in Frankfurt verurteilt die Pläne zur Notstandsgesetzgebung.
6. 11.	Bei den Landtagswahlen in Hessen erhält die SPD die absolute Mehrheit; die NPD zieht erstmals in ein Landesparlament ein.
8. 11.	In Düsseldorf wird die Regierung nach einem Bündnis von SPD und FDP umgebildet; Heinz Kühn (SPD) wird Ministerpräsident.
8. 11.	Der SPD-Antrag, der Bundeskanzler möge die Vertrauensfrage stellen, wird vom Bundestag angenommen.
20. 11.	Landtagswahlen in Bayern. Die CSU erhält 48,1 Prozent der Zweitstimmen; die NPD zieht in den Landtag ein.
30. 11.	Ludwig Erhard tritt als Kanzler zurück.
1. 12.	Der Bundestag wählt Kurt Georg Kiesinger (CDU) als Kanzler einer Großen Koalition von CDU/CSU und SPD. Willy Brandt wird Vizekanzler und Außenminister.
9. 12.	Das VW-Werk kündigt Kurzarbeit an.

1967

14. 2.	Erstes Zusammentreten der »Konzertierten Aktion«.
23. 2.	Der Bundestag verabschiedet das erste Konjunkturprogramm.
12. 3.	Wahlen zum Berliner Abgeordnetenhaus. Die SPD verliert 5 Prozent, behält aber die absolute Mehrheit.
14. 3.	Nach dem Tod des langjährigen SPD-Fraktionsvorsitzenden in Bonn, Fritz Erler, wird Helmut Schmidt als Nachfolger in dieses Amt gewählt.
12. 4.	Bundeskanzler Kiesinger betont in einer Regierungserklärung den Willen zur Entspannung.
19. 4.	Konrad Adenauer stirbt im 91. Lebensjahr.
23. 4.	Landtagswahlen in Schleswig-Holstein und Rheinland-Pfalz. In beiden Ländern kommt es zu keinen politischen Veränderungen.
26. 4.	Verabschiedung des Mehrwertsteuergesetzes im Bundestag.
9. 5.	Offizielle Änderung des NATO-Verteidigungskonzeptes; der Strategie der »Massiven Vergeltung« folgt die »flexible response«.
10. 5.	Verabschiedung des Stabilitätsgesetzes im Bundestag.
2. 6.	Bei Demonstrationen gegen den Schah-Besuch in Berlin-West wird der Student Benno Ohnesorg von einem Polizeibeamten erschossen.
4. 6.	Landtagswahlen in Niedersachsen; Verluste der SPD, Gewinne der CDU. Es wird eine Große Koalition gebildet.
13. 6.	Bundeskanzler Kiesinger schlägt in einem Antwortbrief an den DDR-Ministerpräsidenten Stoph Gespräche über Erleichterungen im täglichen Leben und kulturelle Zusammenarbeit vor.
28. 6.	Verabschiedung des Parteiengesetzes.

1. 7. Zusammenschluß von EWG, Montanunion und EURATOM zur EG.
6. 9. Der Bundestag stimmt der Mittelfristigen Finanzplanung für 1967 bis 1971 zu.
8. 9. Der Bundestag stimmt einem weiteren Konjunkturprogramm zu.
26. 9. Der Regierende Bürgermeister von Berlin, Heinrich Albertz (SPD), tritt anläßlich der Vorgänge beim Schah-Besuch zurück.
1. 10. Bremer Bürgerschaftswahlen; erhebliche Verluste der SPD.
8. 11. Das Bundeskabinett verabschiedet den »Leber-Plan«, ein Programm des Bundesverkehrsministers Leber (SPD), das zur Verlagerung des Schwerlastverkehrs von der Straße auf die Schiene führen soll.

1968
29. 1. Beginn des Parteitages der FDP in Freiburg, auf dem Walter Scheel zum Vorsitzenden gewählt wird.
18. 2. Internationaler Vietnam-Kongreß in Berlin-West führt zu Demonstrationen.
11. 3. Erster Regierungsbericht zur Lage der Nation.
11. 4. Attentat auf Rudi Dutschke in Berlin-West. Dutschke, führender Kopf der APO, wird schwer verletzt. Es kommt zu zahlreichen Demonstrationen in der ganzen Bundesrepublik und zu Aktionen und Ausschreitungen gegen das Haus Springer.
28. 4. Landtagswahlen in Baden-Württemberg mit großen NPD-Gewinnen.
30. 4. Sondersitzung des Bundestages zum Thema Studentenunruhen.
11. 5. Das Kuratorium »Notstand der Demokratie« veranstaltet Sternmarsch auf Bonn.
27. 5. Beginn des Contergan-Prozesses über die Entschädigung für rund 2000 Kinder, die nach Einnahme des Arzneimittels Contergan während der Schwangerschaft durch ihre Mütter behindert zur Welt gekommen sind.
29. 5. Verabschiedung der Reform des politischen Strafrechts im Bundestag.
30. 5. Verabschiedung der Notstandsverfassung im Bundestag mit 384 gegen 100 Stimmen.
28. 6. Die Notstandsverfassung tritt in Kraft; die westlichen Alliierten verzichten auf ihre Vorbehaltsrechte gemäß Paragraph 5 des Deutschlandvertrages.
26. 9. Die Gründung der DKP wird bekanntgegeben.
6. 12. Vergrößerung des Kreditspielraums, welcher der DDR eingeräumt wird, erlaubt die Ausweitung des Interzonenhandels.

1969

24. 1. Rücktritt Eugen Gerstenmaiers (CDU) vom Amt des Bundestagspräsidenten.

17. 2. Erstes Verteidigungsweißbuch.

5. 3. Wahl von Gustav Heinemann zum Bundespräsidenten durch eine Koalition von SPD und FDP in der Bundesversammlung.

9. 5. Verabschiedung der Gesetze zur Strafrechtsreform im Bundestag (Liberalisierung des Strafrechts).

12. 5. Verkündigung der Grundgesetzänderungen zur Finanzreform, welche die Steuerverteilung zwischen Bund, Ländern und Gemeinden neu regeln und die »Gemeinschaftsaufgaben« einführen.

13. 5. Verabschiedung des Arbeitsförderungsgesetzes im Bundestag.

14. 5. Verabschiedung des Gesetzes im Bundestag, durch das die unehelich geborenen Kinder den ehelichen gleichgestellt werden.

12. 6. Verabschiedung des Lohnfortzahlungsgesetzes im Bundestag.

14. 8. Nach Zustimmung des Bundesrates kann das Berufsbildungs-Gesetz verkündet werden.

28. 9. Die Wahlen zum 6. Deutschen Bundestag ermöglichen die Bildung einer Koalition von SPD und FDP.

21. 10. Willy Brandt wird zum Bundeskanzler gewählt.

24. 10. Die Bundesregierung beschließt die Aufwertung der DM.

28. 10. Regierungserklärung Brandts stellt aktive Friedenssicherung und innere Reformen in den Vordergrund.

28. 11. Die Bundesrepublik unterzeichnet den Atomsperrvertrag.

1. 12. Bundeskanzler Brandt schlägt auf dem EG-Gipfel die Erweiterung der EG vor.

9. 12. Die Bundesregierung beschließt, daß künftig bei Sportveranstaltungen die DDR-Flagge gezeigt und die DDR-Hymne gespielt werden dürfen.

1970

14. 1. Zweiter Bericht zur Lage der Nation wird zur Darlegung der künftigen Deutschlandpolitik benutzt.

30. 1. In Moskau beginnen vertrauliche Gespräche zwischen Außenminister Gromyko und Egon Bahr, inzwischen Staatssekretär im Bundeskanzleramt.

19. 3. Treffen von Bundeskanzler Brandt mit dem DDR-Ministerratsvorsitzenden Stoph in Erfurt.

22. 3. Bürgerschaftswahlen in Hamburg. Die SPD hat Verluste, behält aber die absolute Mehrheit.

26. 3. Beginn der Viermächte-Verhandlungen über Berlin.

20. 4. Erster Sozialbericht der Bundesregierung.

21. 5. Zweites Treffen zwischen Brandt und Stoph in Kassel.

4. 6. Verabschiedung des neuen Vermögensbildungsgesetzes im Bundestag (624-Mark-Gesetz).

14.	6.	Landtagswahlen in Niedersachsen, Nordrhein-Westfalen und im Saarland. In Hannover wird die Große Koalition aufgelöst.
25.	6.	Bund und Länder beschließen die Errichtung einer Bund-Länder-Kommission für Bildungsplanung.
7.	7.	Die Bundesregierung beschließt einen zehnprozentigen Zuschlag zur Lohn-, Einkommen- und Körperschaftssteuer für ein Jahr, um die Konjunktur zu dämpfen.
12.	8.	Unterzeichnung des Moskauer Vertrages zwischen der UdSSR und der Bundesrepublik.
4.	11.	Der Bundestag beschließt das Krankenversicherungsänderungsgesetz, was den Beitritt oder Verbleib solcher Arbeitnehmer in der gesetzlichen Krankenversicherung ermöglicht, deren Einkommen die Pflichtversicherungsgrenze übersteigt.
8.	11.	Landtagswahlen in Hessen. Die SPD verliert die absolute Mehrheit und bildet mit der FDP eine Koalition. Die NPD scheidet wieder aus dem Landtag aus.
22.	11.	Landtagswahlen in Bayern. Die CSU befestigt ihre Stellung.
7.	12.	Unterzeichnung des Warschauer Vertrages.

1971

31.	1.	Wiederaufnahme des seit 1952 unterbrochenen Telefonverkehrs zwischen Berlin-West und Berlin-Ost.
14.	3.	Wahlen zum Berliner Abgeordnetenhaus. Die SPD behält knapp die absolute Mehrheit.
21.	3.	Landtagswahlen in Rheinland-Pfalz. Die CDU behält die absolute Mehrheit. Ministerpräsident Helmut Kohl.
24.	3.	Regierungserklärung zur »Politik der inneren Reformen« im Bundestag.
25.	4.	Landtagswahlen in Schleswig-Holstein. Die CDU erhält 51,9 Prozent; Ministerpräsident Gerhard Stoltenberg.
9.	5.	Die Bundesregierung beschließt ein konjunkturpolitisches Stabilitätsprogramm.
13.	5.	Rücktritt von Bundesfinanzminister Alex Möller, der wegen der hohen Ressortanforderungen den Haushalt nicht mehr vertreten will. Wirtschaftsminister Karl Schiller übernimmt zusätzlich das Finanzressort.
26.	6.	Erster Rahmenplan der Gemeinschaftsaufgabe »Verbesserung der regionalen Wirtschaftsstruktur«.
19.	7.	Der Bundestag verabschiedet das Städtebauförderungsgesetz.
1.	9.	Das Bundesausbildungsförderungsgesetz (Bafög) tritt in Kraft.
3.	9.	Unterzeichnung des Viermächteabkommens über Berlin.
29.	9.	Die Bundesregierung verabschiedet ein Umweltprogramm.
10.	10.	Wahlen zur Bremer Bürgerschaft. Die SPD erhält 55,3 Prozent.
20.	10.	Willy Brandt erhält den Friedensnobelpreis.

25. 10.	Beginn des Freiburger Parteitages der FDP, auf dem diese ein neues Programm des sozialen Liberalismus beschließt.
10. 11.	Neues Betriebsverfassungsgesetz vom Bundestag verabschiedet.
29. 11.	Rainer Barzel als Kanzlerkandidat der CDU/CSU nominiert.
17. 12.	Transitabkommen zwischen den beiden deutschen Staaten.

1972

28. 1.	Verabschiedung des Radikalenerlasses (›Grundsätze über die Mitgliedschaft von Beamten in extremen Organisationen‹).
21. 3.	Der EG-Ministerrat beschließt die »Währungsschlange«; die Wechselkurse der Mitglieder sollen höchstens um 2,25 Prozent voneinander abweichen.
23. 4.	Landtagswahlen in Baden-Württemberg. Die CDU erhält die absolute Mehrheit.
27. 4.	Konstruktives Mißtrauensvotum gegen Bundeskanzler Brandt. Der Antrag wird möglich durch den Übertritt mehrerer Abgeordneter zur CDU/CSU, die damit meist gegen die neue Ostpolitik protestieren, erreicht aber überraschend nicht die erforderliche Mehrheit.
28. 4.	Abstimmungspatt zwischen Koalition und Opposition bei der 2. Lesung des Bundeshaushaltes.
12. 5.	Paraphierung des Verkehrsvertrages zwischen den beiden deutschen Staaten.
17. 5.	Der Bundestag billigt bei weitgehender Enthaltung der CDU/CSU den Moskauer und den Warschauer Vertrag.
1. 6.	Festnahme führender Mitglieder der terroristischen Baader-Meinhof-Gruppe.
3. 6.	Die »Ostverträge« und das Berlin-Abkommen treten in Kraft.
7. 7.	Rücktritt des Bundeswirtschaftsministers Karl Schiller.
26. 8.	Beginn der Olympischen Sommerspiele in München.
5. 9.	Überfall der arabischen Terrororganisation »Schwarzer September« auf die israelische Olympiamannschaft in München. Bei der Befreiungsaktion kommen alle Geiseln, fünf Terroristen und ein Polizeibeamter ums Leben.
21. 9.	Der Bundestag verabschiedet das Rentenreformgesetz, das die flexible Altersgrenze bringt und die Rentenversicherung für Selbständige öffnet.
22. 9.	Die vom Bundeskanzler am 20. 9. gestellte Vertrauensfrage wird im Bundestag erwartungsgemäß abgelehnt; der Bundestag wird aufgelöst.
19. 11.	Wahlen zum 7. Bundestag; Gewinne der sozial-liberalen Koalition.
21. 12.	Unterzeichnung des Grundlagenvertrages mit der DDR.

1973

1. 1. Die EG-Erweiterung tritt in Kraft; mit Dänemark, Großbritannien und Irland gibt es jetzt neun Mitglieder.

2. 2. Der Bundesrat fordert mit der Mehrheit der von der CDU und der CSU regierten Länder die Ablehnung des Grundlagenvertrages.

17. 2. Stabilitätsprogramm der Bundesregierung zur Dämpfung der überhitzten Konjunktur.

12. 3. Wechselkursvereinbarung in Brüssel; sechs europäische Länder geben den Dollarkurs frei.

9. 5. Das zweite Stabilitätsprogramm führt zu Steuersenkungen und Kürzungen bei Investitionen.

18. 5. Der sowjetische Parteichef Breschnew besucht die Bundesrepublik.

28. 5. Die bayerische Staatsregierung ruft das Bundesverfassungsgericht wegen des Grundlagenvertrages an.

12. 6. Auf einem Sonderparteitag der CDU wird Helmut Kohl zum neuen Vorsitzenden gewählt.

15. 6. Verabschiedung des Bildungsgesamtplans.

18. 6. Das Bundesverfassungsgericht lehnt den Antrag ab, durch eine Einstweilige Verfügung das Inkrafttreten des Grundlagenvertrages zu verhindern.

21. 6. Der Grundlagenvertrag tritt in Kraft.

1. 7. Durch Gesetz tritt der zivile Ersatzdienst gleichberechtigt neben den Wehrdienst.

3. 7. Beginn der Konferenz über Sicherheit und Zusammenarbeit in Europa (KSZE).

31. 7. Das Bundesverfassungsgericht erklärt den Grundlagenvertrag für vereinbar mit dem Grundgesetz, schränkt aber den Interpretationsspielraum ein.

18. 9. Die Bundesrepublik und die DDR werden Mitglieder der Vereinten Nationen.

6. 10. Beginn des Jom-Kippur-Krieges.

17. 10. Beschluß arabischer Länder über den Einsatz der »Öl-Waffe«.

24. 11. Energieeinsparungsverordnungen des Bundeswirtschaftsministeriums. Kfz-Fahrverbot für die vier nächsten Sonntage.

5. 12. Beschluß der Bundesregierung über Heizkostenzuschüsse.

19. 12. Aufhebung einzelner Maßnahmen aus dem Stabilitätsprogramm; die Zahl der Arbeitslosen übersteigt die Millionen-Grenze.

1974

9. 1. Rahmenprogramm Energieforschung der Bundesregierung.

18. 1. Der Bundestag verabschiedet das Bundesimmissionsschutzgesetz.

20. 2. Der Bundestag ratifiziert den Atomsperrvertrag.

3.	3.	Hamburger Bürgerschaftswahlen mit Verlusten der SPD und Gewinnen der CDU. Anschließend sozialliberale Koalition.
25.	4.	Günter Guillaume, enger Mitarbeiter des Bundeskanzlers, wird unter dem Verdacht der Spionage für die DDR festgenommen.
26.	4.	Der Bundestag beschließt die Änderung des Paragraphen 218 des Strafgesetzbuches und entscheidet sich für die sogenannte Fristenlösung (Freigabe des Schwangerschaftsabbruchs in den ersten zwölf Wochen).
6.	5.	Bundeskanzler Brandt übernimmt die Verantwortung in der Angelegenheit Guillaume und tritt zurück.
15.	5.	Walter Scheel wird als Nachfolger von Gustav Heinemann zum vierten Bundespräsidenten gewählt.
16.	5.	Helmut Schmidt, bisher Finanz- und Wirtschaftsminister, wird zum Bundeskanzler gewählt; in der weiterbestehenden sozialliberalen Koalition wird Außenminister Hans-Dietrich Genscher Vizekanzler.
6.	6.	Landtagswahlen in Niedersachsen. Bei leichtem Verlust der SPD wird diese von der CDU überholt. Es bleibt bei einer sozialliberalen Koalition.
20.	6.	Der Bundestag ratifiziert gegen die Stimmen der CDU/CSU den Prager Vertrag.
20.	6.	Staatssekretär Günter Gaus beginnt seine Tätigkeit als Leiter der Ständigen Vertretung der Bundesrepublik in der DDR.
4.	7.	Erhard Eppler, Bundesminister für wirtschaftliche Zusammenarbeit, tritt wegen Nichtbewilligung seiner Ressortforderungen zurück.
1.	10.	Hans-Dietrich Genscher wird FDP-Vorsitzender.
18.	10.	Der Bundestag billigt ein Sonderprogramm zur Belebung der Konjunktur.
27.	10.	Bei den Landtagswahlen in Hessen und Bayern erleidet die SPD große Verluste; in Hessen bleibt es aber bei der Koalition von SPD und FDP. Die CSU erhält 62,1 Prozent der Zweitstimmen.
10.	11.	Ermordung des Berliner Kammergerichtspräsidenten Günter von Drenkmann durch eine Terroristengruppe.
29.	11.	Urteile gegen Horst Mahler und Ulrike Meinhof (14 und 8 Jahre Gefängnis).
13.	12.	Bundeskanzler Schmidt stellt ein Maßnahmepaket zur Konjunkturbelebung vor (u. a. Investitionszulage).

1975
1.	1.	Inkrafttreten der Steuerreform (neuer Tarif).
25.	2.	Das Bundesverfassungsgericht erklärt die Fristenlösung im § 218 StGB für verfassungswidrig.
27.	2.	Entführung des Berliner CDU-Vorsitzenden Peter Lorenz

durch Terroristen. Lorenz kommt nach sechs Tagen frei, nachdem die Forderungen der Terroristen erfüllt sind.

2. 3. Wahlen in Berlin. Gewinne der CDU. Es bleibt aber bei dem von der SPD und der FDP gebildeten Senat.

9. 3. Wahlen in Rheinland-Pfalz. Die CDU behält die absolute Mehrheit.

31. 3. Demonstration gegen das geplante Kernkraftwerk in Wyhl.

13. 4. Wahlen in Schleswig-Holstein. Die CDU behält die absolute Mehrheit.

15. 4. Die Europäische Weltraumbehörde wird gebildet.

23. 4. Das Bundesraumordnungsprogramm wird verabschiedet.

24. 4. Terroristen besetzen die Botschaft der Bundesrepublik in Stockholm und fordern die Freilassung der Baader-Meinhof-Häftlinge. Sie werden nach Ermordung von zwei Geiseln und Sprengung der Botschaft überwältigt.

4. 5. Landtagswahlen in Nordrhein-Westfalen und im Saarland führen zu keinen Veränderungen auf der Regierungsebene.

21. 5. Beginn des Prozesses gegen die Baader-Meinhof-Gruppe in Stuttgart-Stammheim.

2. 6. Der zweite Stufenplan zur Stärkung der beruflichen Bildung wird verabschiedet.

1. 8. Ende der KSZE-Schlußkonferenz in Helsinki.

27. 8. Die Bundesregierung verabschiedet ein Investitionsförderungsprogramm in Höhe von 5,75 Milliarden DM.

28. 9. Bremer Bürgerschaftswahlen. Die SPD bleibt stärkste Partei und bildet weiterhin allein den Senat.

9. 10. Unterzeichnung des Abkommens mit Polen, das Ausreisegenehmigungen und einen Kredit an Polen (1 Milliarde Mark) vorsieht.

11. 11. Beginn des SPD-Parteitages in Mannheim, auf dem der »Orientierungsrahmen '85« als Langzeitprogramm verabschiedet wird.

12. 12. Verabschiedung des Hochschulrahmengesetzes.

19. 12. Abschluß der Verhandlungen zwischen den beiden deutschen Staaten über Verbesserungen im Berlin-Verkehr.

1976

1. 1. Neuer Höchststand der Arbeitslosenquote mit über 5 Prozent.

7. 1. Der Tindemans-Bericht wird veröffentlicht, der die Weiterentwicklung der EG zur Europäischen Union vorschlägt.

14. 1. Nach dem Rücktritt von Ministerpräsident Alfred Kubel (SPD) in Hannover wird im niedersächsischen Landtag trotz nomineller Mehrheit von SPD und FDP Ernst Albrecht (CDU) zum neuen Ministerpräsidenten gewählt.

12. 2. Der Bundestag verabschiedet ein neues Gesetz zum § 218 StGB.

18.	3.	Der Bundestag verabschiedet mit großer Mehrheit das neue Mitbestimmungsgesetz.
4.	4.	Bei den Wahlen in Baden-Württemberg erhält die CDU 56,7 Prozent der Zweitstimmen.
30.	4.	Beginn des Druckerstreiks.
9.	5.	Ulrike Meinhof begeht im Gefängnis Selbstmord.
10.	6.	Der Bundestag beschließt ein Gesetz zur Bekämpfung der Wirtschaftskriminalität.
24.	6.	Der Bundestag beschließt das Anti-Terror-Gesetz, das die Möglichkeit des Verteidiger-Ausschlusses bietet.
3.	10.	Wahlen zum 8. Deutschen Bundestag. SPD und FDP erleiden Verluste, können aber weiterhin die Regierung stellen.
10.	10.	Sonderprogramm der Bundesregierung zur Wiederbeschäftigung von längerfristig Arbeitslosen.
13.	11.	Schwere Auseinandersetzungen auf dem Baugelände des Atomkraftwerkes in Brokdorf.
19.	11.	Die CSU-Bundestagsabgeordneten beschließen in Kreuth die Aufkündigung der Fraktionsgemeinschaft mit der CDU.
12.	12.	Rücknahme dieses Beschlusses nach heftigem Streit.
15.	12.	Wiederwahl von Helmut Schmidt als Bundeskanzler mit 250 zu 243 Stimmen.

1977

19.	2.	In Niedersachsen wird eine CDU/FDP-Koalition gebildet.
19.	2.	Friedliche Demonstration in Brokdorf.
27.	2.	Die Abhör-Affäre im Falle des Atomwissenschaftlers Klaus Traube beginnt und führt schnell zu einer Krise für den Bundesinnenminister Werner Maihofer (FDP).
1.	3.	Im Saarland wird eine CDU/FDP-Koalition gebildet.
7.	3.	Heiner Geißler wird Nachfolger von Kurt Biedenkopf als Generalsekretär der CDU.
23.	3.	Die Bundesregierung beschließt ein Programm für Zukunftsinvestitionen in Höhe von 16 Milliarden DM für vier Jahre.
7.	4.	Ermordung des Generalbundesanwaltes Siegfried Buback durch Terroristen.
5.	5.	Ludwig Erhard stirbt im Alter von 80 Jahren.
25.	5.	Das Bundeskabinett beschließt ein arbeitsmarktpolitisches Programm.
29.	6.	Die Arbeitgeberverbände reichen eine Klage gegen das Mitbestimmungsgesetz beim Bundesverfassungsgericht ein; die Gewerkschaften bleiben aus Protest dagegen fortan der »Konzertierten Aktion« fern.
30.	7.	Ermordung des Bankiers Jürgen Ponto durch Terroristen.
5.	9.	Entführung von Hanns-Martin Schleyer durch Terroristen und Ermordung von vier Begleitern des Arbeitgeberpräsidenten.

29.	9.	Der Bundestag verabschiedet das Kontaktsperregesetz.
7.	10.	Otto Graf Lambsdorff (FDP) wird als Nachfolger Hans Friderichs (FDP) Bundeswirtschaftsminister.
13.	10.	Entführung der Lufthansa-Maschine »Landshut« durch palästinensische Terroristen, welche die Schleyer-Entführer unterstützen wollen.
18.	10.	Befreiung der »Landshut« in Mogadischu und Selbstmord von Andreas Baader, Gudrun Ensslin und Jan-Carl Raspe in Stammheim.
19.	10.	Hanns-Martin Schleyer wird ermordet aufgefunden.
28.	10.	Rede Helmut Schmidts in London über den notwendigen Abbau der Rüstungsdisparitäten.
10.	11.	Gewerkschaftsdemonstration in Dortmund für die Kernkraft.
15.	11.	SPD-Parteitag in Hannover entscheidet für Vorrang der Kohle vor der Kernenergie.
9.	12.	Konstituierung der internationalen Nord-Süd-Kommission unter Vorsitz von Willy Brandt.
12.	12.	Spionage-Affäre im Verteidigungsministerium bringt Minister Georg Leber in Bedrängnis.
14.	12.	Zweite Fortschreibung des Energieprogramms durch die Bundesregierung mit Maßnahmen zur Verringerung der Energienachfrage.

1978

1.	1.	Das Bundesdatenschutzgesetz tritt in Kraft.
1.	1.	Dänemark, Großbritannien und Irland werden nach fünfjähriger Übergangszeit Vollmitglieder der EG.
20.	1.	Der Bundestag ratifiziert einstimmig das Europäische Abkommen zur Terrorismusbekämpfung.
2.	2.	Rücktritt von Bundesverteidigungsminister Georg Leber.
16.	2.	Mit knapper Mehrheit verabschiedet der Bundestag das zweite Anti-Terror-Gesetz.
14.	3.	Eskalierender Streik in der Druckindustrie führt zu Aussperrungen, die es wenig später auch in der baden-württembergischen Metallindustrie gibt.
13.	4.	Das Bundesverfassungsgericht erklärt die Abschaffung der Gewissensprüfung bei Kriegsdienstverweigerung für verfassungswidrig.
4.	6.	Wahlen in Niedersachsen und Hamburg.
6.	6.	Rücktritt des Bundesinnenministers Werner Maihofer (FDP).
9.	6.	Schleswig-Holstein kündigt den Staatsvertrag über den NDR.
13.	7.	Gründung der Umweltschutzpartei Grüne Aktion Zukunft.
28.	7.	Die Bundesregierung beschließt Maßnahmen zur Stärkung der Nachfrage und zur Verbesserung des Wirtschaftswachstums.
7.	8.	Rücktritt des Ministerpräsidenten Hans Filbinger (CDU) in Stuttgart nach Angriffen wegen seiner Tätigkeit als Marine-

richter im Krieg und wegen seiner Darstellung dieser Tätigkeit.

23. 10. Beginn des Bundesparteitages der CDU in Ludwigshafen, auf dem sich die Partei ihr erstes Grundsatzprogramm gibt.

6. 11. Franz Josef Strauß (CSU) wird als Nachfolger von Alfons Goppel (CSU) bayerischer Ministerpräsident.

17. 11. Der Bundestag beschließt ein Steueränderungsgesetz, das Mindereinnahmen von etwa 13 Milliarden DM bringen und damit zur Wirtschaftsbelebung beitragen soll.

27. 11. Beginn des ersten Streiks in der Stahlindustrie seit 50 Jahren.

5. 12. Der Europäische Rat beschließt in Brüssel das Europäische Währungssystem (EWS).

5. 12. Die durchschnittliche Arbeitslosigkeit liegt 1978 erstmals seit 1974 wieder unter der Millionen-Grenze.

1979

17. 1. Smog-Alarm im Ruhrgebiet.

18. 3. Bei den Wahlen in Rheinland-Pfalz behält die CDU die absolute Mehrheit, in Berlin wird sie stärkste Partei, ohne daß es zur Ablösung des von SPD und FDP gebildeten Senats kommt.

31. 3. Demonstration von rund 40000 Kernkraftgegnern gegen die geplante Atommüll-Deponie in Gorleben.

19. 4. Im Majdanek-Prozeß werden wegen Beweisnotstandes vier der angeklagten ehemaligen SS-Männer freigesprochen, was heftige Proteste auslöst.

29. 4. Bei den Landtagswahlen in Schleswig-Holstein behält die CDU eine knappe Mehrheit. Das Auftreten der Grünen wirkt sich nachteilig auf das Ergebnis der SPD aus.

10. 5. Der Bundestag verabschiedet mehrere familienpolitische Gesetze (u. a. Reform des elterlichen Sorgerechtes und Erweiterung des Mutterschutzes).

23. 5. Die Bundesversammlung wählt Karl Carstens (CDU) zum fünften Bundespräsidenten.

10. 6. Erste Direktwahl zum Europäischen Parlament; die CDU und die CSU erhalten zusammen 49,2 Prozent.

2. 7. Die Bundestagsfraktion der CDU/CSU nominiert Franz Josef Strauß als Kanzlerkandidaten für die Wahl 1980.

3. 7. Angesichts der noch ungesühnten Verbrechen während der NS-Zeit hebt der Bundestag die Verjährbarkeit von Mord auf.

16. 7. Die Benzinpreise übersteigen erstmals die Schwelle von 1 DM.

23. 8. In Lengerich emittiert ein Zementwerk hochgiftiges Thallium.

7. 10. Bei den Bürgerschaftswahlen in Bremen gelingt den Grünen zum ersten Male der Einzug in ein Landesparlament. Die SPD behält knapp die absolute Mehrheit.

1980

16. 3. Bei den Landtagswahlen in Baden-Württemberg behält die CDU die absolute Mehrheit; die Grünen ziehen in den Landtag ein.

27. 4. Bei den Wahlen im Saarland wird die SPD stärkste Partei, es bleibt aber bei der CDU/FDP-Koalitionsregierung.

30. 4. Neue Verkehrsvereinbarungen zwischen den beiden deutschen Staaten.

11. 5. Bei den Landtagswahlen in Nordrhein-Westfalen erhält die SPD mit ihrem Ministerpräsidenten Johannes Rau die absolute Mehrheit. Die FDP scheitert an der Fünfprozentklausel.

15. 5. Das Nationale Olympische Komitee der Bundesrepublik beschließt den Boykott der Olympischen Sommerspiele in Moskau und entspricht damit einem Wunsch der Bundesregierung.

22. 6. Beginn des Weltwirtschaftsgipfels in Venedig.

30. 6. Bundeskanzler Schmidt in Moskau.

26. 9. Der Sprengstoffanschlag eines jungen Neonazis auf dem Münchner Oktoberfest fordert mehrere Menschenleben.

5. 10. Wahlen zum 9. Deutschen Bundestag. Gegenüber 1976 kann die sozialliberale Koalition ihre Mehrheit etwas ausbauen, während die CDU/CSU mit ihrem Kandidaten Strauß Einbußen hinnehmen muß.

5. 11. Wiederwahl Helmut Schmidts zum Bundeskanzler.

10. 11. Nach längeren Unruhen in Polen Legalisierung der Gewerkschaft »Solidarität«.

1981

23. 1. Nach dem Rücktritt von Dieter Stobbe wird Bundesjustizminister Hans-Jochen Vogel (SPD) zum Regierenden Bürgermeister von Berlin gewählt.

2. 2. Der Parteitag der Hamburger SPD wendet sich gegen den weiteren Ausbau des Atomkraftwerkes in Brokdorf.

10. 5. Bei den Wahlen zum Berliner Abgeordnetenhaus erleidet die SPD große Verluste und gelangt die CDU nahe an die absolute Mehrheit. Die Grün-Alternative Liste (GAL) zieht ins Parlament ein. Richard von Weizsäcker (CDU) wird mit Unterstützung der FDP Regierender Bürgermeister.

25. 5. Rücktritt des Hamburger Bürgermeisters Hans-Ulrich Klose. Sein Nachfolger wird Klaus von Dohnanyi (SPD).

9. 7. Beginn des CSU-Parteitages in München. Franz Josef Strauß wird als Landesvorsitzender wiedergewählt.

21. 9. Auseinandersetzungen zwischen Hausbesetzern und Polizei in Berlin; ein Demonstrant kommt ums Leben.

4. 10. Friedensmanifest der Grünen.

10. 10. In Bonn demonstrieren etwa 300000 Menschen gegen die atomare Rüstung.

7. 11.   DGB-Demonstration in Stuttgart gegen die Wirtschafts- und Sozialpolitik der Bundesregierung.

13. 12.   Der Bundestag verabschiedet das Programm »Stabilitätsgerechter Aufschwung« mit 1,73 Milliarden DM zur Konjunkturbelebung.

1982

27. 1.   Die ehemaligen SPD-Bundestagsabgeordneten Manfred Coppik und Karl-Heinz Hansen rufen zur Gründung einer Organisation links von der SPD auf.

30. 1.   Schwere Auseinandersetzungen an der künftigen Startbahn-West in Frankfurt.

5. 2.   Alle Abgeordneten von SPD und FDP sprechen dem Bundeskanzler im Bundestag in namentlicher Abstimmung das Vertrauen aus.

8. 2.   Vorwürfe im ›Spiegel‹ gegen Spitzenmanager der gewerkschaftseigenen Neuen Heimat.

25. 2.   Staatsanwaltschaftliche Ermittlungen gegen Bonner Politiker wegen des Verdachtes der Begünstigung des Flick-Konzerns und der Entgegennahme von Bestechungsgeldern werden bekannt.

1. 3.   Die Bundesregierung beschließt den Entwurf eines Beschäftigungsförderungsgesetzes mit einer Investitionszulage.

21. 3.   Bei den Landtagswahlen in Niedersachsen erhält die CDU die absolute Mehrheit.

1. 6.   Sprengstoffanschläge auf US-Einrichtungen in der Bundesrepublik.

6. 6.   Die SPD erzielt bei den Bürgerschaftswahlen in Hamburg ihr schlechtestes Nachkriegsergebnis; die CDU wird stärkste Partei.

10. 6.   NATO-Gipfel in Bonn, anläßlich dessen es dort zu einer Friedensdemonstration mit etwa 500 000 Teilnehmern kommt.

17. 6.   Die hessische FDP beschließt für die bevorstehende Landtagswahl eine Koalitionsaussage zugunsten der CDU.

30. 6.   Die Koalition in Bonn erzielt nach langen Auseinandersetzungen Einigkeit über die Eckwerte des Bundeshaushaltes 1983.

9. 9.   Bundeswirtschaftsminister Graf Lambsdorff legt dem Bundeskanzler ein Konzept für die Neuorientierung der Wirtschafts- und Sozialpolitik vor.

17. 9.   Die FDP zieht ihre Minister aus der Bundesregierung zurück. Der Bundeskanzler bildet ein Minderheitenkabinett und erklärt seine Bereitschaft zu Neuwahlen.

29. 9.   Bei den Landtagswahlen in Hessen wird die CDU stärkste Partei, die FDP scheidet aus dem Landtag aus, die Grünen ziehen ein. Ministerpräsident Holger Börner (SPD) führt die Geschäfte weiter.

1. 10.	In Bonn kommt es zur Anwendung des Mißtrauensvotums: Der Bundestag spricht mit Mehrheit Helmut Schmidt das Mißtrauen aus und wählt gleichzeitig Helmut Kohl zum neuen Kanzler. Kohl bildet eine Koalitionsregierung von CDU/CSU und FDP.
29. 10.	Der FDP-Generalsekretär Verheugen tritt aus Protest zurück.
30. 10.	Bei einer DGB-Demonstration protestieren etwa 150 000 Arbeitnehmer gegen Arbeitslosigkeit und soziale Demontage.
16. 11.	Festnahme von Christian Klar, der als führender Kopf der zweiten Generation der Roten Armee Fraktion (RAF) gilt.
17. 12.	Verabredungsgemäß verliert Bundeskanzler Kohl bei der Abstimmung über die von ihm gestellte Vertrauensfrage und läßt daraufhin den Bundestag auflösen.
19. 12.	Bei den Bürgerschaftswahlen in Hamburg gewinnt die SPD die absolute Mehrheit zurück.

1983

21. 1.	Ein außerordentlicher Parteitag der SPD wählt Hans-Jochen Vogel zum Kanzlerkandidaten der Partei.
16. 2.	Das Bundesverfassungsgericht lehnt die Beschwerde von Bundestagsabgeordneten gegen die Modalitäten bei der Auflösung des Bundestages ab.
6. 3.	Wahlen zum 10. Deutschen Bundestag. Die CDU/CSU erhält 48,8 Prozent der Zweitstimmen, die FDP kommt auf 7 Prozent, die Grünen ziehen in den Bundestag ein. Am gleichen Tag behält bei den Landtagswahlen in Rheinland-Pfalz die CDU die absolute Mehrheit.
13. 3.	Bei den Landtagswahlen in Schleswig-Holstein bleiben die FDP und die Grünen unter der Fünfprozentklausel; die CDU erhält 49 Prozent.
13. 4.	Einstweilige Verfügung des Bundesverfassungsgerichtes gegen die geplante Volkszählung.
4. 5.	Bundeskanzler Kohl gibt seine Regierungserklärung ab und erklärt, sich vor allem um den Abbau der Arbeitslosigkeit, um Wirtschaftswachstum und Sanierung der Bundesfinanzen bemühen zu wollen.
25. 6.	Friedliche Demonstrationen und Ausschreitungen in Krefeld anläßlich des Besuchs von US-Außenminister Bush.
29. 6.	Das Kabinett übernimmt die Bürgschaft für einen Kredit von 1 Milliarde DM an die DDR.
4. 7.	Bundeskanzler Kohl besucht die DDR.
15. 7.	Die CSU bestätigt Strauß mit weniger Stimmen als bisher als Landesvorsitzenden.
1. 9.	Demonstration in Mutlangen gegen die Stationierung von Pershing-II-Raketen durch die US-Streitkräfte.
25. 9.	Bei den Bürgerschaftswahlen in Bremen behält die SPD knapp

die absolute Mehrheit; die Grünen bleiben in der Bürgerschaft, während die FDP ausscheidet.

25. 9. Bei den Landtagswahlen in Hessen verzeichnen SPD und FDP Gewinne, CDU und Grüne Verluste.

22. 10. Höhepunkt der »Aktionswoche« der Friedensbewegung gegen die NATO-Nachrüstung. Es wird eine 108 km lange Menschenkette von Ulm bis Stuttgart gebildet. In Bonn demonstrieren etwa 1 Million Menschen.

19. 11. Ein Sonderparteitag der SPD lehnt fast geschlossen die Nachrüstung ab.

22. 11. Der Bundestag spricht sich mit den Koalitionsstimmen für die Stationierung von US-Raketen aus.

1. 12. Der Bundestag verabschiedet das neue Parteifinanzierungsgesetz.

15. 12. Das Bundesverfassungsgericht verwirft das Volkszählungsgesetz.

31. 12. Bundesverteidigungsminister Wörner entläßt General Günter Kießling (»Sicherheitsrisiko«), der am 2. 2. 1984 wieder rehabilitiert wird.

1984

25. 3. Bei den Landtagswahlen in Baden-Württemberg behält die CDU die absolute Mehrheit.

4. 4. Der Vorstand der IG Druck und Papier ruft zu Streiks für den Einstieg in die 35-Stunden-Woche auf.

15. 4. Schwere Krawalle bei der Inbetriebnahme der Startbahn-West.

14. 5. Streik in der baden-württembergischen Metallindustrie wegen der 35-Stunden-Woche.

16. 6. Nach heftiger Kritik gibt die Regierungskoalition den Plan einer Amnestie für Steuervergehen in Zusammenhang mit Parteispenden auf.

23. 5. Richard von Weizsäcker wird mit großer Mehrheit in der Bundesversammlung zum sechsten Bundespräsidenten gewählt.

7. 6. Holger Börner wird in Wiesbaden mit den Stimmen von SPD und Grünen zum Ministerpräsidenten gewählt; die Grünen wollen sein SPD-Minderheitskabinett unterstützen.

17. 6. Zweite Direktwahl zum Europa-Parlament, in das nun die Grünen einziehen, während die FDP ausscheidet.

26. 6. Unmittelbar vor Eröffnung des Hauptverfahrens gegen ihn wegen Bestechlichkeit tritt Bundeswirtschaftsminister Otto Graf Lambsdorff zurück. Nachfolger wird Martin Bangemann (FDP).

1. 7. Nach langen Auseinandersetzungen und einer besonderen Schlichtung kommt es zum Kompromiß in der Metallindu-

strie, der nach dem Vorschlag des Schlichters Georg Leber als Regel die 38,5-Stunden-Woche vorsieht.

6. 7. Der Metallkompromiß wird nach 13-wöchigem Arbeitskampf in der Druckindustrie übernommen.

31. 7. Der Bundestag spricht sich mit Mehrheit nach heftigen Auseinandersetzungen für die Inbetriebnahme des Kohlekraftwerks Buschhaus (Niedersachsen) aus.

2. 8. Nach längerer Schließung wird die Ständige Vertretung der Bundesrepublik in der DDR wieder geöffnet, die vorher immer häufiger von DDR-Bürgern aufgesucht wurde, welche ihre Ausreise erzwingen wollten.

16. 10. Der Waldschadensbericht ergibt, daß über die Hälfte des Waldes in der Bundesrepublik beschädigt ist (Vorjahr: 34 Prozent).

25. 10. Rücktritt des Bundestagspräsidenten Rainer Barzel wegen Verstrickung in die Flick-Affäre.

31. 10. Auf einer Konferenz in Bremen können sich die Anrainerstaaten nicht auf ein Verbot der weiteren Einleitung von Giftmüll in die Nordsee einigen.

7. 12. Auf ihrer Bundesversammlung können die Grünen das Verhältnis zur SPD nicht klären und überlassen Koalitionsentscheidungen den Landesverbänden.

1985

18. 1. Smog-Alarm Stufe III im westlichen Ruhr-Gebiet.

25. 1. Das Saarland nimmt den Umweltschutz in seine Verfassung auf.

1. 2. Ernst Zimmermann, Vorsitzender der MTU, wird in Gauting bei München von Terroristen ermordet.

23. 2. Der Bundesparteitag der FDP in Saarbrücken wählt Martin Bangemann in der Nachfolge Hans-Dietrich Genschers zum Parteivorsitzenden.

10. 3. Bei den Wahlen zum Berliner Abgeordnetenhaus erreichen die Koalitionsparteien CDU und FDP ein gutes Ergebnis. Die Wahlen im Saarland führen zu einem Regierungswechsel; die SPD erhält 26 von 51 Mandaten; Oskar Lafontaine wird Ministerpräsident.

8. 4. Sprengstoffanschläge in Hamburg und Iggingen.

19. 4. Der Bundestag verabschiedet nach heftigen Kontroversen das Beschäftigungsförderungsgesetz, das befristete Arbeitsverträge zuläßt.

29. 4. Bombenanschläge in Köln und Düsseldorf.

5. 5. Besuch des US-Präsidenten im ehemaligen KZ Bergen-Belsen und auf dem Soldatenfriedhof in Bitburg, was heftige Diskussionen auslöst, weil dort auch Angehörige der Waffen-SS beerdigt sind.

8.	5.	Rede des Bundespräsidenten im Bundestag zum 40. Jahrestag des Kriegsendes: »Der 8. Mai war ein Tag der Befreiung.«
11.	5.	Zusammenstöße zwischen Demonstranten und Polizei anläßlich eines Treffens ehemaliger SS-Angehöriger in Nesselwang.
12.	5.	Landtagswahlen in Nordrhein-Westfalen. Die SPD baut ihre absolute Mehrheit weiter aus; die FDP zieht wieder in den Landtag ein, die Grünen scheitern an der Fünfprozent-Hürde.
24.	5.	Der Bundestag verabschiedet das Steuersenkungsgesetz.
29.	5.	Der hessische Ministerpräsident Holger Börner (SPD) bietet den Grünen eine Koalition an.
14.	6.	Rücktritt des Regierungssprechers Peter Boenisch wegen eines Steuerermittlungsverfahrens. Nachfolger wird Friedhelm Ost.
19.	6.	Ein Bombenanschlag im Frankfurter Flughafen fordert drei Menschenleben.
21.	6.	Der Bundestag beschließt die Anrechnung von Erziehungszeiten bei der Rentenberechnung und andere Verbesserungen.
25.	6.	Das Saarland hebt als erstes Bundesland den sogenannten Extremistenbeschluß von 1972 auf.
28.	6.	Der Bundestag beschließt das sogenannte Vermummungsverbot bei Demonstrationen.
9.	7.	Beginn des Wein-Glykol-Skandals.
24.	7.	Das Bundeskabinett verabschiedet eine neue Technische Anleitung zur Reinerhaltung der Luft (TA Luft).
6.	8.	Es wird bekannt, daß Teigwarenhersteller durch Mikroben verdorbene und bis zu sechs Tagen bebrütete Eier verwendet haben.
8.	8.	Bombenanschlag auf dem US-Flugstützpunkt am Frankfurter Flughafen. Zwei Menschen werden vermutlich von der Roten Armee Fraktion (RAF) ermordet, mehrere verletzt.
15.	8.	Bombenanschlag auf amerikanische Militäreinrichtungen in der Nähe des NATO-Hauptquartiers in Mönchen-Gladbach.
19.	8.	Eine neue Spendenaffäre wird bekannt. Diesmal geht es um Spenden aus der Versicherungswirtschaft.
23.	8.	Durch eine Meldung aus Ost-Berlin wird bekannt, daß sich der seit einigen Tagen verschwundene Gruppenleiter im Bundesamt für Verfassungsschutz, Hans-Joachim Tiedge, in die DDR begeben hat. Das löst einen der größten Spionage-Skandale der Nachkriegszeit aus.
29.	8.	Vor dem Bonner Landgericht beginnt der Prozeß gegen Graf Lambsdorff, Hans Friderichs und den ehemaligen Generalbevollmächtigten des Flick-Konzerns, Eberhard von Brauchitsch.
3.	9.	Hans-Jürgen Wischnewski legt wegen Differenzen mit Hans-Jochen Vogel und wegen des Finanzgebarens seiner Partei alle Parteiämter nieder.
6.	9.	Sprengstoffanschlag auf eine US-Einrichtung im Saarland.

| 16. | 9. | Der SPD-Parteivorstand nominiert inoffiziell Johannes Rau, Ministerpräsident von Nordrhein-Westfalen, zum nächsten Kanzlerkandidaten der Partei. |

16. 9. Der SPD-Parteivorstand nominiert inoffiziell Johannes Rau, Ministerpräsident von Nordrhein-Westfalen, zum nächsten Kanzlerkandidaten der Partei.

27. 9. Das bayerische Umweltministerium erteilt die erste atomrechtliche Genehmigung für den Bau der Wiederaufbereitungsanlage in Wackersdorf.

28. 9. Bei einer Anti-NPD-Demonstration in Frankfurt kommt ein Demonstrant ums Leben, was zu Ausschreitungen in mehreren Städten führt.

2. 10. Das Bundeskabinett beschließt einen Gesetzesentwurf, nach dem vom 1. 7. 1989 an die Wehrdienstzeit auf 18 Monate verlängert werden soll.

12. 10. Erste Großdemonstration gegen die Wiederaufbereitungsanlage in Wackersdorf in München.

16. 10. In Hessen einigen sich SPD und Grüne auf eine Koalition.

19. 10. Abschluß einer DGB-Protestwoche gegen die Spar- und Arbeitspolitik der Bundesregierung.

11. 12. Beginn der Rodungsarbeiten in Wackersdorf.

12. 12. Der hessische Landtag verabschiedet mit den Stimmen von SPD und Grünen den Haushalt 1986 und spricht Ministerpräsident Holger Börner das Vertrauen aus.

13. 12. Der Vizepräsident des Bundesamtes für Verfassungsschutz gibt im Bundestag bekannt, der Parlamentarische Staatssekretär im Bundesinnenministerium, Carl-Dieter Spranger (CSU), habe 1984 Berichte über Bundestagsabgeordnete der Grünen angefordert.

18. 12. Das Bundeskabinett beschließt eine Änderung des Arbeitsförderungsgesetzes, derzufolge künftig kein Arbeitslosengeld usw. an indirekt von Streiks Betroffene ausgezahlt werden soll.

21. 12. Ein junger Türke wird in Hamburg von rechtsradikalen Skinheads schwer verletzt und stirbt am 24. 12.

1986

7. 1. 2000 Polizeibeamte räumen das von Kernkraftgegnern besetzte Gelände bei Wackersdorf.

6. 3. DGB-Demonstrationen gegen die geplante Änderung des Arbeitsförderungsgesetzes.

20. 3. Der neue § 116 dieses Gesetzes wird vom Bundestag verabschiedet.

31. 3. Demonstration in Wackersdorf. Die Polizei setzt Reizgas ein.

5. 4. Bombenanschlag in Berlin gegen ein vorwiegend von US-Soldaten besuchtes Lokal. Eine libysche Beteiligung wird vermutet.

7. 4. In Berlin treten drei Senatoren wegen Bau-, Spenden- und Finanzaffären zurück.

25.	4.	Der niedersächsische Ministerpräsident Ernst Albrecht (CDU) bestätigt, daß 1978 der Verfassungsschutz einen Sprengstoffanschlag auf die Strafvollzugsanstalt in Celle vorgetäuscht habe, und übernimmt die politische Verantwortung dafür.
29.	4.	Radioaktive Wolken, die sich nach dem Reaktorunfall in Tschernobyl gebildet haben, erreichen das Bundesgebiet.
18.	5.	Demonstrationen in Wackersdorf führen zu Ausschreitungen.
21.	5.	Das Bundeskabinett beschließt eine Sofort-Hilfszahlung für Landwirte, die nach der Tschernobyl-Katastrophe Milch und Blattgemüse nicht mehr absetzen konnten.
6.	6.	Der bisherige Frankfurter Oberbürgermeister Walter Wallmann (CDU) wird Umweltminister in Bonn.
7.	6.	Demonstrationen in Brokdorf und Wackersdorf mit Ausschreitungen.
8.	6.	In Hamburg werden 838 Kernkraftgegner auf dem Heiliggeistfeld fast 15 Stunden lang von der Polizei eingekesselt.
15.	6.	Bei den Landtagswahlen in Niedersachsen verliert die CDU ihre absolute Mehrheit, kann aber zusammen mit der FDP weiterhin die Regierung bilden.
18.	6.	Der Bundestag verabschiedet das neue Abfallbeseitigungsgesetz.
14.	7.	Der zweite Senat des Bundesverfassungsgerichts begrenzt die steuerliche Absetzbarkeit von Parteispenden auf 100000 DM.
27.	7.	Anti-Wackersdorf-Rockfestival in Burglengenfeld.
29.	7.	Fischsterben in Mosel und Saar.
6.	8.	Rücktritt der Senatoren für Inneres und Justiz in Hamburg, u. a. wegen des Kessels vom 8. 6.
25.	8.	Beginn des Nürnberger Parteitages der SPD, der sich für den stufenweisen Ausstieg aus der Kernenergie ausspricht.
8.	9.	Autobombenanschlag auf das Bundesamt für Verfassungsschutz in Köln. Weitere Anschläge folgen im Laufe des Monats.
10.	9.	Abschiedsreden von Helmut Schmidt und Rainer Barzel im Bundestag. Beide Politiker werden nicht mehr kandidieren.
30.	9.	Entwurf des Strahlenschutzgesetzes im Bundeskabinett.
7.	10.	Das Kernkraftwerk Brokdorf geht in Betrieb.
10.	10.	Ministerialdirektor Gerold von Braunmühl wird in Bonn von Terroristen erschossen.
12.	10.	Landtagswahlen in Bayern: Die CSU erleidet leichte Verluste, die SPD eine drastische Niederlage; die Grünen ziehen in den Landtag ein.
30.	10.	Das Verwaltungsgericht Hamburg erklärt die Einkesselung am 8. 6. für rechtswidrig.
4.	11.	Das Bundesverfassungsgericht erklärt Teile des niedersächsi-

schen Landesrundfunkgesetzes für verfassungswidrig und stellt Normen für die Zulassung privater Anbieter auf.

6. 11. Bundeskanzler Kohl distanziert sich von einem Interview, in dem er Gorbatschow mit Goebbels verglichen hat.

6. 11. Vergiftung des Rheins nach einem Brand in dem Basler Chemieunternehmen Sandoz.

9. 11. Neuer Erdrutsch bei den Bürgerschaftswahlen in Hamburg. Die SPD erhält nur noch 41,8 Prozent, die CDU führt mit 41,9 Prozent, die GAL wird mit 10,4 Prozent Zünglein an der Waage.

12. 12. Das Bundesverfassungsgericht erkennt den Europäischen Gerichtshof als gesetzlichen Richter im Sinne des Grundgesetzes an.

17. 12. Die Umweltminister des Bundes und der Länder können sich nicht auf einen Kompromiß hinsichtlich des Chemikaliengesetzes einigen.

1987

25. 1. Die Bundestagswahl bringt der CDU/CSU das schlechteste Ergebnis seit 1949. Auch die SPD fällt weit zurück.

9. 2. Die Koalition von SPD und Grünen in Hessen zerbricht.

16. 2. Verurteilung Eberhard von Brauchitschs, Otto Graf Lambsdorffs und Hans Friderichs wegen Steuerhinterziehung.

23. 3. Rücktritt von Willy Brandt als Vorsitzender der SPD.

5. 4. Bei den Wahlen in Hessen wird die CDU stärkste Partei und bildet mit der FDP eine neue Regierung.

17. 5. Die Landtagswahlen in Rheinland-Pfalz und die Bürgerschaftswahlen in Hamburg (vorgezogen) bringen der CDU Verluste. Sie bleibt in Mainz stärkste Partei, muß aber eine Koalition mit der FDP eingehen, und kommt in Hamburg wieder auf den zweiten Platz. Nach langen Verhandlungen kommt es in Hamburg zu einer SPD/FDP-Koalition. Zu Verlusten für die CDU kommt es 1987 noch in Bremen und dann in Schleswig-Holstein (13. 9.).

Übersicht
(Zusammenstellung: Jo Weingarten)

Anteile der Parteien bei den Landtags- und Bundestagswahlen 1965–1988

a) Prozentuale Anteile bei den Bundestagswahlen 1965–1987

Bundestagswahl

	1965	1969	1972	1976	1980	1983	1987
CDU[1]	47,6	46,1	44,9	48,6	44,5	48,8	44,3
SPD	39,3	42,7	45,8	42,6	42,9	38,2	37,0
FDP	9,5	5,8	8,4	7,9	10,6	7,0	9,1
GRÜ	–	–	–	–	1,5	6,6	8,3

b) Prozentuale Anteile bei den Landtagswahlen 1965–1988

Landtagswahl

	Periode I (1965–1969)	Periode II (1969–1972)	Periode III (1972–1976)	Periode IV (1976–1980)	Periode V (1980–1983)	Periode VI (1983–1986)	Periode VII (1987–1988)
CDU[2]	35,3	44,8	48,5	46,1	48,0	43,6	39,4
SPD	40,6	44,8	41,1	42,9	40,4	41,9	43,8
FDP	7,5	6,5	7,7	6,6	4,2	6,1	6,7
GRÜ[3]	–	–	–	3,5	6,5	6,3	6,7

c) Gewinne und Verluste bei den Bundestagswahlen 1965–1987

Bundestagswahl

	1965	1969	1972	1976	1980	1983	1987
CDU[1]	+ 2,2	– 1,5	– 1,2	+ 3,7	– 3,5	+ 4,3	– 4,5
SPD	+ 3,1	+ 3,4	+ 3,1	– 3,2	+ 0,3	– 4,7	– 1,2
FDP	– 3,3	– 3,7	+ 2,6	– 0,5	+ 2,7	– 3,6	+ 2,1
GRÜ	–	–	–	–	+ 1,5	+ 5,1	+ 2,3

d) Gewinne und Verluste bei den Landtagswahlen 1965–1988

Landtagswahl

	Periode I (1965–1969)	Periode II (1969–1972)	Periode III (1972–1976)	Periode IV (1976–1980)	Periode V (1980–1983)	Periode VI (1983–1986)	Periode VII (1987–1988)
CDU[2]	– 3,4	+ 9,5	+ 4,4	– 2,4	+ 1,9	– 4,4	– 4,2
SPD	– 5,4	+ 4,2	– 3,7	+ 1,8	– 2,5	+ 1,5	+ 1,9
FDP	– 1,4	– 1,0	+ 1,2	– 1,1	– 2,4	+ 1,9	+ 0,6
GRÜ[3]	–	–	–	+ 3,5	+ 3,0	– 0,2	+ 0,4

e) Gewinne und Verluste bei Landtags- und Bundestagswahlen 1965–1988 (gegenüber der jeweiligen Vorwahl bzw. -periode)

	BTW 1965	LTW Per. I	BTW 1969	LTW Per. II	BTW 1972	LTW Per. III	BTW 1976	LTW Per. IV	BTW 1980	LTW Per. V	BTW 1983	LTW Per. VI	BTW 1987	LTW Per. VII
CDU	+ 2,2	– 3,4	– 1,5	+ 9,5	– 1,2	+ 4,4	+ 3,7	– 2,4	– 3,5	+ 1,9	+ 4,3	– 4,4	– 4,5	– 4,2
SPD	+ 3,1	– 5,4	+ 3,4	+ 4,2	+ 3,1	– 3,7	– 3,2	+ 1,8	+ 0,3	– 2,5	– 4,7	+ 1,5	– 1,2	+ 1,9
FDP	– 3,3	– 1,4	– 3,7	– 1,0	+ 2,6	+ 1,2	– 0,5	– 1,1	+ 2,7	– 2,4	– 3,6	+ 1,9	+ 2,1	+ 0,6
GRÜ	–	–	–	–	–	–	–	+ 3,5	+ 1,5	+ 3,0	+ 5,1	– 0,2	+ 2,3	+ 0,4

f) Periodeneinteilung der Landtagswahlen

I. Periode (Okt 65–Sep 69), 10 Landtagswahlen (Hamburg 1966, NRW 1966, Hessen 1966, Bayern 1966, Niedersachsen 1967, Bremen 1967, Schleswig-Holstein 1967, Rheinland-Pfalz 1967, Berlin 1967, Baden-Württemberg 1968)

II. Periode (Okt 69–Nov 72), 11 Landtagswahlen (NRW 1970, Hessen 1970, Bayern 1970, Saarland 1970, Niedersachsen 1970, Hamburg 1970, Schleswig-Holstein 1971, Bremen 1971, Berlin 1971, Rheinland-Pfalz 1971, Baden-Württemberg 1972)

III. Periode (Dez 72–Okt 76), 11 Landtagswahlen (Bayern 1974, Hessen 1974, Niedersachsen 1974, Hamburg 1974, Schleswig-Holstein 1975, Saarland 1975, NRW 1975, Berlin 1975, Bremen 1975, Rheinland-Pfalz 1975, Baden-Württemberg 1976)

IV. Periode (Nov 76–Okt 80), 11 Landtagswahlen (Bayern 1978, Niedersachsen 1978, Hamburg 1978, Hessen 1978, Bremen 1979, Rheinland-Pfalz 1979, Schleswig-Holstein 1979, Berlin 1979, Baden-Württemberg 1980, Saarland 1980, NRW 1980)

V. Periode (Nov 80–6. 3. 1983)[4], 7 Landtagswahlen (Berlin 1982, Niedersachsen 1982, Hessen 1982, Bayern 1982, Hamburg 1982 a, Hamburg 1982 b, Rheinland-Pfalz 1983)

VI. Periode (7. 3. 83–Dez 86), 10 Landtagswahlen (Schleswig-Holstein 1983, Bremen 1983, Hessen 1983, Baden-Württemberg 1984, Berlin 1985, NRW 1985, Saarland 1985, Bayern 1986, Niedersachsen 1986, Hamburg 1986)

VII. Periode (Jan 87–Dez 88) 7 Landtagswahlen (Hamburg 1987, Hessen 1987, Rheinland-Pfalz 1987, Bremen 1987, Schleswig-Holstein 1987, Baden-Württemberg 1988, Schleswig-Holstein 1988)

[1] Incl. CSU in Bayern

[2] In Bayern CSU

[3] In Hamburg GAL, in Berlin AL; Grüne i.d. IV. Periode ohne LTW Rheinland-Pfalz

[4] Incl. LTW Rheinland-Pfalz 1983, zeitgleich mit BTW am 6. 3. 1983

Deutsche Geschichte der neuesten Zeit
vom 19. Jahrhundert bis zur Gegenwart
Herausgegeben von
Martin Broszat, Wolfgang Benz, Hermann Graml
in Verbindung mit dem Institut für Zeitgeschichte

Die »neueste« Geschichte setzt ein mit den nachnapoleonischen Evolu-
tionen und Umbrüchen auf dem Wege zur Entstehung des modernen
deutschen National-, Verfassungs- und Industriestaates. Sie reicht bis
zum Ende der sozial-liberalen Koalition (1982). Die großen Themen
der deutschen Geschichte des 19. und 20. Jahrhunderts werden, auf die
Gegenwart hin gestaffelt, in dreißig konzentriert geschriebenen Bänden
abgehandelt. Ihre Gestaltung folgt einer einheitlichen Konzeption, die
die verschiedenen Elemente der Geschichtsvermittlung zur Geltung
bringen soll: die erzählerische Vertiefung einzelner Ereignisse, Konflikte, Konstellationen; Gesamtdarstellung und Deutung; Dokumentation mit ausgewählten Quellentexten, Statistiken, Zeittafeln; Work-
shop-Information über die Quellenproblematik, leitende Fragestellun-
gen und Kontroversen der historischen Literatur. Erstklassige Autoren
machen die wichtigsten Kapitel dieser deutschen Geschichte auf methodisch neue Weise lebendig.

Personenregister

Drängende Fragen unserer Zeit

Horst Afheldt:
Atomkrieg
Das Verhängnis
einer Politik mit
militärischen
Mitteln
dtv 10696

Jean Améry:
Jenseits von Schuld
und Sühne
Bewältigungsversuche
eines Überwältigten
dtv 10923

Gordon A. Craig/
Alexander L. George:
Zwischen Krieg und
Frieden
Konfliktlösung in
Geschichte
und Gegenwart
dtv 10925

Jürgen Dahl:
Der unbegreifliche
Garten und
seine Verwüstung
über Ökologie und
Über Ökologie hinaus
dtv/Klett-Cotta
11029

Andrea Ernst/
Kurt Langbein/
Hans Weiss:
Gift-Grün
Chemie in der Land-
wirtschaft und die
Folgen
dtv 10914

Heinz Friedrich:
Kulturverfall und
Umweltkrise

Jean Améry:
Jenseits von
Schuld und Sühne
Bewältigungsversuche eines Überwältigten

dtv/Klett-Cotta

Robert Jungk:
Und Wasser
bricht den Stein
Streitbare Beiträge zu
drängenden Fragen der Zeit

dtv

Plädoyer für eine
Denkwende
dtv 1753

Sebastian Haffner:
Im Schatten der
Geschichte
Historisch-politische
Variationen
aus zwanzig Jahren
dtv 10805

Eva Kapfelsberger/
Udo Pollmer:
Iß und stirb
Chemie in
unserer Nahrung
dtv 10535

Robert Jungk:
Und Wasser bricht
den Stein
Streitbare Beiträge
zu drängenden
Fragen der Zeit
Hrsg. v. Marianne
Oesterreicher-Mollwo
dtv 10888

Mark Mathabane:
Kaffern Boy
Ein Leben in der
Apartheid
dtv 10913

Franz Nuscheler:
Nirgendwo zu Hause
Menschen
auf der Flucht
dtv 10887

Dorothea Razumovsky/
Elisabeth Wätjen:
Kinder und Gewalt
in Südafrika
dtv 10870

Richard von
Weizsäcker:
Die deutsche
Geschichte geht
weiter
dtv 10482

Von Deutschland aus
Reden des
Bundespräsidenten
dtv 10639